기본 기능을 쉽게 배워 활용하는
실무 그래픽 입문서

나 혼자 한다
프리미어 프로 &
애프터 이펙트

김성준 지음

CC
기초 테크닉

BM (주)도서출판 성안당

Pr

기본 기능을 쉽게 배워 활용하는
실무 그래픽 입문서

나 혼자 한다
프리미어 프로
CC 기초 테크닉

Ae

BM (주)도서출판 성안당

크리에이티브에 다가가는 어도비 프로크리에이터

1인 방송 크리에이터가 큰 인기를 끌고 있습니다. 크리에이터는 콘텐츠 제작에 필요한 다양한 하드웨어 장비와 소프트웨어들을 무척이나 필요로 합니다. 개인들도 바쁜 시간을 활용하여 간단한 영상편집이나 자막 또는 그래픽을 만드는 데 적극적입니다. 쉽고 빠르게 제작하는 프로그램이 절실한 이유입니다. 전 세계 크리에이터들에게 가장 대중적이고 인기 있는 프로그램이 있습니다. 영상콘텐츠 제작에 대표적인 프로그램인 어도비 소프트웨어들은 이 모든 것을 충족시킵니다.

그중에서도 영상을 제작할 때 활용도가 높은 프로그램으로 프리미어 프로와 애프터 이펙트가 있습니다. 프리미어 프로는 촬영된 영상을 더욱 빠르고 쉽게 편집하여 제작할 수 있습니다. 크리에이터들이 필요한 영상의 음성을 자막으로 자동생성하고 음성의 크기도 자동조정합니다. 색보정의 섬세한 기능으로 영상의 분위기를 크리에이터가 원하는 느낌으로도 쉽게 수정할 수 있습니다. 애프터 이펙트는 편집된 영상에 그래픽을 합성하여 제작할 수 있고, 포토샵과 일러스트레이터 프로그램처럼 이미지를 직접 생성할 수도 있습니다. 다양한 효과를 활용하여 영상의 완성도를 극대화할 수 있습니다. 3D 기능을 활용한 3D 그래픽 영상을 제작할 수도 있습니다.

두 개의 프로그램을 동시에 연동해 사용하는 방법 또한 유용하게 사용할 수 있습니다. 그 외에 포토샵과 일러스트레이터와도 자연스럽게 연동해서 사용할 수 있다는 것도 특화된 장점입니다. 프리미어 프로와 애프터 이펙트는 영상제작에 필수적인 프로그램으로 자리 잡았습니다.

이 책에서 다루는 내용은 영상제작 프로그램을 처음 다루는 독자들 위주로 만들어졌습니다. 기본적인 영상제작 과정과 자주 활용되는 용어와 분야에 관해서도 소개합니다. 제공한 준비파일을 활용하여 기초적인 기능들에 대해서 실습할 수 있습니다. 영상제작 실무와 강의에서 주로 사용하는 대표적인 기능, 작업효율을 극대화하는 단축키와 도움말도 추가했습니다. 영상제작 입문자나 디자인을 처음 공부하는 학생들에게 유용한 교재가 되었으면 합니다.

마지막으로 이 책을 펼친 여러분에게 질문을 하나 드리겠습니다. "여러분은 무엇을 창작하는 크리에이터가 되고 싶나요?" 책에서 안내하는 프리미어 프로와 애프터 이펙트는 크리에이티브한 영상을 만드는 도구일 뿐입니다. 여러분이 원하는 완성도 있는 영상은 툴에 대한 기본기, 연출 아이디어, 연습시간 등이 합쳐져 만들어집니다.

필자는 여러분이 만들고 싶은 좋은 영상에 대해 한번쯤 목표설정 해보기를 권합니다. 처음에는 책을 길잡이 삼아 기능을 익히는 데 집중하세요. 기능에 익숙해지면 '내가 만들고 싶은 영상'에 대해 고민하고 시도하는 시간을 충분히 가져보세요. 그때부터 진짜 공부가 시작되고 실력이 쌓입니다.

이 책이 크리에이터로서의 여러분 앞날에 마중물이 되길 바랍니다. 감사합니다.

김성준

이 책은 프리미어 프로와 애프터 이펙트 프로그램을 다루고 있으며, 각 프로그램을 능숙하게 다룰 수 있도록 각 파트와 챕터별로 이론과 실습을 병행하고 있습니다. 각각의 따라 하기를 통해서 영상제작을 하기 위한 기초와 응용을 학습할 수 있습니다.

챕터 제목 및 발문

각 챕터에서 학습할 제목과 배우게 될 중요한 핵심내용을 파악할 수 있습니다.

준비파일

학습에 필요한 파일의 경로와 파일명을 알 수 있습니다.

이론을 상세히 설명하고 있는 본문 내용입니다.

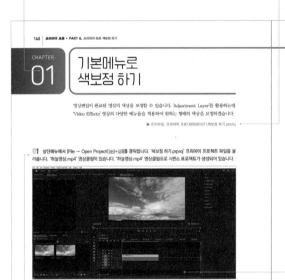

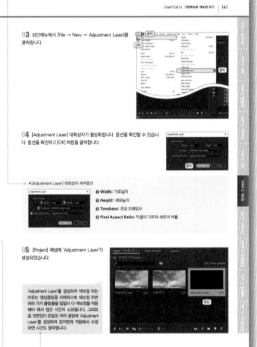

따라하기

'준비파일' 예제를 활용하여 익혀보는 과정으로, 따라 하기 방식으로 구성되어 있습니다. 그리고 단계별로 구성해 누구나 쉽게 학습할 수 있습니다.

Tip

본문에 미처 담지 못한 내용과 꼭 필요한 핵심 내용을 정리했습니다.

시작 이미지

◆ 주의사항

'Adobe Creative Cloud'는 상시 업데이트로 새로운 오류나 새로운 기능을 수시로 업데이트합니다. 베타버전을 먼저 출시하여 사용자들에게 테스트할 수 있게 지원합니다. 새로운 버전이라고 하더라도 오류가 나타날 수 있는데 이런 오류들은 수시로 개선되고 있습니다. 이 프로그램에 대해 궁금한 점이 있다면 'Adobe Support Community'에서 해결할 수 있습니다. 프리미어 프로와 애프터 이펙트의 문제점들을 공유하고 대화하는 공간입니다. 질문을 작성하거나 기존 문제점들을 확인하고 해결방안에 대해서 공유합니다.

https://community.adobe.com/t5/ko/ct-p/ko?profile.language=ko

버전이 다르면 오류가 생겨 좌측과 같은 대화상자가 나타나며, 실행이 안 될 수 있습니다.
본 도서는 2023 기준으로 작성되었으므로, 작업실행 시 2023 버전인지 확인하기 바랍니다.

◆ 준비파일 내려받기

준비파일은 성안당 홈페이지(www.cyber.co.kr)의 [자료실]에서 다운로드할 수 있으며, 회원 가입 후 로그인을 해야 다운로드할 수 있습니다.

PART 3.
프리미어 프로 영상편집 하기

PART 4.
키프레임 활용하여 영상편집 하기

PART 5.
프리미어 프로 자막 적용하기

PART 6.
프리미어 프로 색보정 하기

PART 7.
프리미어 프로 트랜지션, 이펙트 적용하기

PART 8.
프리미어 프로 오디오편집 하기

PART 9.
프리미어 프로 영상출력 하기

PART 10.
프리미어 프로 VR 360 영상편집 하기

PREMIERE PPRO

PART 1.
영상제작
기초 익히기

영상제작은 다양한 분야에서 활용됩니다. 여러 단계의 다양한 작업들을 거쳐 영상제작을 완료할 수 있습니다. 이번 파트에서는 영상제작의 기본이론과 제작에 필요한 기술에 대해서 살펴봅니다. 또한, 프리미어 프로와 애프터 이펙트 프로그램의 설치방법에 대해서도 다룹니다. 이 프로그램들을 사용하기 위해서는 어도비에서 제공하는 'Adobe Creative Cloud'를 사용해야 합니다. 어도비 홈페이지에서 'Adobe Creative Cloud'로 프로그램을 다운로드하고, 설치하는 방법에 대해 다룹니다.

CHAPTER

01

영상이란?

다양한 매체를 통해 우리가 보는 이미지를 의미하며, 최근에는 움직이는 모든 이미지의 형태를 동영상이라고 합니다. 영상에는 영화, 방송, 광고, 애니메이션, 드라마 등 다양한 매체와 전달방식이 있습니다. 현대의 인터넷 환경에서는 시간과 공간의 제약을 덜 받기에 스마트폰으로 영상을 시청하는 시간이 훨씬 더 늘어나는 추세입니다. 영상제작 방식과 기술 또한 비약적으로 발전하여 영상제작을 더 쉽고 빠르게 할 수 있습니다.

CHAPTER 02

영상제작 과정
알아보기

영상제작은 분야에 따라서 제작과정이 조금 다르지만, 일반적으로는 프리 프로덕션, 프로덕션, 포스트 프로덕션 등 3가지 제작과정을 거치면서 만들어집니다.

● 프리 프로덕션(Pre-Production)

프리 프로덕션은 영상제작의 완전 초기단계라고 할 수 있습니다. 촬영, 배우, 그래픽, 편집, 후반작업, 제작과정과 일정이 어떻게 진행될지에 대해 구체적인 계획을 세우는 준비과정입니다. 제작일정을 최소화하고 제작비용을 절약하기 위해서 이미지로 제작하는 스토리보드와 그것을 영상으로 미리 제작하는 사전 시각화작업(Pre-Visualization)을 통해 영상제작에 참여하는 모든 스태프와 배우들이 진행과정에 관해서 확인할 수 있습니다.

사전 시각화작업은 이미지인 스토리보드를 영상화하는 작업이며, 컴퓨터그래픽이 많이 적용되는 영상제작에 주로 사용됩니다. 촬영이 진행되기 전, 회의와 수정을 통해서 결정됩니다.

● 프로덕션(Production)

프리 프로덕션에서 계획한 것을 바탕으로 본 촬영을 하는 단계입니다. 스토리보드와 사전 시각화작업에 맞춰서 모든 스태프와 배우들이 실전으로 촬영하여 영상제작을 하는 과정입니다. 촬영은 감독과 촬영, 미술, 조명, 분장 등 여러 팀원이 동시에 투입됩니다. 촬영은 계획한 대로 완벽하게 진행하기 어려울 수 있으며 생각하지 못한 상황들이 발생할 수도 있습니다. 예를 들면, 일기예보를 보고 촬영 당일에 맑은 날씨를 예상했는데 비가 와서 생각했던 분위기를 연출하지 못할 수도 있습니다. 촬영장비나 촬영장소에 문제가 생기기도 합니다. 이런 상황에 맞게 감독은 빠른 대처를 해야 합니다.

PART 1. 영상기초

PART 2. 실행

PART 3. 영상편집

PART 4. 키프레임

PART 5. 자막

PART 6. 색보정

PART 7. 트랜지션

PART 8. 오디오편집

PART 9. 영상출력

PART 10. VR 360 영상

● 포스트 프로덕션(Post-Production)

포스트 프로덕션은 후반작업입니다. 촬영이
다 끝난 다음, 촬영데이터의 편집작업과 컴퓨
터그래픽 합성작업을 하고 촬영본의 최종 색
보정, 사운드 등의 작업과정을 거칩니다. 불필
요한 촬영요소들을 삭제하는 작업도 진행됩
니다. 촬영 때는 보지 못한 행인이 촬영장면에
있다면 이때 보정프로그램으로 행인을 삭제
합니다. 3D 그래픽이 합성되어야 하는 경우
는 매치무브(Match Move) 작업이 진행되기
도 하며, 실제 장소에 갈 수 없거나 촬영장소
가 현실에 존재하지 않는 경우는 크로마키를
이용하여 스튜디오에서 진행하기도 합니다.

일반적으로 컴퓨터그래픽 작업이 어느 정도 끝나면 녹음실에서 사운드작업을 하게 됩니다. 여러 가지 사운드음원을 이용
하여 영상에 맞추고, 구할 수 없는 사운드는 직접 만들어서 적용합니다.

CHAPTER 03

영상제작 기초용어 알아보기

PART 1. 영상기초

PART 2. 실행

PART 3. 영상편집

PART 4. 키프레임

PART 5. 자막

PART 6. 색보정

PART 7. 트랜지션

PART 8. 오디오편집

PART 9. 영상출력

PART 10. VR 360 영상

영상제작은 분야도 다양한 만큼 용어들도 다양합니다. 폭넓은 분야에서 활용되는 영상제작의 기초용어에 대해서 살펴봅니다.

● 픽셀(Pixel)

이미지를 구성하는 최소단위를 픽셀이라고 하고 사각형 모양의 점을 말합니다. 여러 픽셀로 이루어진 형태의 이미지를 비트맵 이미지라고 합니다.

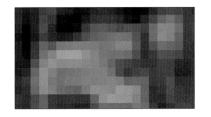

● 해상도(Resolution)

여러 픽셀이 합쳐진 범위를 의미하며 화면의 크기를 말합니다. 넓이(Width) 픽셀, 높이(Height) 픽셀의 수에 의해 화면 해상도가 결정됩니다.

● 4K

화면의 가로 해상도가 대략 4,000픽셀 정도 되는 크기를 말합니다. 흔히 사용되는 해상도가 3,840×2,160인데 최근에는 4,096×2,160의 해상도를 의미합니다. 기존에 흔히 사용되는 HD(1,920×1,080 해상도)보다 화소수가 많아 화질이 더 좋습니다.

● 프레임 레이트(Frame Rate)

이미지의 최소단위를 픽셀이라고 하면 영상의 최소단위가 프레임입니다. 프레임이란 영상을 재생했을 때의 한 장면, 즉 정지된 1장의 이미지를 프레임이라고 부릅니다. 우리가 보는 영상의 대부분은 1초에 30장의 프레임을 가지고 있습니다. 1초에 30장의 이미지가 차례대로 재생된다는 것입니다. 초당 프레임 속도를 프레임 레이트라고 합니다. 같은 의미로 초당 프레임수(Frame Per Second, FPS, fps)라고 합니다. 우리가 TV로 보는 영상은 대부분 초당 30장, 30fps입니다.

● 키프레임(Key Frame)

키프레임이란 애니메이션 작업에서 특정변화가 일어나는 순간, 즉 타이밍을 키프레임이라고 합니다. 예를 들어 화면에 이미지가 1프레임에서는 왼쪽에 있다가, 30프레임에서는 오른쪽에 있다면 1프레임과 30프레임 사이의 과정에서는 동그라미 모양이 왼쪽에서 오른쪽으로 이동하는 결과로 보입니다. 여기에서 키프레임은 1프레임과 30프레임입니다. 특정변화가 일어난 순간입니다.

● 렌더링(Rendering)

컴퓨터그래픽 소프트웨어에서 작업한 최종결과물로 이미지 또는 영상파일로 출력하는 과정을 말합니다. 영상편집 등 후반작업을 한 다음 완료한 파일을 제출 또는 하나의 영상파일 결과물로 출력하는 작업입니다. 작업파일이 많거나 편집한 영상길이가 길면 영상파일로 렌더링하는 시간이 오래 걸립니다. 작업자의 컴퓨터 성능에 따라서 렌더링시간이 단축 또는 연장되기도 합니다.

● 포맷(Format)

일반적으로 영상에서는 렌더링 결과물을 출력하기 위해서 설정하는 확장자명을 의미합니다. 영상파일은 다양한 용도에 따라서 확장자명을 변형해서 사용해야 합니다. 사용되는 매체나 장비에 따라서 필요한 포맷이 있습니다. 영상파일의 확장자명은 mp4, avi, wmv, mov 등 다양한 포맷이 사용되고 있습니다. 포맷에 따라서 영상파일의 용량이 달라지기도 합니다.

● 코덱(Codec)

코덱은 코더(Coder)와 디코더(Decoder)의 합성어입니다. 일반적으로 영상편집 파일을 렌더링할 때 포맷을 선택해야 합니다. 이때 영상포맷에 따라 여러 가지 코덱이 있고 이 코덱으로 영상화질과 용량을 설정해 출력합니다. 영상데이터 결과물이 조금 더 영상원본의 화질에 가깝고 적은 용량으로 렌더링하는 것이 최적의 작업입니다. 그래서 영상데이터 용량을 압축해 저장합니다. 용량을 적게 하려고 압축을 많이 하면 영상화질은 조금 떨어집니다. 압축률이 낮으면 화질을 유지할 수 있지만, 용량이 큰 데이터로 출력됩니다. 코덱은 확장자명의 세부설정에서 조절할 수 있으며, 영상편집 소프트웨어 렌더링 메뉴에서 옵션들을 이용해 선택할 수 있습니다.

● 스토리보드(Storyboard)

영상제작의 프리 프로덕션 제작단계에 해당하며, 프로덕션의 촬영이나 포스트 프로덕션의 후반작업을 하기 전에 각 장면의 구도와 대본, 그리고 사운드, 그래픽이 어떻게 적용될지 그림 또는 사진과 글로 설명한 문서입니다.

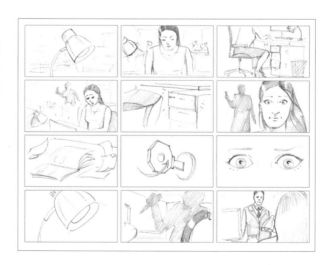

● **가상현실 VR(Virtual Reality)**

실제 존재하지 않은 가상공간을 구성하거나 360도 모든 방향으로 가상공간을 구현해서 다양한 체험을 할 수 있는 방식을 말합니다. 360 카메라촬영으로 제작할 수도 있고 컴퓨터그래픽으로 제작할 수도 있습니다. 스마트폰을 활용해 체험하거나 가상현실 기기를 활용해 체험할 수 있습니다.

● **증강현실 AR(Augmented Reality)**

실제 존재하는 현실의 영상이나 이미지에 2D나 3D 그래픽을 겹쳐서 보여주는 기술을 말합니다. 즉, 우리 눈에 보이는 현실세계의 영상에 가상의 물체를 결합해 하나의 영상으로 보여줍니다. 스마트폰 등 다양한 디바이스를 활용해 체험할 수 있는데 대표적인 상업적 콘텐츠로는 '포켓몬 고'가 있습니다.

PART 1. 영상기초

PART 2. 실행

PART 3. 영상편집

PART 4. 기프레임

PART 5. 자막

PART 6. 색보정

PART 7. 트랜지션

PART 8. 오디오편집

PART 9. 영상출력

PART 10. VR 360 영상

영상제작 촬영구도 용어 알아보기

샷(Shot)은 영상촬영의 한 장면입니다. 촬영대상의 구도와 카메라의 각도, 움직임의 기준을 설명합니다. 감독과 촬영 그리고 배우들이 확인하도록 구성하며, 스토리보드에 작성합니다. 스토리보드 구성에 많이 사용하는 샷의 종류를 확인합니다.

● **패닝 샷(Panning Shot)**

피사체의 움직임에 따라서 카메라가 같이 이동하는 장면입니다.

● **줌인, 줌아웃(Zoom In, Zoom Out)**

카메라가 피사체의 모습을 점점 가까이 확대하고 점점 멀리 축소하는 장면입니다.

● **틸트 샷(Tilt Shot)**

카메라가 삼각대에 고정된 상태에서 피사체를 위에서 아래 또는 아래에서 위로 촬영한 장면입니다.

● **스틸 샷(Still Shot)**

카메라의 움직임 없이 정지상태를 의미하는 사진의 상태입니다.

● **익스트림 롱 샷(Extreme Long Shot)**

원경의 형태로 아주 높이, 배경 또는 사람들을 촬영한 장면입니다.

● **프레임인, 프레임아웃(Frame In, Frame Out)**

피사체가 카메라 화면 안으로 들어오는 것을 프레임인, 반대로 밖으로 나가는 것을 프레임아웃이라고 합니다.

● **픽스 샷(Fix Shot)**

카메라가 움직이지 않는 고정된 상태로 촬영한 장면입니다.

● **풀 샷(Full Shot)**

피사체인 사람의 전신과 배경의 구도를 촬영한 장면입니다.

● **클로즈업 샷(Close Up Shot)**

피사체의 얼굴, 이마에서 턱까지 가까이 근접 촬영한 장면입니다.

● **니 샷(Knee Shot)**

피사체인 사람의 무릎부터 머리까지 촬영한 장면입니다.

● **버스트 샷(Bust Shot)**

피사체인 사람의 가슴 위쪽부터 얼굴까지 촬영한 장면입니다.

● **오버 숄더 샷(Over Shoulder Shot)**

두 명의 피사체를 화면에 담을 때 사용하고, 카메라를 등진 한 사람의 어깨에 화면을 걸치고 다른 한 사람을 정면으로 촬영한 구도입니다.

● **웨이스트 샷(Waist Shot)**

피사체의 허리부터 머리까지 촬영한 장면입니다.

PART 1. 영상기초
PART 2. 설렘
PART 3. 영상편집
PART 4. 키프레임
PART 5. 자막
PART 6. 색보정
PART 7. 트랜지션
PART 8. 오디오편집
PART 9. 영상출력
PART 10. VR 360 영상

CHAPTER 05

영상제작 다양한 분야 알아보기

영상제작 분야는 다양합니다. 새로운 형태의 매체와 기술들이 계속해서 생겨나기 때문에 영상제작 분야도 그에 따라 함께 늘고 있습니다. 대표적인 분야에 대해서 살펴봅니다.

● 시각효과(Visual Effects)

시각효과를 줄여서 VFX라고도 합니다. 시각효과는 영상제작의 후반과정인 포스트 프로덕션의 과정에 포함됩니다. 다양한 영상촬영 데이터에 컴퓨터그래픽을 적용하는 과정이기도 합니다. 조금 더 넓은 범위로 SFX(Special Effects)가 있습니다. 특수효과라고 하며 시각효과를 포함하여 촬영세트장 설치, 분장, 모형제작 등을 말합니다. 시각효과는 영화, 드라마, 게임 등 다양한 분야에서 적용됩니다.

● 모션그래픽스(Motion Graphics)

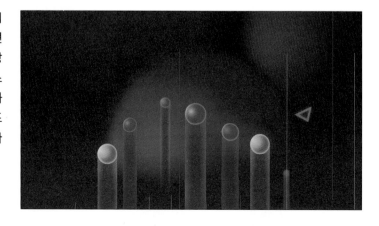

컴퓨터그래픽으로 작업한 데이터에 애니메이션을 적용하여 다양한 연출로 표현한 것을 모션그래픽스라고 합니다. 영상디자인의 한 분야로 자리 잡았으며, 텍스트를 활용한 타이포 모션그래픽과 영화의 시작을 알리는 오프닝 시퀀스, 방송프로그램의 제목을 영상으로 표현하는 타이틀 등 다양한 영상분야에 활용됩니다.

● 애니메이션(Animation)

컴퓨터그래픽 또는 직접 그린 그림, 모형 등을 활용한 움직임을 만들고 그것을 촬영한 결과물을 애니메이션이라고 합니다. 애니메이션 분야는 여러 가지 작업 방식이 있는데 예전에는 프레임마다 캐릭터가 움직이는 형태를 그려서 애니메이션을 만들기도 했습니다. 모형으로 사람이 직접 팔과 다리를 움직여 프레임마다 촬영해서 제작하는 스톱모션도 애니메이션의 일종입니다. 현대에서는 기술이 발전해서 프레임마다 그려서 작업하지 않고 디지털 소프트웨어를 활용합니다. 과거보다 속도도 빨라졌으며 품질 역시 좋아졌습니다.

요즘은 3D 애니메이션이 주를 이룹니다. 3D 소프트웨어를 활용해 캐릭터와 배경을 입체적으로 제작한 후 애니메이션 작업을 합니다. 디즈니, 픽사에서 제작한 애니메이션은 대부분 3D 애니메이션입니다.

CHAPTER

06

영상제작
다양한 제작기술 알아보기

영상제작에는 다양한 제작기법들이 있습니다. 우리가 사용할 프리미어 프로와 애프터 이펙트 외에도 다양한 작업방식과 제작방식이 존재합니다. 대표적인 몇 가지를 알아보고 어떻게 사용되는지, 제작방식은 어떤지 살펴봅니다.

● 크로마키(Chroma-Key)

크로마키(Chroma-Key)는 배우와 촬영 제작팀이 촬영현장에 갈 수 없거나 촬영 비용이 비싸고 위험한 촬영에 사용됩니다. 실내외 인위적으로 설치된 스튜디오 촬영세트를 활용해 촬영합니다. 배우는 크로마키 스크린에서 연기합니다. 그래픽이나 촬영으로 제작한 배경을 배우와 합성합니다.

일반적으로 블루스크린(Blue-Screen)과 그린스크린(Green-Screen) 촬영으로 나누는데, 배우 뒤의 배경을 블루와 그린 컬러의 벽 또는 천을 배치해 촬영합니다. 그렇게 한 뒤, 컴퓨터그래픽 합성작업으로 배우를 제외한 블루 또는 그린의 컬러를 삭제합니다.

여기서 중요한 부분은 조명과 블루, 그린 배경의 상태입니다. 조명으로 배우의 그림자가 블루, 그린 배경에 잔상이 남으면 컴퓨터그래픽 작업을 할 때 어려움이 많습니다. 조명세팅으로 배우의 그림자가 생기지 않게 해야 합니다. 블루, 그린의 배경상태가 단색으로 한 가지, 즉 단일색상으로 보여야 합니다. 배경색이 얼룩진 상태로 촬영하면 합성작업을 할 때도 어려움에 봉착합니다. 배경에 천을 사용할 때도 마찬가지인데 천이 평평하지 않은 채 펼쳐져 있거나 구부려져 있으면 합성작업을 할 때 상당히 불편합니다. 이와 같은 조건들을 고려하여 작업하면, 크로마키 합성작업을 하는데 문제없이 빠르게 작업할 수 있습니다.

● 매치무브(Match Move)

매치무브란 실제 카메라로 촬영한 장면을 그래픽제작에 필요한 공간으로 변환시키는 작업을 의미합니다. 그래픽소프트웨어를 이용하면 촬영장면의 이동과 흔들림, 즉 추적결과물을 확인할 수 있습니다. 이것을 트래킹이라고 합니다. 트래킹을 활용하면 촬영 시 흔들렸던 작업물을 흔들리지 않게 보정할 수도 있습니다. 이를 영상안정화(스태빌라이저)라고 합니다.

● 파티클 이펙트(Particle Effects)

파티클은 입자를 의미하며 입자를 활용한 효과를 파티클 이펙트라고 합니다. 입자의 숫자, 입자의 모양, 입자의 색상, 입자의 물리적 반응 등을 이용하여 여러 가지 효과를 만듭니다. 예를 들어 폭발이나 연기, 그리고 물, 폭죽 등을 연출할 수 있습니다. 이런 파티클을 활용하여 충돌이나 바람의 방향이나 세기, 중력수치 등의 물리적 효과를 적용하면 실제 같은 느낌을 연출할 수도 있고, 카툰 느낌으로도 연출할 수 있습니다.

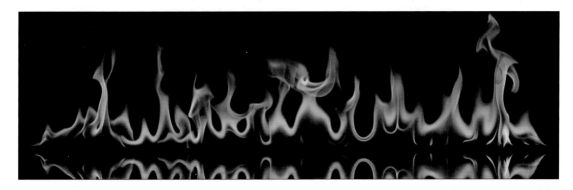

● 모션캡처(Motion Capture)

입체 캐릭터의 동작을 만들기 위해서는 기본적으로 키프레임(Key Frame) 애니메이션 방식을 사용합니다. 캐릭터의 뼈를 하나씩 조절해서 캐릭터의 동작을 만듭니다. 사람이 직접 작업하기 때문에 짧은 시간에 실제 사람의 동작을 정교하게 제작하기는 어렵습니다. 하지만 짧은 시간에 실제 사람의 동작을 거의 똑같이 만들 수 있는 모션캡처 방식을 사용하면 가능합니다.

센서가 부착된 슈트를 입은 액션배우가 움직이면 센서동작이 캐릭터동작이 돼 애니메이션값으로 그대로 연동됩니다. 최근에는 얼굴과 손가락 등까지 모션캡처 기술이 발전해서 사람 표정과 손가락 하나하나의 움직임까지 전부 다 애니메이션 동작으로 사용할 수 있습니다. 그래서 모션캡처를 사용하면 키프레임 애니메이션으로 작업하는 것보다 훨씬 빠른 결과물을 만들 수 있습니다.

PART 1. 영상기초

PART 2. 실행

PART 3. 영상편집

PART 4. 기프레임

PART 5. 자막

PART 6. 색보정

PART 7. 트랜지션

PART 8. 오디오편집

PART 9. 영상출력

PART 10. VR 360 영상

Creative Cloud란?

어도비에서 제공하는 여러 가지 소프트웨어를 다운로드하고 결제할 수 있는 시스템입니다.
매월, 매년 일정비용을 내고 어도비에서 제공하는 신제품 및 소식들을 받아볼 수 있습니다.
계정을 생성하여 사용할 수 있으며, 무료체험판을 사용할 수 있습니다. 다만 무료 체험기간
내에 취소하지 않으면 자동으로 결제가 진행되니 주의합니다.

CHAPTER
08

프리미어 프로, 애프터 이펙트 다운로드 및 설치하기

프리미어 프로와 애프터 이펙트를 사용하려면 'Adobe Creative Cloud'를 활용해야 합니다. 'Adobe Creative Cloud'를 활용하여 설치하는 방법에 대해서 알아봅니다.

01 어도비 홈페이지(https://www. adobe.com/kr)에 접속합니다. '크리에이티비티 및 디자인' 메뉴를 클릭합니다.

02 'Creative Cloud 제품 모두 보기' 메뉴를 클릭합니다.

03 [무료 체험판] 버튼을 클릭합니다. 무료 체험판으로 먼저 실행합니다.

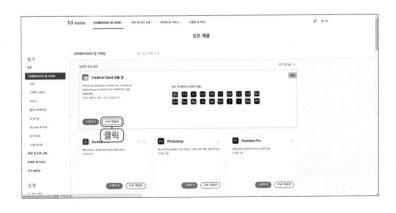

PART 1. 영상기초
PART 2. 실행
PART 3. 영상편집
PART 4. 키프레임
PART 5. 자막
PART 6. 색보정
PART 7. 트랜지션
PART 8. 오디오편집
PART 9. 영상출력
PART 10. VR 360 영상

04 활용에 따라서 선택합니다. '개인 사용자용' 메뉴를 선택하고 [계속] 버튼을 클릭합니다.

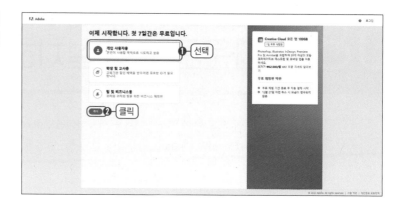

05 7일간의 체험기간 후에는 자동으로 결제가 진행됩니다. 무료 체험판이지만 그 후에 어떻게 진행할 것인지 설정합니다. 원하는 약정 설정을 확인합니다. '연간 약정'으로 선택하고 [계속] 버튼을 클릭합니다.

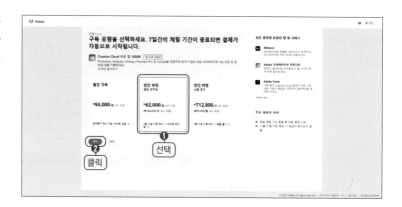

06 어도비에 사용할 계정의 이메일을 입력합니다. 그리고 필수항목을 체크합니다. [계속] 버튼을 클릭합니다.

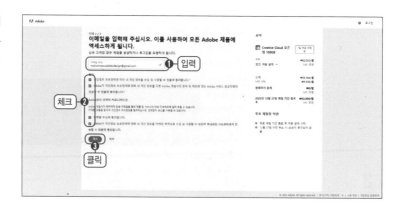

07 결제에 사용할 카드정보를 입력합니다. [무료 체험기간 시작] 버튼을 클릭합니다.

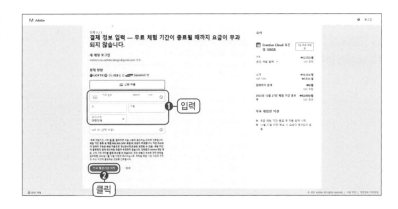

08 [내 암호 만들기] 버튼을 클릭합니다.

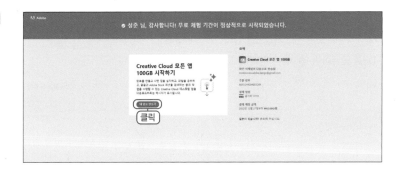

09 어도비에 사용할 이메일 계정의 비밀번호를 입력합니다. [계정 완성] 버튼을 클릭합니다.

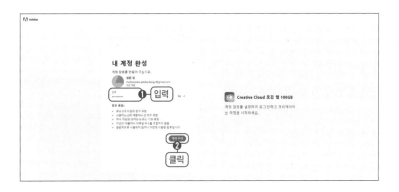

10 설치를 진행합니다. 'Premiere Pro'의 [다운로드] 버튼을 클릭합니다.

11 프리미어 프로의 설치파일을 어느 경로에 설치할 것인지 선택하고 [저장] 버튼을 클릭합니다.

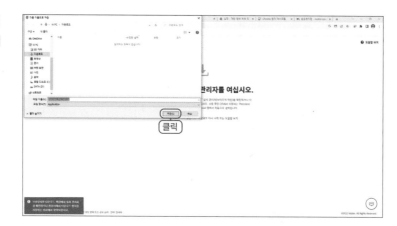

12 다운로드가 완료되었으면 설치파일을 클릭하여 설치를 시작합니다.

13 크리에이티브 클라우드와 프리미어 프로가 동시에 설치됩니다. [계속] 버튼을 클릭합니다.

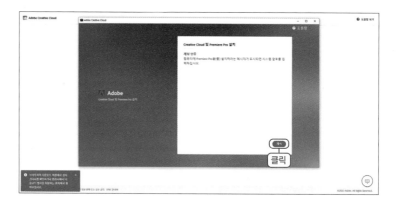

14 어도비 계정에 사용할 이메일 주소를 입력하고 [계속] 버튼을 클릭합니다.

14 이메일 계정에 사용할 암호를 입력하고 [계속] 버튼을 클릭합니다.

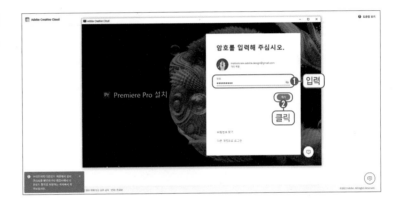

16 [질문 건너뛰기] 버튼을 클릭합니다.

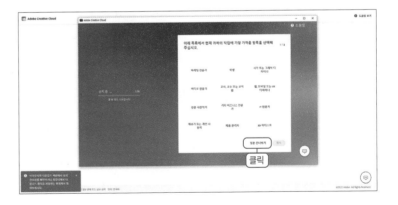

17 또다시 [질문 건너뛰기] 버튼을 클릭합니다.

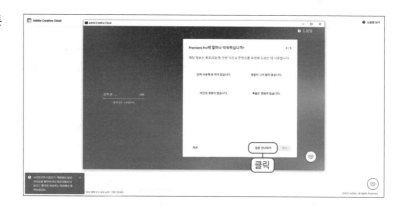

18 [질문 건너뛰기] 버튼을 다시 한 번 더 클릭합니다.

19 설치가 진행됩니다.

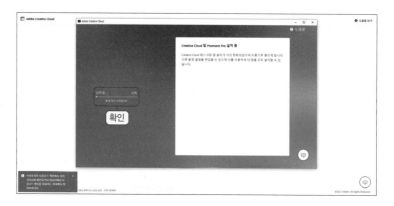

20 'Adobe Creative Cloud'의 설치가 완료되었습니다. [완료] 버튼을 클릭합니다.

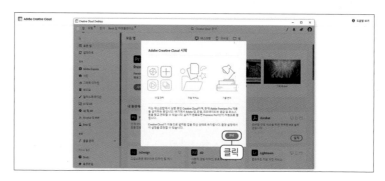

21 프리미어 프로가 곧 설치됩니다.

22 프리미어 프로 설치가 완료되고 자동으로 실행되었습니다.

23 한글 버전의 프리미어 프로 버전이 설치되는데 영문 버전의 프리미어 프로를 설치하기 위해서는 '계정' 아이콘을 클릭합니다. 그리고 '환경설정' 메뉴를 클릭합니다.

24 '앱' 메뉴를 클릭합니다.

25 '앱' 메뉴에서 '설치 → 기본 설치 언어'를 클릭합니다.

26 나타난 팝업메뉴 중에서 영문 버전인 'English (International)'를 클릭합니다.

27 '기타 액션' 아이콘(⋯)을 클릭하고 '제거' 메뉴를 클릭하여 프리미어 프로 한글 버전을 제거합니다.

28 'Premiere Pro 환경 설정' 상자에서 [제거] 버튼을 클릭합니다.

29 '제거 중 Premiere Pro 충돌' 메시지 상자가 나타납니다. 프리미어 프로가 현재 실행된 상태이기 때문입니다. 프리미어 프로 프로그램을 종료합니다.

30 '제거 중 Premiere Pro 충돌' 메시지 상자에서 [계속] 버튼을 클릭합니다.

31 프리미어 프로를 제거 중입니다. 미디어 인코더는 영상 전용 출력 (렌더링) 프로그램입니다. 프리미어 프로가 설치되면 자동으로 같이 설치됩니다.

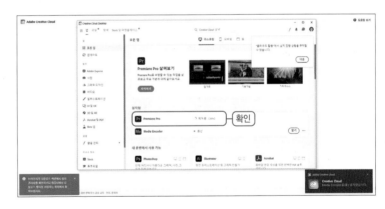

32 미디어 인코더를 제거하기 위해서 '기타 액션' 아이콘(⋯)을 클릭하고 '제거' 메뉴를 클릭합니다.

33 'Media Encoder 환경 설정' 상자에서 [제거] 버튼을 클릭합니다.

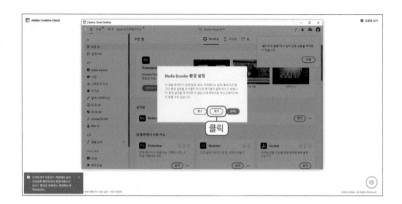

34 크리에이티브 클라우드 앱에서 아래로 스크롤합니다. 'Premiere Pro'에서 다시 [설치] 버튼을 클릭하여 설치합니다.

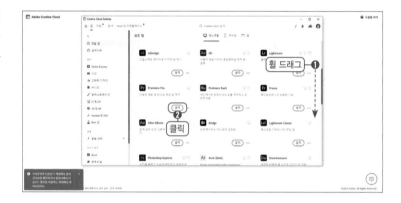

35 프리미어 프로가 설치가 완료되었습니다. [열기] 버튼을 클릭합니다.

36 프리미어 프로가 실행됩니다.

37 프리미어 프로 영문버전으로 설치가 완료된 것을 확인합니다.

38 프리미어 프로가 설치되면 미디어 인코더 프로그램도 동시에 설치가 완료됩니다.

■ 애프터 이펙트 설치하기

프리미어 프로의 설치방법과 동일합니다. 크리에이티브 클라우드 앱 중 'After Effects'에 있는 [설치] 버튼을 클릭하여 실행합니다.

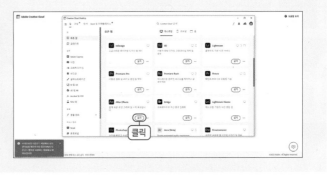

PREMIERE PRO

PART 2.
프리미어 프로
시작하기

프리미어 프로란? 어도비에서 출시한 영상편집 소프트웨어입니다. 촬영한 영상파일을 자르고 붙이고 자막을 넣고 오디오를 편집 및 추가하고 사운드편집까지 할 수 있습니다. 다른 어도비의 디자인 툴과도 연동기능이 좋으며, 특히 애프터 이펙트와의 활용도가 높습니다. 사용 운영체제로는 Windows와 Mac에서 사용할 수 있습니다. 최근 영상콘텐츠가 유행하며 유튜브, 인스타그램, 틱톡, 페이스북 등을 통해서 많은 영상이 업로드되고 있습니다. 초보자들도 영상편집에 쉽게 접근하면서 사용자가 점차 증가하고 있습니다. 여기에서는 프리미어 프로(Adobe Premiere Pro)를 실행하고, 작업환경 설정과 시퀀스 생성, 저장하기, 파일 불러오기, 프리미어 프로의 화면을 구성하는 기본적인 메뉴들에 대해서 살펴봅니다.

CHAPTER

01

프리미어 프로
실행하기

프리미어 프로 프로그램을 실행하기 위한 첫 번째 과정입니다. 프리미어 프로의 기본메뉴를 살펴보고, 작업하기 위해서 '프리미어 프로 프로젝트 파일'을 생성하여 영상제작에 필요한 기본설정을 합니다.

01 'Adobe Premiere Pro' 프로그램을 실행하면 첫 화면에서는 새로운 프리미어 프로 프로젝트를 시작할 수 있습니다. 추후에 프로젝트를 진행하면 기존 프리미어 프로 프로젝트 파일도 불러올 수 있습니다. 새 프로젝트를 생성하기 위해서 화면의 왼쪽 상단에 있는 [New Project] 버튼을 클릭합니다.

■ **프리미어 프로 첫 실행화면인 'Home' 화면**

❶ New Project(Ctrl+Alt+N): 새로운 프로젝트 파일을 생성합니다.

❷ Open Project(Ctrl+O): 프로젝트 파일을 불러옵니다.

❸ Home: 홈 화면을 표시합니다.

❹ Learn: 프리미어 프로의 튜토리얼 화면을 표시합니다.

❺ New Team Project: 새로운 팀 프로젝트 파일을 생성합니다.

❻ Open Team Project: 팀 프로젝트 파일을 불러옵니다.

❼ Open Premiere Rush Project: Rush 애플리케이션에서 작업한 프로젝트를 불러옵니다.

❽ Recent: 최근 사용한 프리미어 프로 프로젝트 파일을 나타냅니다.

❾ Filter: 프로젝트의 검색설정을 합니다.

02 'Project name'에 작업할 프리미어 프로의 프로젝트 파일이름을 입력합니다.

03 'Project name'에 '프리미어 프로 시작하기'라고 입력합니다.

04 'Project location'에서는 프리미어 프로 프로젝트 파일의 저장경로를 확인할 수 있습니다. 이 영역을 클릭하면 팝업메뉴가 나타납니다. 'Choose Location'을 클릭해서 원하는 저장경로를 지정합니다.

05 '바탕화면'으로 경로를 설정합니다. 빈 공간에 마우스 오른쪽 버튼을 눌러 '새 폴더'를 만들고 폴더이름을 '프리미어 프로 시작하기'로 합니다. [폴더 선택] 버튼을 클릭합니다.

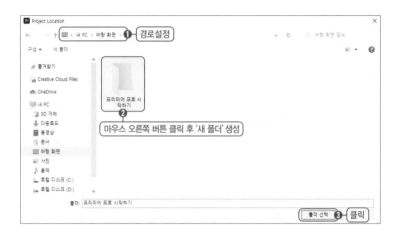

06 프리미어 프로의 프로젝트 파일이름과 경로를 설정한 뒤 [Create] 버튼을 클릭하여 새로운 프로젝트를 시작합니다.

07 프리미어 프로(Adobe Premiere Pro)가 실행되었습니다. 이제 영상, 오디오클립들을 불러와 편집작업을 진행할 수 있습니다.

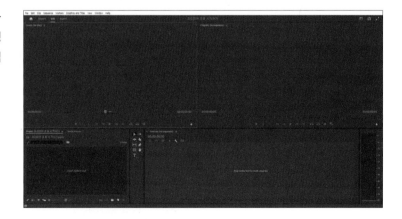

CHAPTER

02

프리미어 프로
화면구성 알아보기

프리미어 프로의 화면은 여러 가지 패널들로 구성되어 있습니다. 패널마다 각각의 특징과 기능이 있습니다. 패널의 역할을 하나하나 알아보고 예제파일들을 실습하면서 패널 세부메뉴의 핵심적인 기능을 살펴봅니다.

● 프리미어 프로의 패널들

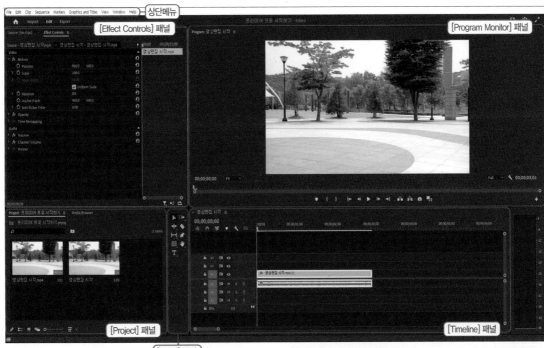

[Effect Controls] 패널이 화면에 보이지 않는다면 상단메뉴에서 [Window → Effect Controls]를 클릭하면 됩니다.

PART 1. 영상기초

PART 2. 실행

PART 3. 영상편집

PART 4. 키프레임

PART 5. 자막

PART 6. 색보정

PART 7. 트랜지션

PART 8. 오디오편집

PART 9. 영상출력

PART 10. VR 360 영상

● [Effect Controls] 패널

[Effect Controls] 패널에서는 영상, 오디오 작업에 필요한 다양한 효과를 적용할 수 있습니다.

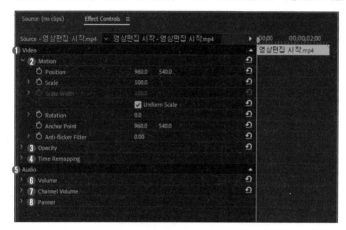

❶ **Video:** 비디오에 관련된 세부메뉴입니다.

❷ **Motion:** 움직임에 관련된 세부메뉴입니다. 위치, 크기, 회전, 중심점 등을 수정하여 애니메이션을 할 수 있습니다.

❸ **Opacity:** 투명도 설정을 합니다. 마스크, 블렌드 모드를 설정합니다.

❹ **Time Remapping:** 시간을 재설정합니다. 영상의 속도를 조절합니다.

❺ **Audio:** 오디오에 관련된 세부메뉴입니다.

❻ **Volume:** 오디오의 크기를 조절합니다.

❼ **Channel Volume:** 오디오의 크기를 채널별로 조절합니다.

❽ **Panner:** 오디오의 좌우 밸런스를 조절합니다.

● [Program Monitor] 패널

[Program Monitor] 패널은 현재 작업하는 모니터 화면의 결과물을 보여줍니다.

❶ **Sequence Name:** 작업 중인 시퀀스 이름을 나타냅니다.

❷ **Playhead Position:** 현재시간을 표시합니다. 'Current Time Indicator' 시간을 나타냅니다. 클릭하여 직접 수정, 슬라이드로도 수정합니다.

❸ **Select Zoom Level:** 'Program Monitor'의 화면크기를 설정합니다.

❹ **Select Playback Resolution:** 'Program Monitor'의 화면해상도를 설정합니다.

❺ **Settings:** 'Program Monitor'의 화면에 표시된 다양한 옵션을 설정합니다.

❻ **In/Out Duration:** 시작점과 끝점의 총 길이를 표시합니다.

❼ **Current Time Indicator:** [Timeline] 패널에서의 현재시간 표시기를 의미합니다.

❽ **Timeline Area:** [Timeline] 패널에서 영상의 총 길이에 관한 시작점과 끝점을 표시하며 영역을 확대, 축소, 이동합니다.

❾ **Add Maker(M):** 'Current Time Indicator'를 기준으로 마커를 생성합니다.

❿ **Mark In(I):** 편집의 시작점을 지정합니다.

⓫ **Mark Out(O):** 편집의 끝점을 지정합니다.

⓬ **Go to In(Shift+I):** 시작점으로 이동합니다.

⓭ **Step Back 1 Frame(←):** 1프레임 뒤로 이동합니다.

⓮ **Play-Stop Toggle(Space Bar):** 타임라인을 재생하거나 정지합니다.

⓯ **Step Forward 1 Frame(→):** 1프레임 앞으로 이동합니다.

⓰ **Go to Out(Shift+O):** 끝점으로 이동합니다.

⓱ **Lift(;):** 시작점과 끝점을 기준으로 선택영역의 클립을 삭제합니다.

⓲ **Extract('):** 시작점과 끝점을 기준으로 선택영역의 클립을 삭제하고 뒤에 있는 클립을 앞으로 당깁니다.

⓳ **Export Frame(Ctrl+Shift+E):** 'Current Time Indicator'를 기준으로 이미지로 출력합니다.

⓴ **Comparison View:** [Timeline] 패널에서 작업 중인 프레임과 다른 프레임을 비교합니다.

㉑ **Button Editor:** [Program Monitor] 패널의 하단 아이콘을 편집합니다.

● **[Project] 패널**

[Project] 패널에서는 작업하기 위해서 불러온 다양한 클립들을 관리합니다.

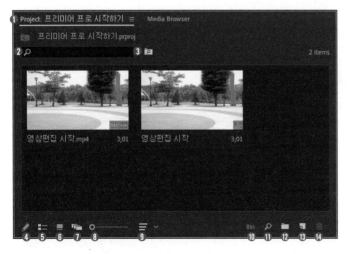

❶ **Project name:** 프로젝트 이름을 나타냅니다.

❷ **Filter Bin Content:** [Project] 패널에 보관된 파일을 검색하여 찾습니다.

❸ **Create New Search Bin From query:** [Project] 패널에 보관된 파일을 메타데이터를 활용하여 검색합니다.

❹ **The project is writable:** [Project] 패널의 상태를 잠금설정 또는 잠금해제를 합니다.

❺ **List View:** [Project] 패널에 보관된 파일을 리스트 형태로 나타냅니다.

❻ **Icon View:** [Project] 패널에 보관된 파일을 아이콘 형태로 나타냅니다.

❼ **Freeform View:** [Project] 패널에 보관된 파일을 아이콘 형태와 자유롭게 썸네일 이동하며 조절합니다.

❽ **Adjust the size of icons and thumbnails:** [Project] 패널에 보관된 파일을 리스트 또는 아이콘 크기를 슬라이드를 통해서 조절합니다.

❾ **Sort Icons:** 'Icon'을 선택했을 때 종류별로 분류하여 정렬합니다.

❿ **Automate to Sequence:** [Project] 패널에서 선택한 파일들을 자동으로 연결하여 시퀀스 형태로 만듭니다.

⓫ **Find(** Ctrl **+** F **)):** [Project] 패널에서 보관된 파일을 'Column', 'Operator'를 활용하여 정밀하게 검색합니다.

⓬ **New Bin:** 새로운 'Bin'을 만듭니다.

⓭ **New Item:** 새로운 아이템을 만듭니다.

⓮ **Clear(** Back Space **)):** [Project] 패널에서 선택한 파일을 삭제합니다.

● **[Tools] 패널**

[Tools] 패널에는 편집에 필요한 도구들이 들어있습니다.

❶ **Selection Tool(** V **)(** ▶ **):** [Timeline] 패널에서 클립을 선택하고 이동합니다.

❷ **Track Select Forward Tool(** A **)(** → **):** 이 툴에 마우스 왼쪽 버튼을 누르고 유지하면 다음의 추가 메뉴가 나타납니다.

> ⓐ → Track Select Forward Tool (A)
> ⓑ ← Track Select Backward Tool (Shift+A)

ⓐ Track Select Forward Tool(A): 선택한 클립부터 앞의 모든 클립을 선택합니다. Shift 를 누른 상태에서는 하나의 트랙에 있는 클립을 선택합니다.

ⓑ Track Select Backward Tool(Shift + A): 선택한 클립부터 뒤의 모든 클립을 선택합니다.

❸ **Ripple Edit Tool(** B **)(** ↔ **):** 이 툴에 마우스 왼쪽 버튼을 누르고 유지하면 다음의 추가 메뉴가 나타납니다.

> ⓐ ↔ Ripple Edit Tool (B)
> ⓑ ⫴ Rolling Edit Tool (N)
> ⓒ ↝ Rate Stretch Tool (R)
> ⓓ ♫ Remix Tool

ⓐ Ripple Edit Tool(B): 시퀀스의 총 길이에 영향을 주며, 빈 공간 없이 선택한 클립의 길이를 조절합니다.

ⓑ Rolling Edit Tool(N): 시퀀스의 총 길이에 영향을 주지 않고, 선택한 클립의 길이를 조절합니다.

ⓒ Rate Stretch Tool(R): 다른 클립들의 총 길이에 영향을 주지 않고, 선택한 클립의 재생속도를 조절합니다.

ⓓ Remix Tool: 사운드 클립의 길이를 늘이거나 줄이면 자동으로 사운드의 리믹스를 설정하는 기능입니다.

❹ **Razor Tool(** C **)(** ◆ **):** 클립의 원하는 부분을 자를 수 있습니다. Shift 를 누른 상태에서는 모든 트랙의 클립을 자를 수 있습니다. Shift 를 누른 상태에서 적용하면 모든 트랙의 클립을 동시에 잘라낼 수 있습니다.

❺ **Slip Tool(** Y **)(** ↔ **):** 이 툴에 마우스 왼쪽 버튼을 누르고 유지하면 다음의 추가 메뉴가 나타납니다.

ⓐ Slip Tool(Y): 다른 클립들의 총 길이에 영향을 주지 않고, 선택한 클립의 시작점과 끝점의 타이밍을 조절합니다.

ⓑ Slide Tool(U): 선택한 클립의 시작점과 끝점의 타이밍을 조절하며, 다른 클립의 길이에 영향을 줍니다.

❻ **Pen Tool(P)(✎):** [Program Monitor] 패널에서 'Path'를 활용하여 도형을 만듭니다.

❼ **Rectangle Tool(■):** 이 툴에 마우스 왼쪽 버튼을 누르고 유지하면 다음의 추가 메뉴가 나타납니다.

ⓐ Rectangle Tool
ⓑ Ellipse Tool
ⓒ Polygon Tool

ⓐ Rectangle Tool: [Program Monitor] 패널에서 'Path'를 활용하여 사각형의 도형을 만듭니다. Shift를 누른 상태에서 적용하면 가로, 세로 비율을 일정하게 조절합니다.

ⓑ Ellipse Tool: [Program Monitor] 패널에서 'Path'를 활용하여 원형의 도형을 만듭니다. Shift를 누른 상태에서 적용하면 가로, 세로 비율을 일정하게 조절합니다.

ⓒ Polygon Tool: [Program Monitor] 패널에서 'Path'를 활용하여 다각형의 도형을 만듭니다. Shift를 누른 상태에서 적용하면 가로, 세로 비율을 일정하게 조절합니다.

❽ **Hand Tool(H)(✋):** 이 툴에 마우스 왼쪽 버튼을 누르고 유지하면 다음의 추가 메뉴가 나타납니다.

ⓐ Hand Tool (H)
ⓑ Zoom Tool (Z)

ⓐ Hand Tool(H): [Timeline] 패널에서 드래그하여 좌우로 이동합니다.

ⓑ Zoom Tool(Z): [Timeline] 패널에서 클릭하여 확대합니다. Alt+마우스 왼쪽 버튼을 클릭하면 축소됩니다.

❾ **Type Tool(T)(T):** 이 툴에 마우스 왼쪽 버튼을 누르고 유지하면 다음의 추가 메뉴가 나타납니다.

ⓐ Type Tool(T): [Program Monitor] 패널에서 텍스트를 입력합니다.

ⓑ Vertical Type Tool: [Program Monitor] 패널에서 텍스트를 세로방향으로 입력합니다.

● **[Timeline] 패널**

[Timeline] 패널에서는 클립들을 시간에 따라서 직관적으로 확인하고 수정할 수 있습니다.

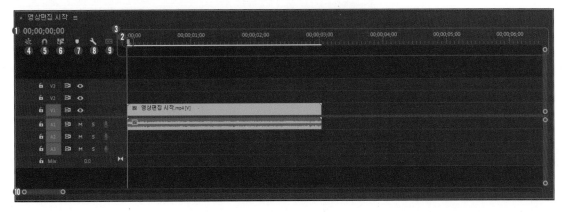

❶ **Playhead Position:** [Timeline] 패널에서 현재 작업시간을 표시합니다.

❷ **Current Time Indicator:** 영상편집의 기준시간을 정합니다. 드래그하여 시간을 변경 및 지정합니다.

❸ **Time Ruler:** 프로젝트에서 설정한 [Timeline] 패널에서 작업공간의 시간을 표시합니다.

❹ **Insert and overwrite sequences as nests or individual clips:** 시퀀스를 다른 시퀀스로 불러올 때, 단일 시퀀스 하나로 묶어서 불러올지, 시퀀스 내부의 여러 클립이 분리된 상태로 불러올지 선택합니다.

❺ **Snap in Timeline(S):** 클립들끼리 또는 'Time Indicator'와 스냅(자석과 같이 붙는 형태)이 적용됩니다.

❻ **Linked Selection:** 클립과 클립의 연결된 상태를 분리합니다.

❼ **Add Marker(M):** 클립에 마커를 추가하는 기능입니다. 마커는 기억하고 싶은 타이밍을 표시하는 기능으로 사용됩니다.

❽ **Timeline Display Settings:** [Timeline] 패널에서 디스플레이 옵션입니다.

❾ **Caption track options:** 캡션 자막이 적용되었을 때 트랙을 숨기거나 나타나게 합니다.

❿ **Zoom in, out slider:** [Timeline] 패널의 작업구간에서 확대, 축소합니다. +, -로도 확대, 축소합니다.

패널 조정하기

01 패널들의 경계부분에 마우스 커서를 가져가면 마우스 커서의 형태가 바뀝니다. 이때 마우스 왼쪽 버튼을 클릭한 채 드래그해서 이동하면 좌우, 상하로 패널크기를 조정할 수 있습니다.

02 패널 아이콘(☰)을 클릭하면 패널을 닫거나 분리할 수 있습니다.

03 패널의 이름 탭을 드래그해서 다른 패널의 탭으로 이동할 수 있습니다.

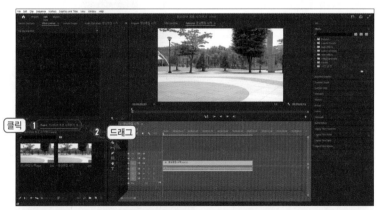

04 원하는 인터페이스로 패널들을 옮긴 후 현재 인터페이스 설정을 저장하려면 [Window → Workspaces → Save as New Workspace] 메뉴를 클릭합니다.

05 [New Workspace] 대화상자가 나타납니다. 'Name'에 '영상편집'이라고 입력합니다. [OK] 버튼을 클릭합니다.

06 [Window → Workspaces] 메뉴에서 [영상편집]((Alt)+(Shift)+(1)) 워크스페이스 메뉴를 확인할 수 있습니다.

PART 1. 영상기초

PART 2. 실행

PART 3. 영상편집

PART 4. 키프레임

PART 5. 자막

PART 6. 색보정

PART 7. 트랜지션

PART 8. 오디오편집

PART 9. 영상출력

PART 10. VR 360 영상

CHAPTER

03

시퀀스
생성하기

프로젝트 파일을 만들었다면 실제 영상을 편집하기 위해서는 시퀀스를 생성해야 합니다. 시퀀스는 여러 개의 영상, 오디오클립을 불러와 편집할 수 있는 공간입니다.

01 프리미어 프로를 실행한 다음, 'Project name'에 '시퀀스 생성하기'를 입력합니다. 'Project location'에 원하는 경로를 선택합니다. 설정을 완료했다면 [Create] 버튼을 클릭합니다.

02 프리미어 프로가 실행되었습니다. 시퀀스를 생성하겠습니다. 시퀀스를 생성하는 방법은 3가지가 있습니다.

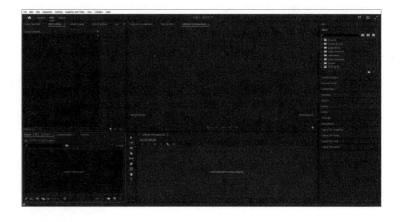

03 첫 번째 방법은 상단메뉴에서 [File → New → Sequence]를 클릭해 실행합니다. 두 번째는 단축키 Ctrl+N을 눌러 실행할 수 있습니다.

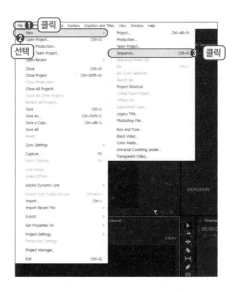

04 세 번째는 [Project] 패널에서 마우스 왼쪽 버튼으로 'New Item' 아이콘(🔲)을 클릭합니다. [Sequence] 메뉴를 클릭해 실행합니다.

05 [New Sequence] 대화상자가 활성화됩니다. 'Sequence Name'에 '영상편집'이라고 입력합니다.

06 [Sequence Presets] 탭에는 영상제작에 이용할 수 있는 프리셋 샘플들이 있습니다.

07 [Settings] 탭에서는 세부적인 옵션을 수정할 수 있습니다.

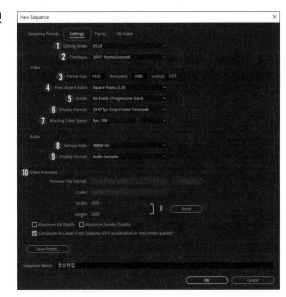

■ [Settings] 탭 세부옵션

❶ **Editing Mode:** 영상 규격샘플을 선택합니다.

❷ **Timebase:** 초당 프레임수를 선택합니다.

❸ **Frame Size:** 'Horizontal: 1,920, Vertical: 1,080' 영상의 사이즈를 선택합니다.

❹ **Pixel Aspect Ratio:** 픽셀의 가로와 세로 비율을 선택합니다.

❺ **Fields:** 주사선의 출력방식을 선택합니다.

❻ **Display Format:** 초당 프레임수의 표기방식을 선택합니다.

❼ **Working Color Space:** 색상영역을 설정합니다.

❽ **Sample Rate:** 오디오 주파수를 선택합니다.

❾ **Display Format:** 오디오 방식을 선택합니다.

❿ **Video Previews:** 프리뷰를 실행할 때 영상 포맷과 코덱, 영상의 사이즈를 설정합니다.

08 [Tracks] 탭에는 비디오트랙과 오디오트랙의 세부옵션을 설정할 수 있습니다. 트랙의 설정은 시퀀스 생성 후에도 수정할 수 있습니다.

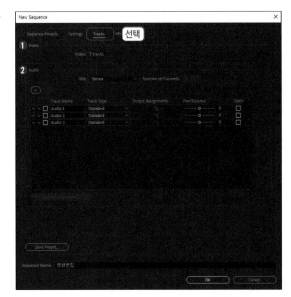

■ [Tracks] 탭 세부옵션

❶ **Video:** 비디오트랙의 개수를 선택합니다.

❷ **Audio:** 오디오트랙의 개수와 속성을 선택합니다.

09 [VR Video] 탭에서는 VR 영상 편집속성을 설정할 수 있습니다. [OK] 버튼을 클릭합니다.

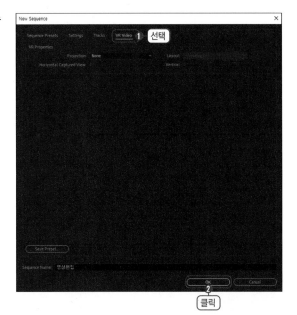

10 [Project] 패널에 시퀀스가 생성되었습니다.

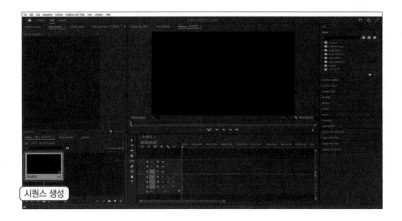

11 완성된 시퀀스 설정을 다시 수정하고 싶다면 [Project] 패널에서 수정하려는 시퀀스를 선택합니다. 마우스 오른쪽 버튼을 클릭 후 활성화된 메뉴 중 [Sequence Settings]를 클릭해서 수정합니다.

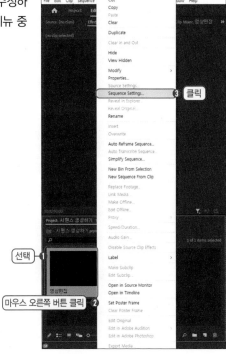

CHAPTER 04

영상클립 불러오기

영상을 편집하려면 촬영된 영상파일을 프리미어 프로로 불러와야 합니다. 영상클립을 불러 오는 다양한 방법에 대해서 살펴봅니다.

● 준비파일: 프리미어 프로\파트02\04\영상편집01.mp4, 영상편집02.mp4, 영상편집03.mp4

01 'Adobe Premiere Pro' 프로그램을 실행합니다. 첫 화면에서 [New Project] 버튼을 클릭하여 새로운 프로젝트를 생성합니다.

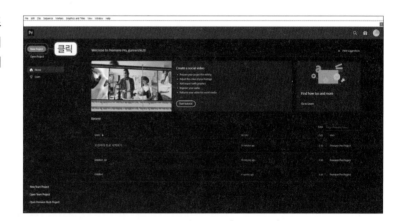

02 '영상편집01.mp4' 영상클립을 프리미어 프로 프로그램으로 불러옵니다. 먼저 작업을 진행할 프로젝트 이름을 정합니다. [Import] 탭의 'Project name'에 프로젝트 이름으로 '영상클립 불러오기'를 입력합니다.

03 'Project location'을 클릭하고 'Choose Location'을 클릭하여 원하는 경로를 설정합니다.

04 '준비파일' 경로의 폴더를 선택하고 [폴더 선택] 버튼을 클릭합니다.

05 'DEVICES'에서 준비파일 경로의 폴더를 선택합니다. 경로가 확인되면 '영상편집01.mp4' 영상클립을 선택합니다. [Create] 버튼을 클릭하여 불러옵니다.

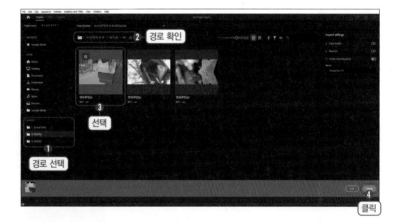

06 화면처럼 '영상편집01.mp4' 영상클립이 [Project] 패널에 보관됩니다. 동시에 'Sequence 01'이라는 메뉴도 추가되었습니다.

[Project] 패널의 'Sequence' 영역은 영상파일을 작업할 수 있는 프로젝트 작업공간입니다. 하나의 'Sequence'에 다양한 영상클립을 불러와 작업할 수도 있고 여러 개의 영상마다 각 'Sequence'를 만들어서 따로 작업을 진행할 수도 있습니다.

07 이번에는 상단메뉴에서 [File → Import((Ctrl)+(I))]를 클릭해 영상클립을 불러옵니다.

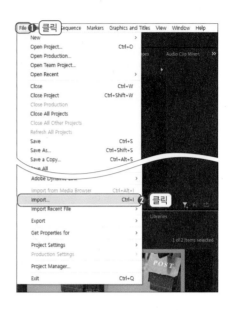

08 영상클립이 있는 경로로 이동해서 '영상편집02.mp4' 영상클립을 선택 후 [열기] 버튼을 클릭합니다. '영상편집 02.mp4' 영상클립이 [Project] 패널에 보관됩니다.

09 영상편집 작업을 진행하기 위해서는 '영상편집02. mp4' 영상클립을 선택한 다음, 'New Item' 아이콘(▣)에 드래그앤드롭을 합니다.

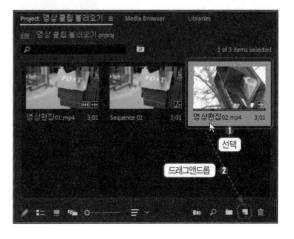

10 [Timeline] 패널에 '영상편집02.mp4' 영상클립 시퀀스(Sequence)인 '영상편집02'가 생성되었습니다. 시퀀스 작업공간에 '영상편집02.mp4' 영상클립이 존재하는 것입니다.

11 영상클립을 불러오는 또 다른 방법을 확인하겠습니다. [Project] 패널의 빈 곳을 더블클릭합니다.

12 [Import] 대화상자가 활성화됩니다. '영상편집03.mp4' 영상클립을 선택하고 [열기] 버튼을 클릭하면 영상클립을 불러올 수 있습니다.

13 '영상편집03.mp4' 영상클립을 활용합니다. 시퀀스를 생성하기 위해 '영상편집03.mp4' 영상클립을 선택합니다.

PART 1. 영상기초
PART 2. 실행
PART 3. 영상편집
PART 4. 키프레임
PART 5. 자막
PART 6. 색보정
PART 7. 트랜지션
PART 8. 오디오편집
PART 9. 영상출력
PART 10. VR 360 영상

14 '영상편집03.mp4' 영상클립을 선택한 다음, 마우스 오른쪽 버튼을 클릭합니다. [New Sequence From Clip] 메뉴를 클릭합니다.

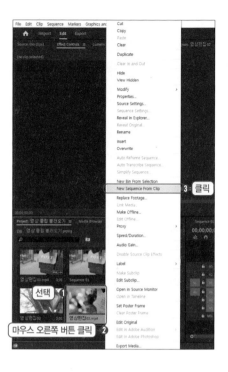

15 '영상편집03'이라는 새로운 시퀀스 공간이 생성되었습니다.

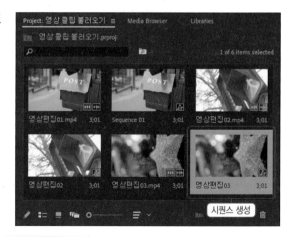

PART 1. 영상기초

PART 2. 실행

PART 3. 영상편집

PART 4. 프레임잉

PART 5. 자막

PART 6. 색보정

PART 7. 트랜지션

PART 8. 오디오편집

PART 9. 영상출력

PART 10. VR 360 영상

CHAPTER 05
프로젝트 파일 저장하기 및 불러오기

프리미어 프로에서 영상제작을 진행 중이거나 완료되었을 때 프리미어 프로 프로젝트 파일을 저장하여 보관하는 방법과 저장한 프로젝트 파일을 다시 불러와서 실행하는 방법에 대해서 살펴봅니다.

● 준비파일: 프리미어 프로\파트02\05\영상편집04.mp4

01 프리미어 프로 프로그램을 실행한 다음, [New Project] 버튼을 클릭합니다.

02 'Project name'에 프로젝트 이름을 '파일 저장하기'로 입력합니다. 'Project location'을 클릭합니다. 'Choose Location'을 클릭하여 경로를 선택합니다.

03 [Project Location] 대화상자가 활성화됩니다. 프리미어 프로 프로젝트 파일이 저장될 경로를 선택하고 마우스 오른쪽 버튼을 클릭하여 '새 폴더'를 만들고 '새 폴더'의 이름을 '파일 저장하기'로 입력합니다. '파일 저장하기' 폴더가 선택된 상태로 [폴더 선택] 버튼을 클릭합니다. 프로젝트 파일이 저장될 경로가 선택되었습니다.

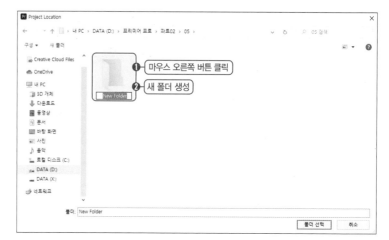

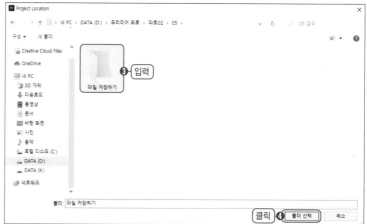

04 '준비파일'이 있는 경로를 선택한 다음, '영상편집04.mp4' 영상클립 파일을 선택합니다. [Create] 버튼을 클릭합니다. 선택된 '영상편집04.mp4' 영상클립을 불러옵니다.

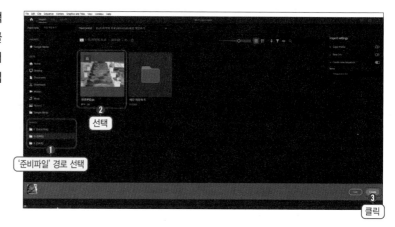

05 [Project] 패널에 '영상편집04.
mp4' 영상클립 파일과 'Sequence
01' 시퀀스가 생성되었습니다.

06 프리미어 프로 프로젝트 파일을 저장하는 방법에 대해 알아봅니다. [File → Save(Ctrl+S)] 메뉴를 선택하면 저장됩니다. 컴퓨터에 저장된 경로를 찾아서 확인하면 '파일 저장하기.prproj' 프리미어 프로 프로젝트 파일이 저장되어 있습니다.

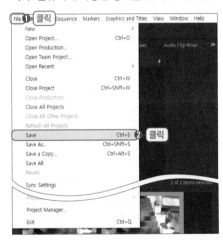

07 이번에는 '다른 이름으로 저장하기'를 합니다. 같은 파일이름으로 저장하는 방법이 아닌 다른 이름의 파일이름으로 저장하는 방법입니다. [File → Save As(Ctrl+Shift+S)] 메뉴를 클릭합니다. [Save Project] 대화상자가 나타납니다. 원하는 저장경로를 확인하고 파일이름을 '파일 저장하기_02'로 입력합니다. [저장] 버튼을 클릭하여 완료합니다.

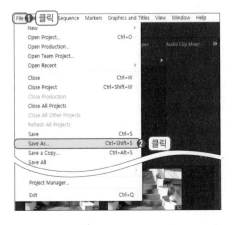

08 컴퓨터에 저장된 경로를 찾아서 확인하면 '파일 저장하기_02.prproj' 프리미어 프로 프로젝트 파일이 저장되어 있습니다.

다른 이름으로 저장할 때는 작업 단계별 또는 날짜별로 개인성향에 맞춰 다양한 방식으로 저장하면 좋습니다. 컴퓨터 과열이나 기타 시스템 문제로 프리미어 프로 프로그램이 강제종료가 될 때도 있는데 이럴 때 더 유용할 수 있습니다. 특히 중요한 작업 시 '다른 이름으로 저장'을 해두면 나중에 확인하거나 수정할 때 용이하므로 자주 사용하는 것이 좋습니다.

프리미어 프로에는 'Auto Save' 기능이 있어서 지정된 시간마다 자동으로 저장됩니다. [Edit → Preferences → Auto Save] 메뉴로 자동저장 기능을 설정할 수 있습니다.

❶ **Automatically save projects:** 자동저장 설정입니다.

ⓐ **Automatically Save Every - 15 minute(s):** 15분마다 자동 저장됩니다. 분단위 수정이 가능합니다.

ⓑ **Maximum Project Versions - 20:** 최대 20개의 파일을 저장합니다. 초과하면 기존파일은 사라집니다.

❷ **Save backup project to Creative Cloud:** 'Creative Cloud'에 저장합니다.

❸ **Auto Save also saves the current project(s):** 현재 프로젝트도 저장합니다.

09 이번에는 기존에 작업했던 프리미어 프로 프로젝트 파일을 불러오는 방법에 관해 확인합니다. 상단메뉴에서 [File → Open Project(Ctrl+O)]를 클릭합니다.

10 [Open Project] 대화상자가 나타납니다. 불러올 경로를 확인합니다. 그리고 '파일 저장하기.prproj' 파일을 선택한 다음, [열기] 버튼을 클릭하면 파일을 불러올 수 있습니다.

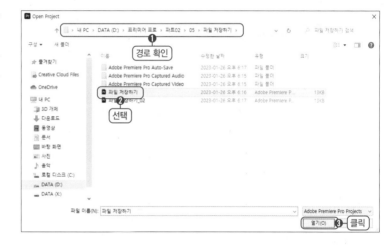

CHAPTER 06

소스파일 경로 다시 연결하기

프리미어 프로에서 영상작업을 하기 위해서는 영상파일과 오디오파일이 함께 있어야 합니다. 편집작업이 진행 중인 영상파일과 오디오파일이 사라지거나, 기존 작업경로와 다른 경로에서 프로젝트 파일을 작업하려면 영상파일과 오디오파일의 경로를 함께 수정해야 합니다. 이번 챕터에서는 소스파일의 경로가 변경되었을 때 다시 연결하여 작업을 진행하는 방법에 대해서 알아봅니다.

● 준비파일: 프리미어 프로\파트02\06\소스파일 경로 다시 연결하기.prproj

01 상단메뉴에서 [File → Open Project(Ctrl+O)]를 클릭합니다. '소스파일 경로 다시 연결하기.prproj' 프리미어 프로 프로젝트 파일을 불러옵니다. [Link Media] 대화상자가 활성화됩니다.

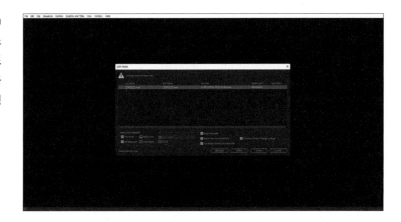

02 [Link Media] 대화상자에는 연결이 끊어진 영상클립에 대해 표시되어 있습니다. 'Clip Name'에서는 어떤 영상클립인지 확인할 수 있습니다. 'File Path'에서는 영상클립의 기존경로를 확인할 수 있습니다. 'Offline All'은 경로를 지정하지 않고 현재 상태를 유지한 채 작업하게 해줍니다.

■ [Link Media] 대화상자 세부옵션

❶ **Clip Name:** 클립이름

❷ **File Name:** 파일이름

❸ **File Path:** 파일경로

❹ **Media Start:** 영상시작점

❺ **Offline All:** 모든 파일을 오프라인으로 실행

❻ **Offline:** 선택한 파일을 오프라인으로 실행

❼ **Cancel:** 취소

❽ **Locate:** 경로

03 바뀐 경로에 있는 영상클립을 다시 선택하기 위해서 [Locate] 버튼을 클릭합니다.

04 [Locate File 경로설정.mp4] 대화상자가 나타납니다. 'Last Path'는 기존에 저장했던 경로입니다. 윈도우 탐색 메뉴에서 경로를 직접 선택합니다. '준비파일' 경로의 '프리미어 프로' 폴더에 '경로설정.mp4' 파일이 있습니다. 선택을 하고 [OK] 버튼을 클릭하여 연결합니다.

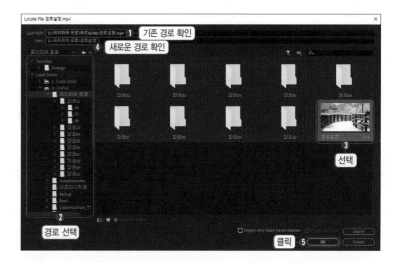

05 연결이 끊어진 영상클립 '경로설정.mp4' 파일이 다시 연결되었습니다.

PREMIERE PRO

PART 3.
프리미어 프로
영상편집 하기

영상편집을 하기 위해서는 기획이나 스토리도 중요합니다. 하지만 프리미어 프로 프로그램을 기본적으로 다룰
수 있어야 합니다. 여기에서는 프리미어 프로의 다양한 패널의 특징과 영상편집에 필요한 기능들을 살펴봅니다.
간단하게 사용할 수 있는 영상편집 기능에 대해서도 알아봅니다.

CHAPTER

01

영상클립
컷편집 하기

영상클립을 활용하여 기본적인 편집기능인 컷기능과, 컷을 하고 빈 공간을 채우는 방법도
알아봅니다.

● 준비파일: 프리미어 프로\파트03\01\영상클립 컷편집 하기.prproj

01 상단메뉴에서 [File → Open
Project(Ctrl+O)]를 클릭합니다.
'영상클립 컷편집 하기.prproj' 프
리미어 프로 프로젝트 파일을 불러
옵니다.

02 [Project] 패널에서 '편집하기01.mp4'를 선택합니다. 마
우스 오른쪽 버튼을 클릭 후, [New Sequence From Clip]을 클
릭하여 시퀀스를 생성합니다.

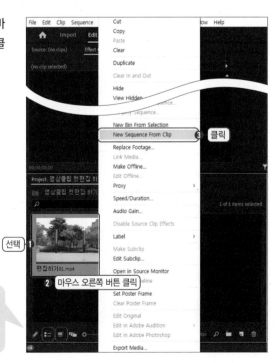

[Project] 패널에서 'List View' 아이콘(≡)을 클릭하면 영상클립
의 썸네일 없이 파일명만 확인할 수 있습니다. 'Icon View' 아이
콘(■)을 클릭하면 썸네일을 확인할 수 있습니다.

03 컷편집을 진행하겠습니다. '편집하기01.mp4' 영상클립을 선택하고 컷편집을 원하는 시간을 정해야 합니다.

04 시간을 지정하기 위해서 'Time Indicator'를 활용하여 컷편집을 원하는 시간에 배치합니다. '00;00;01;00' 프레임에 배치합니다.

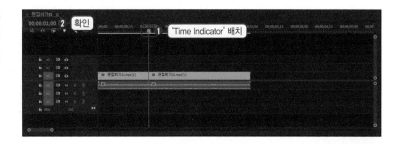

05 [Tools] 패널에서 'Razor Tool(ⓒ)' 아이콘(■)을 클릭합니다. 마우스 커서의 모양이 면도날 모양으로 변했습니다. 영상클립을 잘라내는 기능이 있습니다.

06 마우스 커서를 [Timeline] 패널의 '편집하기01.mp4' 영상클립으로 가져갑니다. 'Time Indicator'의 지정된 '00;00;01;00' 프레임에 영상클립을 클릭합니다.

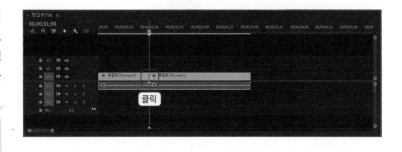

'Time Indicator'의 지정된 시간이 아니더라도 'Razor Tool' 아이콘(■)을 활용하면 자유롭게 영상을 자를 수 있습니다.

PART 1. 영상기초
PART 2. 실행
PART 3. 영상편집
PART 4. 키프레임
PART 5. 자막
PART 6. 색보정
PART 7. 트랜지션
PART 8. 오디오편집
PART 9. 영상출력
PART 10. VR 360 영상

07 [Timeline] 패널의 '편집하기 01.mp4' 영상클립을 확인합니다. 지정된 시간에 영상클립이 분리되 었습니다.

[Timeline] 패널을 확대 또는 축소하여 확인하면 편리합니다. 'Zoom in, out slider' 를 활용하여 슬라이더를 이동하거나 단축키로 확대, 축소할 수 있습니다. 단축키 ⊞는 확대, 단축키 ⊟는 축소입니다.

08 '편집하기01.mp4' 영상클립 이 두 개의 클립으로 분리되었습니 다. 영상클립을 각각 선택할 수 있습 니다. 영상클립을 다시 선택하려면 'Selection Tool(Ⓥ)' 아이콘(▶)을 클릭한 다음, 분리된 영상클립을 선 택하면 됩니다.

09 오른쪽 영상클립을 선택합니 다. [Timeline] 패널의 공간에서 오 른쪽 영상클립을 드래그하면 이동 할 수 있습니다. 오른쪽 영상클립을 선택하여 [Timeline] 패널에서 오른 쪽으로 드래그하여 이동 후 배치합 니다.

10 다시 오른쪽 클립을 선택하여 처음 분리했던 위치로 영상클립을 이동합니다. 분리되었던 부분에 자 석처럼 달라붙는 것을 확인할 수 있 습니다.

자석처럼 달라붙지 않는다면 [Timeline] 패널의 'Snap in Timeline(Ⓢ)'이 활성화되 어 있는지 확인합니다. 'Snap' 기능이 활성화되어 있어야 합니다.

11 다시 오른쪽 클립을 선택하여
오른쪽으로 이동합니다. 현재 왼쪽
클립과 오른쪽 클립의 공백이 생겼
습니다.

12 왼쪽 클립의 뒷부분에 마우스
커서를 위치합니다. 자동으로 마우
스 커서의 모양이 변경되었습니다.

13 왼쪽 클립의 뒷부분을 클릭하
여 오른쪽으로 드래그합니다. 잘려
나간 영상클립의 부분이 다시 나타
났습니다.

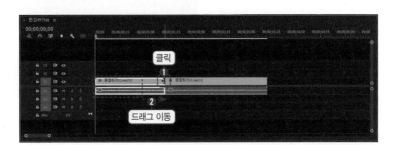

'Razor Tool'(🗡)을 활용하였기 때문에 컷편집된 영상클립은 완전히 잘려나가 삭
제된 상태가 아니며 작업하기 위해 선택된 부분이 일시적으로 편집된 것입니다.
원본의 영상클립은 그대로 유지됩니다.

CHAPTER

02

영상클립
복사, 붙여 넣기

동일한 영상클립을 추가하여 편집작업을 진행하고 싶을 때 클립을 복사할 수 있습니다. 그리고 원하는 시간에 배치하기 위해서는 붙여 넣기를 적용할 수 있습니다. 복사, 붙여 넣기를 활용하여 영상편집을 진행합니다.

● 준비파일: 프리미어 프로\파트03\02\영상클립 복사 붙여 넣기.prproj

01 상단메뉴에서 [File → Open Project(Ctrl+O))를 클릭합니다. '영상클립 복사 붙여 넣기.prproj' 프리미어 프로 프로젝트 파일을 불러옵니다. [Project] 패널에는 '편집하기02.mp4' 영상클립이 있습니다.

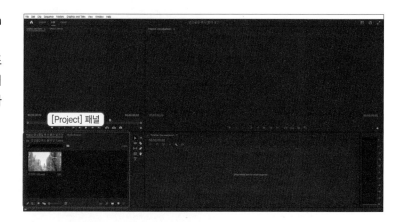

02 [Project] 패널에서 '편집하기02.mp4' 영상클립을 선택 후 끌어서 [Timeline] 패널로 드롭합니다.

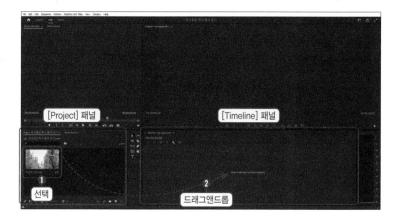

03 [Project] 패널에서 '편집하기 02' 시퀀스가 생성되었습니다. 그리고 [Timeline] 패널에서는 '편집하기 02.mp4' 영상클립을 확인할 수 있습니다.

04 편집을 진행하기 위해 '편집하기01.mp4' 영상클립을 선택하고 컷 편집을 원하는 시간을 정해야 합니다.

05 [Tools] 패널에서 'Razor Tool' 아이콘(🔪)을 클릭합니다. 'Razor Tool'을 활용하여 '편집하기02.mp4' 영상클립의 컷편집을 실행하겠습니다.

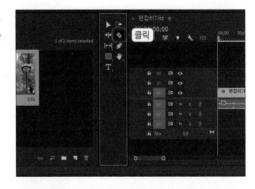

06 'Time Indicator'를 '00:00:01;00' 프레임에 배치합니다.

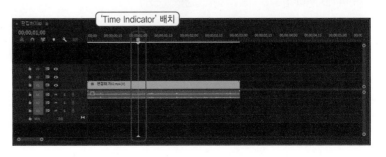

PART 1. 영상기초

PART 2. 실행

PART 3. 영상편집

PART 4. 키프레임

PART 5. 자막

PART 6. 색보정

PART 7. 트랜지션

PART 8. 오디오편집

PART 9. 영상출력

PART 10. VR 360 영상

07 'Razor Tool'이 선택된 상태에서 영상클립의 '00;00;01;00' 프레임에 클릭하여 잘라내기를 합니다. 영상클립이 '00;00;01;00' 프레임을 기준으로 두 개로 분리되었습니다.

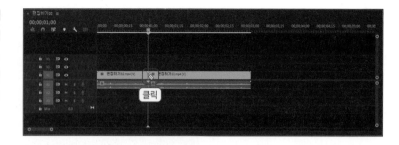

08 [Tools] 패널에서 'Selection Tool' 아이콘(▶)을 선택하고 오른쪽 클립을 선택하여 오른쪽으로 드래그해서 이동합니다.

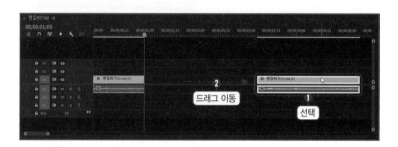

09 오른쪽 클립을 선택하고 상단메뉴에서 [Edit → Copy (Ctrl+C)]를 클릭합니다. 오른쪽 클립이 복사되었습니다.

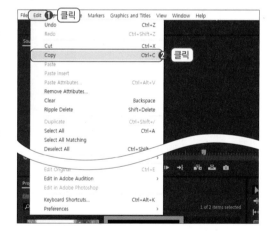

> 영상클립 복제하기 기능도 있습니다. 복제하기 단축키는 Alt+ '클릭 드래그'하여 복제할 수 있습니다. 클립에서 마우스 오른쪽 버튼을 눌러 [Unlink] 메뉴를 실행하면 영상과 오디오를 분리하여 복제하기도 가능합니다.

10 복사된 오른쪽 클립을 붙여 넣기 하겠습니다. 원하는 시간을 지정하기 위해서 'Time Indicator'를 이동하여 배치합니다.

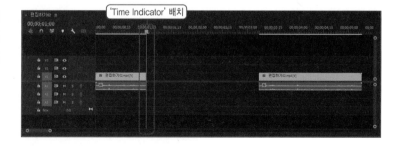

11 '붙여 넣기'를 실행합니다. [Edit → Paste(Ctrl+V)] 메뉴를 클릭합니다.

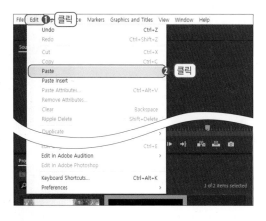

12 [Timeline] 패널에 붙여 넣기가 완료되었습니다.

13 'Time Indicator'의 위치에 따라서 붙여 넣기를 했을 때 기존 영상클립을 덮어서 기존 영상을 삭제하는 때도 있습니다. 그래서 다른 클립에 손상을 주지 않고 빈 공간에 붙여 넣기를 하고 싶다면 [Edit → Paste Insert(Ctrl+Shift+V)] 메뉴를 실행합니다.

> 붙여 넣기를 했을 때 기존에 배치되어 있던 영상클립에 [Time-line] 패널의 시간이 이동하면서 새롭게 붙여 넣기를 한 영상클립이 배치됩니다.

14 영상클립이 붙여 넣기가 되었습니다. 다른 클립 사이에 붙여 넣기가 된 것을 확인할 수 있습니다. 복사, 붙여 넣기의 편집과정에서 빈 공간들이 생기는 것을 확인할 수 있습니다.

15 복사, 붙여 넣기의 편집과정에서 빈 공간들이 생기는 것을 확인할 수 있습니다. 이런 빈 공간들에 영상 클립들을 하나씩 선택, 이동하여 배치할 수 있습니다.

16 빈 공간을 마우스 커서로 클릭합니다.

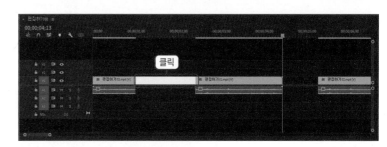

17 상단메뉴에서 [Edit → Ripple Delete]를 클릭하여 실행합니다.

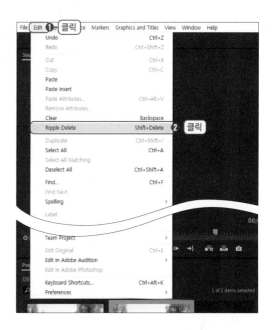

18 빈 공간은 오른쪽에 배치되어 있던 영상클립이 빈 공간만큼 이동하여 배치되었습니다. 오른쪽 영상 클립도 마찬가지로 동일한 방법으로 배치할 수 있습니다.

클립 라벨색상 수정하기

클립의 종류에 따라서 색상으로 구별해서 작업을 진행할 수 있습니다. 영상클립, 오디오클립, 시퀀스 등으로 구별할 수 있고, 영상클립 종류에 따라서 각자 색상으로 구별해서 작업할 수 있습니다. 색상이 시각적으로 구별되면 작업하기 편리합니다.

01 [Edit → Preferences → Labels] 메뉴에서 라벨색상을 확인 및 수정할 수 있습니다.

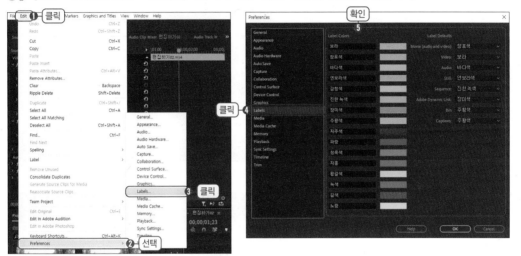

02 라벨색상을 수정하려면 [Project] 패널에서 수정할 파일을 선택 후 마우스 오른쪽 버튼을 클릭합니다. [Label] 메뉴를 선택 후 나타난 메뉴 중 원하는 색상을 선택하면 됩니다.

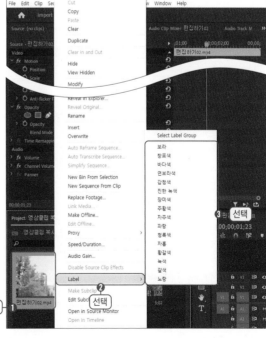

03 [Timeline] 패널에서 클립을 선택 후 마우스 오른쪽
버튼을 클릭합니다. [Label] 메뉴를 선택하면 원하는 색상
을 선택할 수 있습니다.

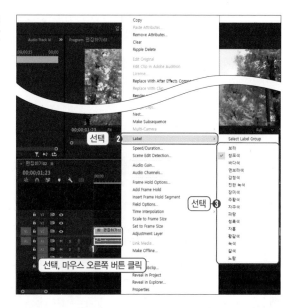

04 클립의 라벨색상을 원하는 색상으로 선택하여 시각
적으로 색상이 구별되면 작업하기가 좀 더 편리합니다.

CHAPTER

03

트랙기능
활용하기

'Track'(트랙)은 [Timeline] 패널에서 영상클립과 오디오클립을 편집하기 위한 공간입니다. 다양한 클립들을 편집하려면 동시에 여러 클립을 겹쳐서 사용하는 때도 있습니다. 이럴 때 트랙의 다양한 기능을 활용하면 편리하게 작업할 수 있습니다.

● 준비파일: 프리미어 프로\파트03\03\트랙기능 활용하기.prproj

01 상단메뉴에서 [File → Open Project([Ctrl]+[O])]를 클릭합니다. '트랙기능 활용하기.prproj' 프리미어 프로 프로젝트 파일을 불러옵니다.

02 [Project] 패널에서 '트랙기능 활용하기.mp4'를 선택 후 끌어서 [Timeline] 패널로 드롭합니다.

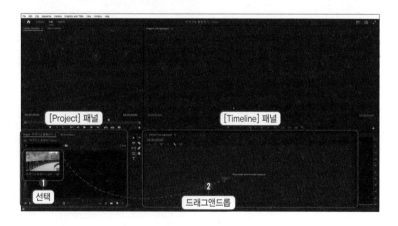

03 [Project] 패널에 '트랙기능 활용하기' 시퀀스가 생성되었습니다. 그리고 [Timeline] 패널에서는 '트랙기능 활용하기.mp4' 영상클립을 확인할 수 있습니다.

04 트랙을 확대 및 축소하겠습니다. 트랙의 빈 공간에 마우스 커서를 배치하고 마우스 왼쪽 버튼을 더블클릭하면 트랙크기가 위아래 방향으로 커집니다. 다시 더블클릭하면 다시 원래 상태의 크기로 돌아갑니다.

05 트랙의 빈 공간에 마우스 커서를 배치하고 단축키 Alt + '마우스 휠 드래그' 하면 트랙크기를 위아래 방향으로 크고 작게 할 수 있습니다. 더블클릭과 다른 점은 휠 드래그 정도에 따라서 크기를 자유롭게 조절할 수 있습니다.

06 트랙의 경계선을 마우스로 클릭한 채 드래그하여 트랙크기를 조절할 수도 있습니다. 비디오트랙과 오디오트랙 간 경계부분도 역시나 마우스로 클릭한 채 드래그하여 트랙크기를 조절할 수 있습니다.

07 다양한 클립이 중첩되어서 작업할 때는 트랙이 지금보다 많아져야 하는 경우가 발생합니다. 트랙을 추가하겠습니다.

트랙의 빈 공간에 마우스 커서를 배치하고 마우스 오른쪽 버튼을 클릭한 다음, [Add Track] 메뉴를 클릭하여 추가합니다.

08 트랙을 삭제하겠습니다. 트랙의 빈 공간에 마우스 오른쪽 버튼을 클릭한 다음, [Delete Track] 메뉴를 클릭합니다. [Add Track] 메뉴는 트랙이 하나씩 추가되는데 [Add Tracks] 메뉴는 여러 개의 트랙을 한꺼번에 추가합니다.

09 다시 트랙의 빈 공간에 마우스 오른쪽 버튼을 클릭한 다음, [Add Tracks] 메뉴를 클릭하여 [Add Tracks] 대화상자를 엽니다.

'Video Tracks'에서 'Add'의 개수를 '3 Video Track(s)'로 변경하고, 'Audio Tracks'에서도 '3 Audio Track(s)'으로 변경합니다. [OK] 버튼을 클릭합니다.

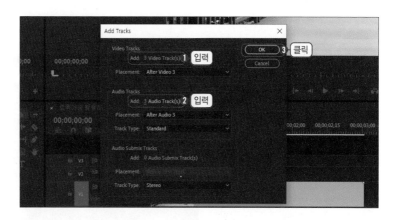

10 트랙의 개수가 3개씩 추가된 것을 확인할 수 있습니다.

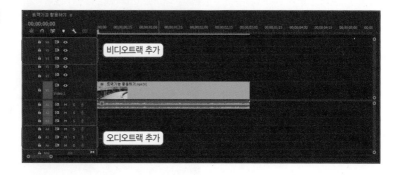

11 앞서는 트랙의 빈 공간에 마우스 오른쪽 버튼을 클릭한 다음, [Delete Track] 메뉴를 클릭해서 1개 트랙을 삭제하였습니다. 원하는 트랙이나 여러 개의 트랙을 한꺼번에 삭제하려면 [Delete Tracks] 메뉴를 실행하면 됩니다. [Delete Tracks]를 클릭합니다.

12 [Delete Tracks] 대화상자가 활성화됩니다. 'Video Tracks'에서 'Delete Video Tracks'의 체크박스를 클릭하고, 'All Empty Tracks'는 현 상태를 유지합니다. 'All Empty Tracks'는 비어있는 모든 'Video Track'들을 삭제합니다. 특정트랙만 선택해서 삭제하려면 'All Empty Tracks' 부분을 클릭 후 삭제하려는 'Video Track'을 선택하면 됩니다.

13 'Delete Video Tracks'와 'Delete Audio Tracks'의 체크박스를 클릭하고, [OK] 버튼을 클릭합니다. 그러면 비어있는 트랙은 모두 삭제됩니다.

14 트랙을 잠그는 방법은 트랙에서 'Toggle Track Lock' 아이콘(🔒)을 클릭하면 됩니다. 트랙이 잠기면 해당 트랙은 선택 또는 수정할 수 없습니다. 해제하려면 다시 'Toggle Track Lock' 아이콘(🔒)을 클릭해서 잠금 해제를 해야 합니다.

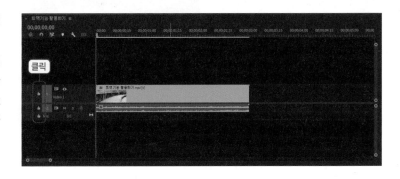

15 'Toggle Track Output' 아이콘(◎)을 클릭하면 트랙을 숨길 수 있습니다. 트랙을 숨기면 [Program Monitor] 패널에서 숨긴 트랙이 보이지 않습니다. 해제하려면 아이콘(◎)을 클릭해서 해제할 수 있습니다.

16 원하는 트랙의 오디오만 출력하려면 오디오트랙의 'Solo Track' 아이콘(S)을 클릭합니다. 원하는 트랙의 오디오만 출력할 수 있습니다.

17 원하는 트랙의 오디오를 끄려면 'Mute Track' 아이콘(M)을 클릭합니다. 해당 트랙의 오디오가 꺼집니다.

[Timeline] 패널에서 오디오 작업을 위해 다음 아이콘을 익혀두면 좋습니다.
- 'Mute Track' 아이콘(M): 음소거를 나타냅니다.
- 'Solo Track' 아이콘(S): 단독음향을 나타냅니다.
- 'Voice-over record' 아이콘(🎤): 녹음을 나타냅니다.

CHAPTER
04

영상속도
조절하기

영상클립의 속도를 조절해서 영상을 원본보다 빠르게 또는 느리게 재생속도를 수정할 수 있습니다. 프리미어 프로에서 영상속도를 조절하는 방법은 두 가지가 있습니다. [Tools] 패널에서 'Rate Stretch Tool' 아이콘을 사용하거나 'Speed/Duration'을 활용하는 방법입니다. 이 방법들에 대해 알아봅니다. 먼저 'Rate Stretch Tool' 아이콘 사용을 살펴봅니다.

● 준비파일: 프리미어 프로\파트03\04\영상속도 조절하기.prproj

01 상단메뉴에서 [File → Open Project(Ctrl+O)]를 클릭합니다. '영상속도 조절하기.prproj' 프리미어 프로 프로젝트 파일을 불러옵니다.

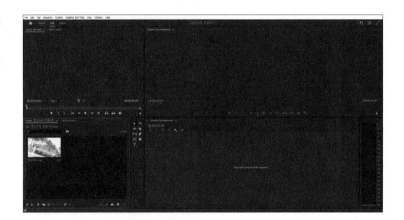

02 [Project] 패널에서 '영상속도. mp4'를 선택 후 끌어서 [Timeline] 패널로 드롭합니다.

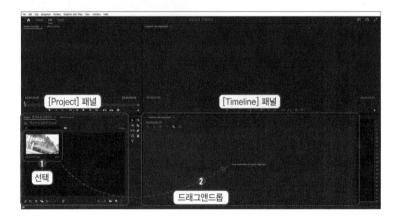

03 [Project] 패널에서 '영상속도' 시퀀스가 생성되었습니다. 그리고 [Timeline] 패널에서는 '영상속도. mp4' 영상클립을 확인할 수 있습니다.

04 [Tools] 패널에서 'Razor Tool' 아이콘(◣)을 클릭합니다. 이 아이콘을 활용하여 'Time Indicator'를 '00;00;01;00' 프레임에 배치하여 잘라내기 합니다.

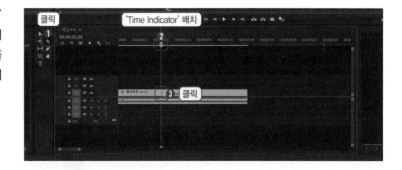

05 '영상속도.mp4' 영상클립이 두 개로 분리되었습니다. [Tools] 패널에서 'Ripple Edit Tool' 아이콘(◄►)을 마우스 왼쪽 버튼으로 누르고 있으면 메뉴가 나타납니다. 그중 'Rate Stretch Tool' 아이콘(◄►)을 클릭합니다.

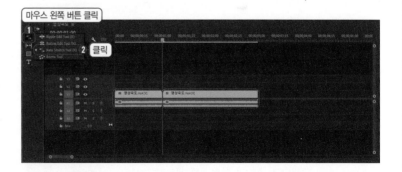

06 오른쪽 클립의 오른쪽 끝부분을 선택하여 왼쪽으로 드래그합니다. 기존 클립 길이보다 줄어들었습니다. 클립 길이가 줄어든 만큼 영상속도가 빨라졌습니다.

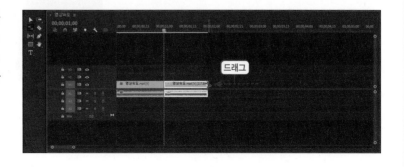

07 다음은 'Speed/Duration'을 활용하는 방법입니다. [Timeline] 패널에서 '영상속도.mp4' 영상클립을 선택합니다.

08 상단메뉴에서 [Clip → Speed/Duration]을 선택합니다.

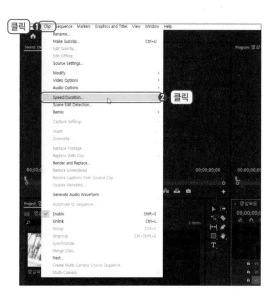

09 [Clip Speed / Duration] 대화상자가 활성화됩니다. 'Speed'는 퍼센트(%)로 영상속도를 조절합니다. 숫자가 낮을수록 천천히 재생되고, 숫자가 높을수록 빠르게 재생됩니다.

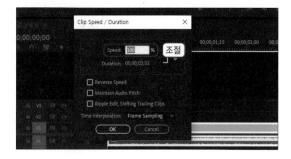

■ [Clip Speed / Duration] 대화상자

❶ **Speed:** 영상의 재생속도를 % 단위로 조절합니다. 100% 기준으로 높으면 영상속도가 빠르고, 낮으면 영상속도가 느립니다.

❷ **Duration:** 시간으로 속도를 조절합니다.

❸ **Reverse Speed:** 영상클립을 거꾸로 재생합니다.

❹ **Maintain Audio Pitch:** 영상을 줄이고 늘릴 때 오디오 피치를 유지합니다.

❺ **Ripple Edit, Shifting Trailing Clips:** 첫 번째 클립의 속도를 줄였을 때 두 번째 이후 클립들이 자동으로 공백을 채워줍니다.

10 'Speed'를 '30%'로 입력합니다. 그리고 [OK] 버튼을 클릭합니다.

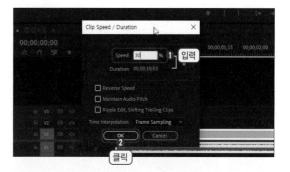

11 Space Bar 를 눌러 영상을 재생해서 확인합니다. 영상이 느리게 재생하는 것을 확인할 수 있습니다.

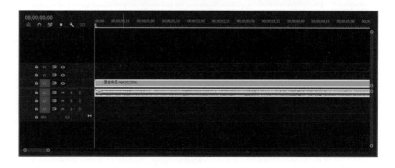

PREMIERE PRO

PART 4.
키프레임 활용하여
영상편집 하기

키프레임(Key Frame)이란? 애니메이션 작업에서 변화가 일어나는 순간, 즉 타이밍을 키프레임이라고 합니다. 키프레임의 개념은 다양한 애니메이션을 제작할 때 유용하게 사용됩니다. 그래서 모형 애니메이션, 2D 애니메이션, 3D 애니메이션, 셀 애니메이션 등 다양한 영상제작에 사용됩니다. 여기서는 키프레임 적용방법, 키프레임을 활용한 영상클립 편집방법에 대해 알아봅니다.

CHAPTER 01

영상클립 움직이기

애니메이션 작업에서 특정변화가 일어나는 순간, 즉 변화가 일어나는 타이밍을 키프레임 (Key Frame)이라고 합니다. 키프레임을 활용하여 영상클립에서 위치의 변화를 적용하여 움직이는 키프레임 애니메이션을 만듭니다.

● 준비파일: 프리미어 프로\파트04\01\영상클립 움직이기.prproj

01 상단메뉴에서 [File→ Open Project(Ctrl+O)]를 클릭합니다. '영상클립 움직이기.prproj' 프리미어 프로 프로젝트 파일을 불러옵니다. '바다배경.mp4' 영상클립과 '배.mov' 영상클립이 있습니다.

02 [Project] 패널에서 '바다배경.mp4'를 선택합니다. 마우스 오른쪽 버튼 클릭 후 [New Sequence From Clip] 메뉴를 클릭합니다.

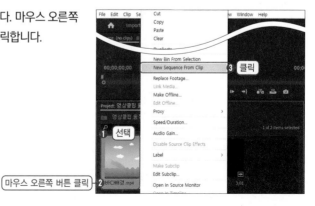

03 '바다배경' 시퀀스가 생성되었습니다.

04 [Project] 패널에서 '배.mov'를 선택하여 [Timeline] 패널로 드래그 앤드롭하여 '바다배경.mp4' 트랙 위에 배치합니다.

05 [Timeline] 패널에서 '배.mov'을 선택합니다. '배.mov' 영상클립의 위치를 조절하여 배가 왼쪽에서 오른쪽으로 움직이는 애니메이션을 만들어보겠습니다. [Effect Controls] 패널에서 영상클립의 세부옵션들을 확인합니다.

PART 1. 영상기초

PART 2. 실행

PART 3. 영상편집

PART 4. 키프레임

PART 5. 자막

PART 6. 색보정

PART 7. 트랜지션

PART 8. 오디오편집

PART 9. 영상출력

PART 10. VR 360 영상

06 [Effect Controls] 패널에서 'Video → Motion → Position'의 왼쪽에 시계모양의 아이콘(🕐)이 있습니다. 이 'Toggle animation' 아이콘(🕐)을 클릭하면 'Position'(위치) 키프레임 애니메이션을 진행할 수 있습니다. 'Position'의 가로값이 '960.0', 세로값이 '540.0'으로 이 옵션값을 조절하면 위치를 조절할 수 있습니다. '960.0', '540.0' 수치에 마우스 커서를 가져가면 커서의 모양(👆)이 변하는데 마우스 커서를 상하 또는 좌우로 드래그하면 수치를 조절할 수 있습니다.

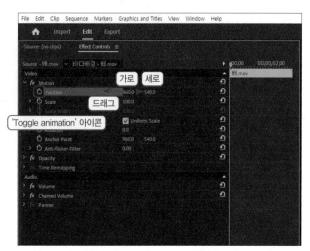

'960, 540'의 숫자는 영상클립의 가로, 세로 사이즈 기준의 위치입니다. 영상클립의 픽셀 사이즈가 가로픽셀 1,920, 세로픽셀 1,080이기 때문에 가로값과 세로값의 중간, 즉 화면에서의 중심점을 말합니다.

07 '배.mov' 영상클립을 화면 상에서 왼쪽에서 오른쪽으로 위치를 움직이는 애니메이션 작업을 하겠습니다. 먼저 키프레임을 적용하기 전에 언제부터 '배.mov' 영상클립의 위치값에 변화를 줄 것인지 정해야 합니다. 즉, 시간을 정해야 하는데, 시간을 정하기 위해서는 [Timeline] 패널에서 'Time Indicator'를 활용하여 클립이 변화될 시간을 정합니다. 시간을 '00;00;00;00' 프레임으로 배치합니다. 그리고 'Position'의 가로값을 마우스 왼쪽 버튼을 클릭하여 직접 입력합니다. '960.0'에서 '360.0'으로 수정합니다.

08 [Effect Controls] 패널에서 'Position'의 'Toggle animation' 아이콘(◎)을 클릭합니다. 그러면 'Position' 오른쪽의 '00;00;00;00' 프레임에 키프레임이 적용되었다고 표시됩니다.

> 만약에 생성한 키프레임이 보이지 않는다면 [Effect Controls] 패널의 우측 상단에 있는 'Show/Hide Timeline View' 아이콘을 클릭합니다. 그러면 그림과 같은 화면으로 바뀝니다.

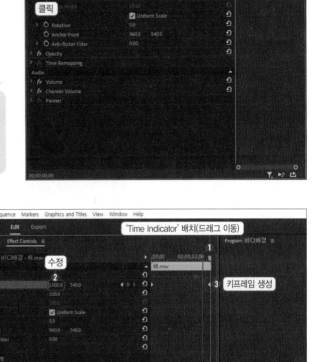

09 '배.mov' 영상클립이 언제까지, 몇 프레임까지 움직일지 최종 위치값을 지정해야 합니다. [Effect Controls] 패널에서 'Time Indicator'를 '00;00;03;00' 프레임, 즉 3초로 배치합니다. 또는 [Timeline] 패널에서 마우스 왼쪽 버튼으로 'Playhead Position'을 클릭한 다음 '00;00;03;00'을 직접 입력해도 됩니다. 그리고 [Effect Controls] 패널에서 'Position'의 가로값을 '360.0'에서 '1500.0'으로 수정합니다. '00;00;03;00' 프레임에 키프레임이 생성되었습니다.

10 '1500.0'은 1500픽셀만큼 가로 위치값이 변경된 것입니다. 이제 [Timeline] 패널에서 Space Bar 를 눌러 영상을 재생하면 '배.mov' 영상클립이 왼쪽에서 오른쪽으로 위치가 변합니다.

11 '배.mov' 영상클립에 위치 애니메이션을 추가하겠습니다. 'Time Indicator'를 '00;00;01;15' 프레임으로 배치합니다.

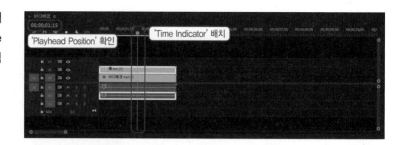

12 [Effect Controls] 패널에서 키프레임을 적용하지 않고, [Program Monitor] 패널에서 애니메이션을 직접 움직여서 적용하겠습니다. 우선 [Timeline] 패널에서 '배.mov' 영상클립을 선택합니다.

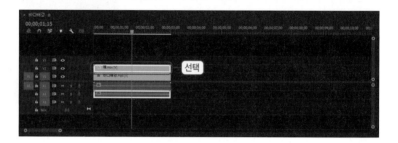

13 [Effect Controls] 패널에서 'Motion'을 클릭합니다.

14 [Program Monitor] 패널에서 영상클립의 'Transform' 영역의 옵션 값을 조절할 수 있습니다. '배.mov' 영상클립의 'Transform' 영역을 클릭하고 아래로 원하는 위치까지 드래그해서 이동합니다.

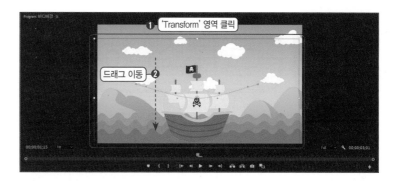

15 [Program Monitor] 패널에서 'Position' 키프레임 애니메이션이 생성된 위치와 이동을 확인할 수 있습니다. [Effect Controls] 패널에서도 키프레임 애니메이션의 적용을 확인할 수 있습니다. Space Bar 를 눌러 영상을 재생하여 확인합니다.

CHAPTER

02

영상클립
크기 조절하기

풍선 영상클립을 활용하여 [Effect Controls] 패널에서 'Scale'을 활용하여 풍선 영상클립의
크기 변화 키프레임 애니메이션을 만듭니다.

● **준비파일:** 프리미어 프로\파트04\02\영상클립 크기 조절하기.prproj

01 상단메뉴에서 [File → Open Project(Ctrl+O)]를 클릭합니다. '영상클립 크기 조절하기.prproj' 프리미어 프로 프로젝트 파일을 불러옵니다. '하늘배경. mp4' 영상클립과 '풍선.mov' 영상클립이 있습니다.

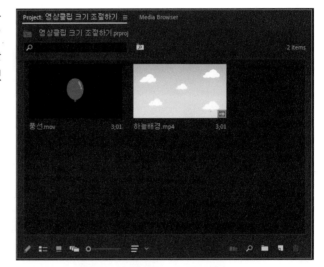

02 [Project] 패널에서 '하늘배경.mp4'를 선택합니다. 마우스 오른쪽 버튼 클릭 후 [New Sequence From Clip] 메뉴를 클릭하여 시퀀스를 생성합니다.

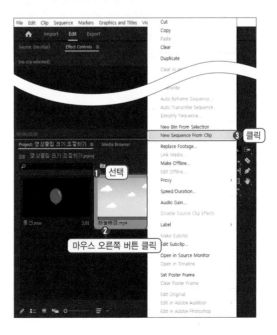

03 [Project] 패널에서 '풍선.mov'을 선택하여 [Timeline] 패널로 드래그앤드롭하여 '하늘배경.mp4' 트랙 위에 배치시킵니다.

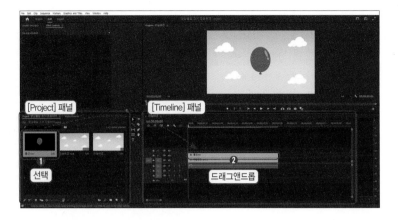

04 [Timeline] 패널에서 '풍선.mov' 영상클립을 선택합니다. [Effect Controls] 패널의 'Scale'을 활용하여 크기 애니메이션을 조절합니다.

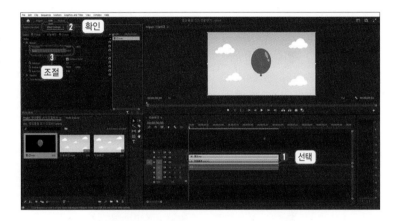

05 'Scale'이 '100.0'으로 표시되어 있습니다. 역시나 가로, 세로 픽셀 기준에서 '풍선.mov' 영상클립의 사이즈 기준이 '100.0'인 기본 사이즈로 적용되어 있습니다.

06 [Timeline] 패널에서 영상크기의 변화를 시작할 시간을 정합니다. 'Time Indicator'를 '00;00;00;00' 프레임으로 배치합니다. [Effect Controls] 패널의 'Scale'에서 'Toggle animation' 아이콘(◎)을 클릭합니다. 시계모양 아이콘의 색상이 변하면서 활성화됩니다. 키프레임이 생성됩니다.

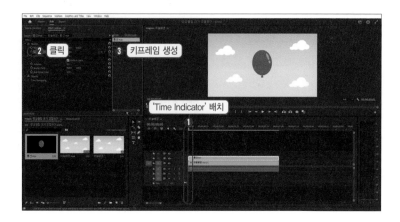

07 [Timeline] 패널에서 'Time Indicator'를 '00;00;01;15' 프레임으로 배치합니다. [Effect Controls] 패널의 'Scale'의 크기값을 '30.0'으로 수정합니다. 영상을 재생하면 시간이 지나면서 영상클립의 크기가 점점 작아지는 애니메이션을 확인할 수 있습니다.

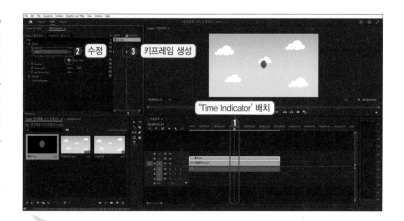

화면은 가로, 세로 픽셀을 기준으로 되어 있습니다. 여기서는 크기값이 '100.0' 하나만 표시가 되어 있습니다. 그것은 아래 메뉴에서 'Uniform Scale' 옵션이 체크되어 있기 때문입니다. 이 옵션은 가로, 세로 픽셀의 크기값을 일정하게 함께 조절합니다. 가로, 세로 크기값을 별도로 조절하고 싶으면, 'Uniform Scale'의 체크박스를 클릭해서 옵션설정을 해제하면 됩니다.

08 [Program Monitor] 패널에서 직접 크기를 조절하여 크기값 변화를 추가로 적용하겠습니다. [Timeline] 패널에서 'Time Indicator'를 '00;00;03;00' 프레임으로 배치합니다. 영상클립을 선택하고, [Effect Controls] 패널의 'Scale'을 클릭합니다. [Program Monitor] 패널에서 영상클립의 'Transform'을 조절할 수 있습니다.

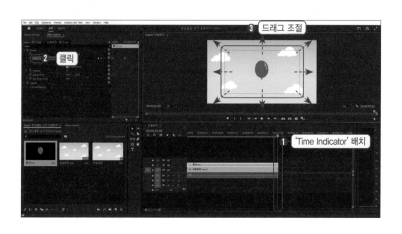

09 크기값을 조절하기 위해서 'Transform'의 외곽라인을 클릭 후, 드래그하면 크기값을 직접 수정할 수 있습니다. 역시나 [Effect Controls] 패널의 'Scale'에서 크기값이 동시에 변하는 것을 확인할 수 있습니다.

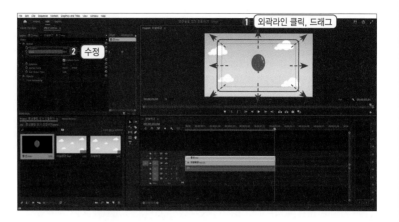

10 적용된 키프레임 값을 수정하거나, 삭제하겠습니다. 수정하기 위해서는 먼저, [Timeline] 패널에서 수정하려는 시간을 정해야 합니다. 기존에 작업했던, '00;00;01;15' 프레임에 적용된 키프레임을 수정하겠습니다. 시간을 'Time Indicator'를 활용하여 배치하고 [Effect Controls] 패널의 'Scale'을 '200.0'으로 수정합니다.

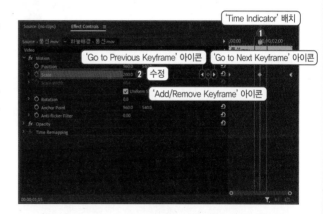

[Timeline] 패널에서 키프레임별로 'Time Indicator'를 움직여서 시간을 배치할 때, 미세하게 조절하기 힘들 수도 있습니다. 이럴 때는 키프레임별로 'Time Indicator'를 움직이면 편하게 작업할 수 있습니다. [Effect Controls] 패널의 'Scale'에서 오른쪽에 있는 아이콘(◀ ◦ ▶)의 좌측 또는 우측 아이콘을 클릭하면, 앞뒤의 키프레임에 맞춰 'Time Indicator'를 이동할 수 있습니다.

11 이번에는 작업된 키프레임을 삭제해봅니다. [Effect Controls] 패널에서 삭제하고 싶은 속성을 선택합니다. 키프레임을 삭제할 'Scale'의 속성에서 'Toggle animation' 아이콘(🕐)을 클릭하면 'Scale'의 모든 키프레임이 삭제됩니다.

12 뒤로 가기(Ctrl+Z)를 실행하여 이번에는 원하는 키프레임을 하나씩 삭제합니다. [Effect Controls] 패널에서 'Scale'의 키프레임 아이콘(◆)을 클릭한 후에 Delete를 누르면 키프레임이 삭제됩니다.

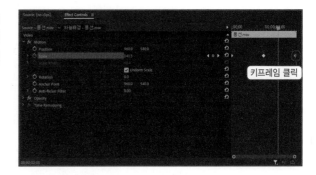

13 기존에 적용된 키프레임의 시간을 수정하겠습니다. [Effect Controls] 패널에서 'Scale'의 키프레임 아이콘(◆)을 클릭한 채 마우스를 왼쪽 또는 오른쪽으로 드래그하면 애니메이션이 적용되는 시간을 수정할 수 있습니다.

14 Space Bar를 눌러 영상을 재생하여 확인하면 수정된 애니메이션을 확인할 수 있습니다.

CHAPTER 03

영상클립 회전하기

[Effect Controls] 패널의 'Rotation'을 활용하면 배가 강물을 따라서 움직이고 강의 꺾이는 부분과 회전하는 동작을 만들 수 있습니다. 'Rotation' 메뉴로 배의 회전을 키프레임 애니메이션으로 만들고, 'Position'을 같이 적용해서 위치를 조절합니다.

● 준비파일: 프리미어 프로\파트04\03\영상클립 회전하기.prproj

01 상단메뉴에서 [File → Open Project(Ctrl +O)]를 클릭합니다. '영상클립 회전하기.prproj' 프리미어 프로 프로젝트 파일을 불러옵니다. '강배경.mp4' 영상클립과 '배.mov' 영상클립이 있습니다.

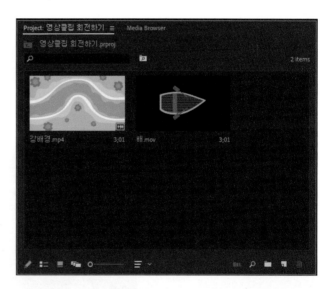

02 '배.mov' 영상클립을 활용하여 구부러진 강을 따라 움직이고 회전하는 애니메이션을 적용하겠습니다.

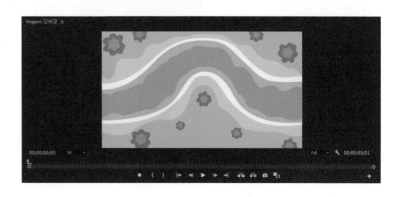

03 [Project] 패널에서 '강배경.mp4'를 선택합니다. 마우스 오른쪽 버튼 클릭 후 [New Sequence From Clip] 메뉴를 클릭하여 시퀀스를 생성합니다.

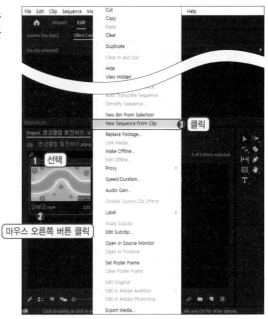

04 [Project] 패널에서 '배.mov'를 선택한 다음 [Timeline] 패널로 드래그앤드롭하여 '강배경.mp4' 트랙 위에 배치합니다.

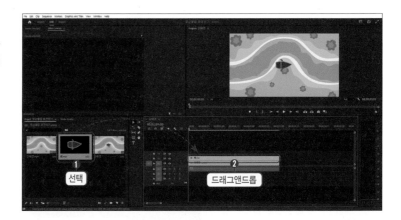

05 [Timeline] 패널에서 '배.mov' 영상클립을 선택하고, [Effect Controls] 패널에서 'Position'을 클릭합니다.

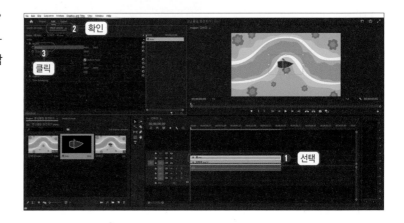

06 '배.mov' 영상클립의 위치를 지정합니다. 강 왼쪽을 출발지점으로 배치합니다. 'Position'의 가로값을 '180.0', 세로값을 '680.0'으로 수정합니다.

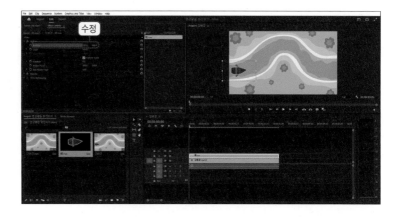

07 'Time Indicator'를 '00;00;00;00' 프레임으로 지정합니다. [Effect Controls] 패널에서 'Position'의 'Toggle animation' 아이콘(⏱)을 클릭해 키프레임을 생성시킵니다.

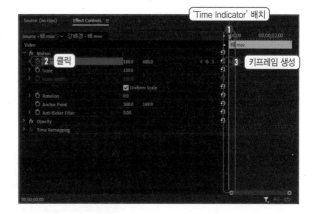

08 다음 변화될 시간의 'Time Indicator'를 '00;00;01;15' 프레임으로 지정합니다. '배.mov' 영상클립을 선택해서 배의 위치를 '강배경.mp4'에서 위쪽으로 이동시킵니다. 'Position' 가로값을 '950.0', 세로값을 '240.0'으로 수정합니다.

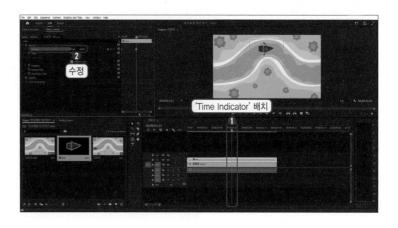

09 최종 위치에 변화될 시간의 'Time Indicator'를 '00;00;03;00' 프레임으로 배치합니다. 마지막 위치로 자동차 클립을 선택하여 이동시킵니다. 'Position' 가로값을 '1,700.0', 세로값을 '710.0'으로 수정합니다.

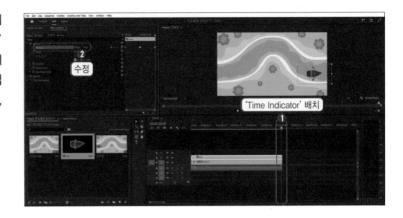

10 Space Bar 를 눌러서 영상을 재생하여 확인합니다. 현재는 '배.mov' 영상클립이 위치만 이동하는 상태입니다. 구부러진 강물을 따라서 '배.mov' 영상클립에 'Rotation'을 활용하여 회전시킵니다.

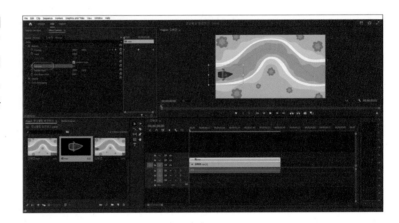

11 '배.mov' 영상클립의 회전을 적용하기 위해서 [Timeline] 패널의 'Time Indicator'를 '00;00;00;00' 프레임으로 배치합니다. [Effect Controls] 패널의 'Rotation'이 '0.0°'인 상태에서 'Toggle animation' 아이콘(⊙)을 클릭해서 키프레임을 생성합니다.

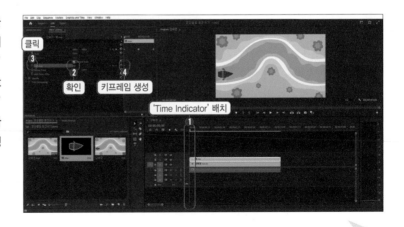

'Rotation'이 '0.0°'인 것을 확인할 수 있습니다. 회전이 이루어지지 않은 상태입니다. 360°가 넘으면 1바퀴로 정하고 있습니다. 그래서 360°, 즉 1바퀴 회전하면 1×0.0°가 됩니다.

12 [Timeline] 패널의 'Time Indica
-tor'를 '00;00;00;20' 프레임으로
배치합니다. [Effect Controls] 패널
의 'Rotation' 회전값을 '-45.0°'로
수정합니다. 키프레임이 추가로 생성
되었습니다.

13 [Timeline] 패널의 'Time Indica
-tor'를 '00;00;01;15' 프레임으로
배치합니다. [Effect Controls] 패널
의 'Rotation' 회전값을 '0.0°'로 수
정합니다. 키프레임이 추가로 생성
되었습니다.

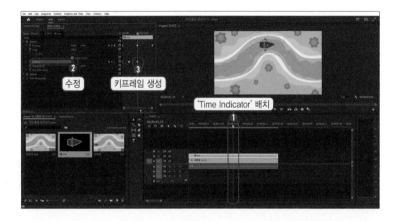

14 [Timeline] 패널의 'Time Indica
-tor'를 '00;00;02;05' 프레임으로
배치합니다. [Effect Controls] 패널
의 'Rotation' 회전값을 '45.0°'로 수
정합니다. 키프레임이 추가로 생성되
었습니다.

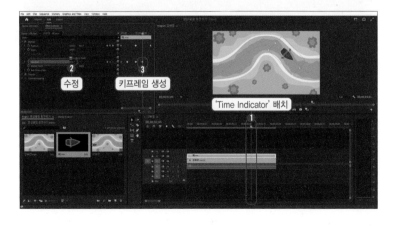

PART 1. 영상기초

PART 2. 실행

PART 3. 영상편집

PART 4. 키프레임

PART 5. 자막

PART 6. 색보정

PART 7. 트랜지션

PART 8. 오디오편집

PART 9. 영상출력

PART 10. VR 360 영상

15 [Timeline] 패널의 'Time Indica
-tor'를 '00;00;03;00' 프레임으로
배치합니다. [Effect Controls] 패널
의 'Rotation' 회전값을 '0.0°'로 수정
합니다. 키프레임이 추가로 생성되었
습니다.

16 Space Bar 를 눌러서 '배.mov' 영상클립을 재생하여 확인합니다. 배가 출발하여 강물을 따라서 움직이며 회전하는 애
니메이션을 확인할 수 있습니다.

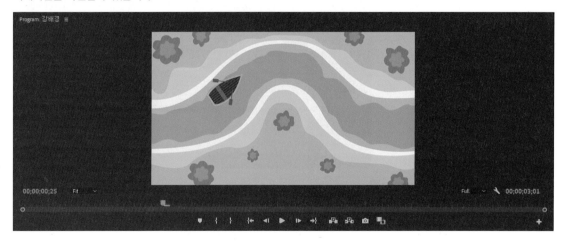

CHAPTER
04

영상클립
투명도 조절하기

불, 연기, 배경 영상클립을 활용하여 건물에 불이 붙어서 연기로 바뀌는 동작을 [Effect Controls] 패널의 'Opacity'를 활용하여 키프레임 애니메이션을 만듭니다.

● **준비파일:** 프리미어 프로\파트04\04\영상클립 투명도 조절하기.prproj

01 상단메뉴에서 [File → Open Project(Ctrl+O)]를 클릭합니다. '영상클립 투명도 조절하기.prproj' 프리미어 프로 프로젝트 파일을 불러옵니다. '건물배경.mp4' 영상클립과 '연기.mov' 영상클립, '불.mov' 영상클립이 있습니다.

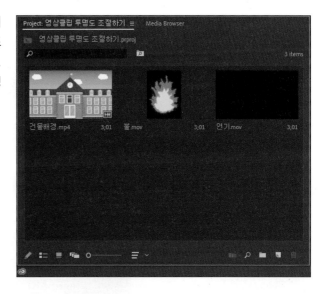

02 [Project] 패널에서 '건물배경.mp4' 영상클립을 선택한 다음, 마우스 오른쪽 버튼을 클릭합니다. [New Sequence From Clip] 메뉴를 클릭하여 시퀀스를 생성합니다.

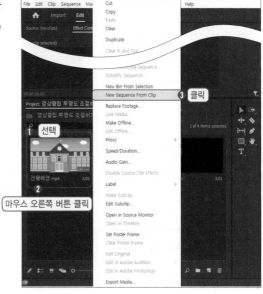

03 [Project] 패널에서 '불.mov' 영상클립과 '연기.mov' 영상클립을 각각 선택하여 차례대로 [Timeline] 패널로 드래그앤드롭합니다. '건물배경.mp4' 트랙 위에 배치합니다.

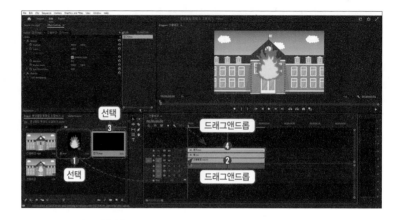

04 '연기.mov' 영상클립이 있는 3번 트랙의 'Toggle Track Output' 아이콘(◉)을 클릭하여 일시적으로 화면에 '연기.mov' 영상클립이 나타나지 않게 합니다. '불.mov' 영상클립의 작업을 위해서 잠시 설정하겠습니다.

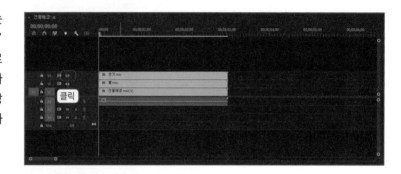

05 'Time Indicator'를 '00;00;00;00' 프레임으로 배치합니다.

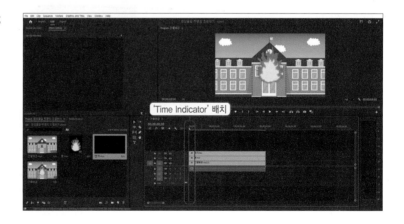

06 '불.mov' 영상클립을 '건물배경.mp4' 영상클립의 비어 있는 창문에 위치를 맞추겠습니다. [Timeline] 패널의 '불.mov' 영상클립을 선택하고 [Effect Controls] 패널의 'Position' 가로값을 '940.0', 세로값을 '640.0'으로 수정합니다.

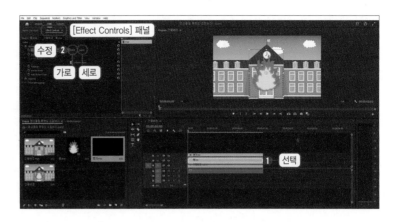

07 건물의 창문크기에 불크기를 작게 맞추겠습니다. [Effect Controls] 패널의 'Scale'을 '30.0'으로 수정합니다.

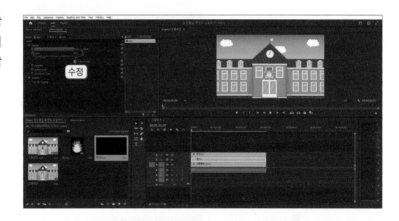

08 불이 서서히 나타나게 하도록 투명도(Opacity)를 조절하여 키프레임 애니메이션을 적용합니다. [Effect Controls] 패널의 'Opacity'를 활용해서 작업합니다. 만약 'Opacity' 옵션이 그림과 같지 않다면 'Toggle the effect on or off' 아이콘(𝑓𝑥) 옆에 있는 펼침 아이콘(▶)을 눌러서 옵션을 확장시킵니다. [Effect Controls] 패널의 'Opacity'를 활용해서 작업합니다.

09 'Opacity'를 '100.0%'에서 '0.0%'로 수정합니다. 'Toggle animation' 아이콘(🕐)을 클릭하여 키프레임을 생성시킵니다.

10 'Time Indicator'를 '00;00;01;00' 프레임으로 배치합니다. '불.mov' 영상클립의 'Opacity'를 '100.0%'로 변경하여 키프레임을 추가합니다. 불이 없어졌다가 서서히 나타나는 애니메이션이 완성되었습니다.

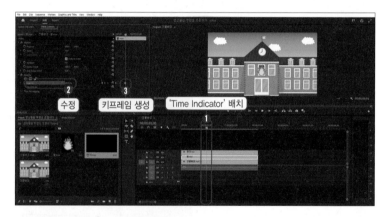

11 '연기.mov' 영상클립이 있는 3번 트랙의 'Toggle Track Output' 아이콘(🚫)을 클릭하여 화면에 다시 나타나게 합니다.

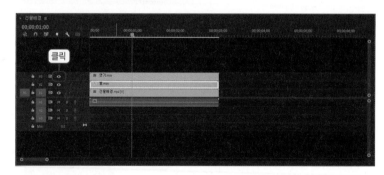

12 '연기.mov' 영상클립을 선택하여 불이 있는 위치로 수정합니다. [Effect Controls] 패널의 'Position'에서 세로값을 '360.0'으로 수정합니다.

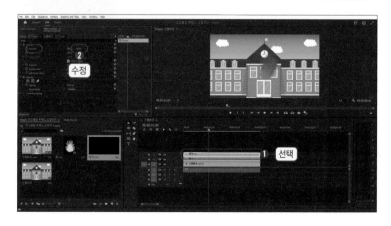

13 '연기.mov' 영상클립에도 투명도를 적용합니다. 'Time Indicator'를 '00;00;01;00' 프레임으로 배치합니다.

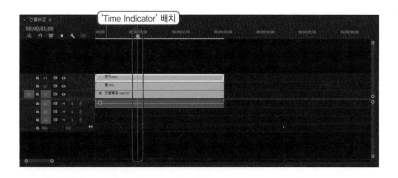

14 'Opacity'를 '0.0%'로 수정합니다. 'Toggle animation' 아이콘(⬤)을 클릭하여, '00;00;01;00' 프레임에 키프레임을 생성합니다.

15 'Time Indicator'를 '00;00;01;15' 프레임으로 배치합니다. 'Opacity'를 '100.0%'로 수정합니다. '00;00;01;15' 프레임에 키프레임이 생성되었습니다.

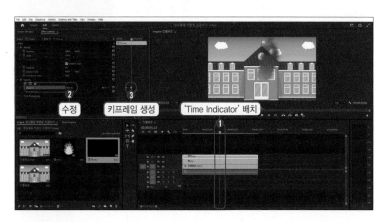

16 Space Bar 를 눌러서 영상을 재생해서 확인합니다. 건물에 불이 나타나고 연기가 올라오는 애니메이션이 완성되었습니다.

CHAPTER 05

영상클립 마스크 활용하기

가을 영상클립을 사진배경 영상클립에 합성하기 위해서 가을 영상클립을 가위로 잘라내기 하듯이 잘라내야 합니다. 그러기 위해서는 마스크라는 작업을 활용해야 합니다. 마스크는 이미지나 영상을 내가 선택한 영역만 나타나게 하거나 선택하지 않는 영역을 나타나게 할 수 있습니다. 마스크를 활용하여 가을 영상클립을 사진배경 영상클립에 합성합니다.

● 준비파일: 프리미어 프로\파트04\05\영상클립 마스크 활용하기.prproj

01 상단메뉴에서 [File → Open Project(Ctrl+O)]를 클릭합니다. '영상클립 마스크 활용하기.prproj' 프리미어 프로 프로젝트 파일을 불러옵니다. '사진배경.mp4', '가을.mp4' 영상클립이 있습니다.

02 [Project] 패널에서 '사진배경.mp4' 영상클립을 선택합니다. 마우스 오른쪽 버튼 클릭 후 [New Sequence From Clip] 메뉴를 클릭하여 시퀀스를 생성합니다.

03 '가을.mp4' 영상클립을 [Timeline] 패널로 드래그앤드롭하여 두 번째 트랙에 배치합니다.

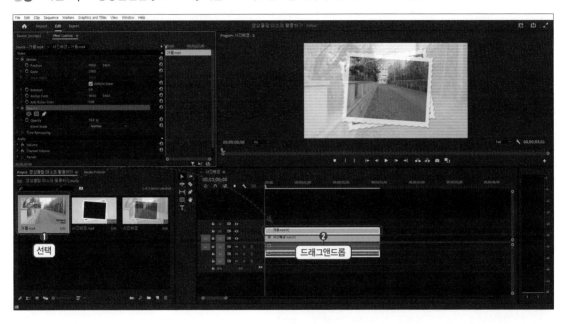

04 [Timeline] 패널에서 '가을.mp4' 영상클립을 선택하고, [Effect Controls] 패널에서 'Opacity'를 선택합니다. 'Opacity'에는 세 가지 아이콘이 있습니다.

■ 'Opacity' 아이콘

❶ **Create ellipse mask:** 동그라미 모양의 마스크를 생성합니다.

❷ **Create 4-point polygon mask:** 네모모양의 마스크를 생성합니다.

❸ **Free draw bezier:** 직접 원하는 모양을 그리면서 마스크를 생성합니다.

05 '사진배경.mp4' 영상클립의 사진프레임 속에 '가을.mp4' 영상클립의 영상을 합성하겠습니다. '가을.mp4' 영상클립을 선택하고, '사진배경.mp4' 영상클립의 네모 사진프레임에 합성하기 위해서는 '사진배경.mp4'의 사진프레임 모양에 들어가게 가위로 오리듯 네모모양으로 잘라내기를 하겠습니다. 사진의 모양과 위치를 확인하기 위해서 '가을.mp4' 영상클립의 'Opacity'를 '50.0%'로 수정합니다. 1번 트랙인 '사진배경.mp4' 영상클립의 사진프레임이 겹쳐서 화면이 나타납니다. 마스크 작업이 완료되면 'Opacity'를 '100.0%'로 수정합니다.

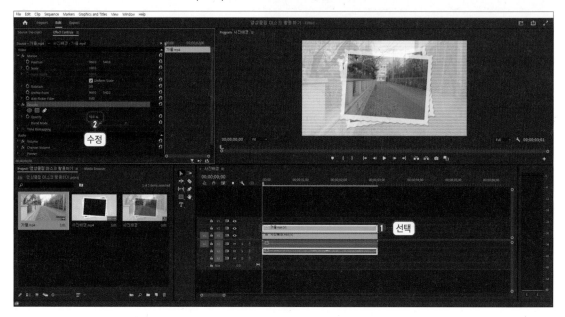

06 '가을.mp4' 영상클립을 선택하고 'Free draw Bezier' 아이콘(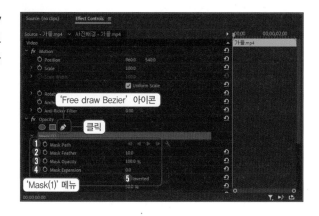)을 활용하여 직접 사진을 네모모양으로 자릅니다. 'Free draw Bezier' 아이콘(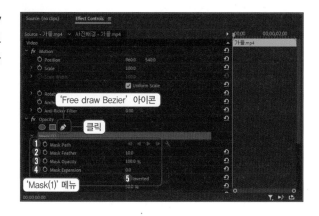)을 클릭하면, 'Mask(1)' 메뉴가 추가로 생성됩니다.

■ 'Mask(1)' 세부옵션

❶ **Mask Path**: 마스크를 모양을 키프레임 형태로 저장할 수 있고 애니메이션을 할 수 있습니다.

❷ **Mask Feather:** 마스크의 패스경계를 기준으로 부드러운 정도를 조절합니다.

❸ **Mask Opacity:** 마스크 영역의 투명도를 조절합니다.

❹ **Mask Expansion:** 마스크의 패스경계를 기준으로 영역을 확대하고 축소합니다.

❺ **Inverted:** 마스크 영역의 반전을 설정합니다.

07 '가을.mp4' 영상클립을 선택한 후 'Free draw Bezier' 아이콘(✏️)을 클릭합니다. [Program Monitor] 패널에서 마우스 커서를 이동하면, 마우스 커서 모양이 펜툴 모양(✏️)으로 변합니다.

08 [Program Monitor] 패널의 화면에서 '사진배경.mp4' 영상클립의 사진프레임 모양으로 마스크를 설정하겠습니다. 사진의 ① 왼쪽 상단부터, ② 오른쪽 상단, ③ 오른쪽 하단, ④ 왼쪽 하단, 그리고 다시 ① 왼쪽 상단으로 마우스를 클릭합니다.

09 마지막에 원래 위치인 왼쪽 상단으로 마우스 커서를 이동하면 펜툴 하단에 동그라미 모양의 아이콘(✏️)이 생성되는 것을 확인할 수 있습니다. 클릭하여 마스크 패스를 완성합니다. 이것은 마스크 패스(선)를 모두 연결했고, 마스크 패스(선)를 네모모양의 도형으로 만들 수 있다는 두 가지 의미입니다.

10 마스크 패스를 완성하면, '가을.
mp4' 영상클립의 화면에 보이는 영역
이 마스크로 선택된 것을 확인할 수 있
습니다.

11 마스크 패스의 모양이 마음에
들지 않아서 수정하고 싶을 경우에는
[Effect Controls] 패널의 'Mask(1)'
옵션을 클릭하고 [Program Monitor]
패널의 화면에서 마스크 패스의 각각
모서리 포인트를 선택하여 드래그하
면 수정할 수 있습니다.

12 앞서 '가을.mp4' 영상클립의 'Opacity'를 '50.0
%'로 설정한 것을 다시 '100.0%'로 수정합니다.

13 마스크의 테두리 부분이 부드럽게 처리되어 있습니다. 'Mask Feather'가 '10.0'으로 설정되어 있기 때문입니다. '0.0'으로 수정하면 부드럽게 처리된 부분이 사라지고 경계부분이 깔끔하게 처리됩니다.

14 Space Bar 를 눌러서 영상을 재생해 확인합니다. 마스크 영역의 선택된 부분만 사진에 합성된 모습을 확인할 수 있습니다.

PREMIERE PRO

PART 5.
프리미어 프로
자막 적용하기

영상제작에서 자막은 중요한 부분 중 하나입니다. 영상에서 정보전달을 위한 방법이기에 방송, 광고, SNS 등 다양한 영상에서 자막은 빼놓을 수 없는 부분입니다. 프리미어 프로에서 자막을 만들기 위한 다양한 메뉴와 방법을 알아봅니다.

영상클립
기본자막 넣기

프리미어 프로에서 자막을 생성하는 방법은 여러 가지가 있습니다. 그중에서 가장 활용도가 높은 [Essential Graphics] 패널을 활용하여 자막을 생성하고 수정하는 방법을 알아보겠습니다.

● 준비파일: 프리미어 프로\파트05\01\영상클립에 기본자막 넣기.prproj

01 상단메뉴에서 [File → Open Project(Ctrl+O)]를 클릭합니다. '영상클립에 기본자막 넣기.prproj' 프리미어 프로 프로젝트 파일을 불러옵니다. '자막 넣기.mp4' 영상클립이 있습니다. '자막 넣기.mp4' 영상클립으로 시퀀스가 생성되어 있습니다.

02 '자막 넣기.mp4' 영상클립에 자막을 추가하기 위해서, [Tools] 패널의 'Type Tool(T)' 아이콘(T)을 클릭합니다.

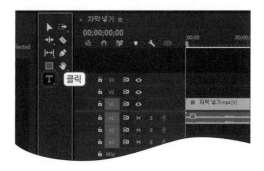

03 마우스 커서가 텍스트를 입력하게 설정되었습니다. [Program Monitor] 패널에서 자막을 넣고 싶은 위치에 클릭합니다. 붉은색 텍스트 박스가 생성됩니다.

04 텍스트를 입력하겠습니다. '나른한 오후 커피와 어울리는 음악'이라고 입력합니다.

05 텍스트 작업을 좀 더 정교하게 설정하려면 상단메뉴에서 [Windows → Essential Graphics]를 클릭합니다.

06 [Tools] 패널의 'Selection Tool' 아이콘(▶)을 선택한 다음, [Program Monitor] 패널의 텍스트 클립을 선택합니다. 그리고 입력한 텍스트의 [Essential Graphics] 패널의 세부옵션을 확인합니다.

07 '나른한 오후 커피와 어울리는 음악' 텍스트를 화면 중앙에 정렬되게 위치를 수정합니다. [Essential Graphics] 패널의 'Align and Transform'에서 'Align Center Horizontally' 아이콘(▤), 'Align Center Vertically' 아이콘(▥)을 클릭합니다.

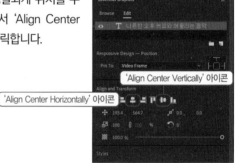

08 '나른한 오후 커피와 어울리는 음악' 텍스트를 화면 중앙에 정렬했습니다.

09 텍스트의 크기와 폰트 스타일을 설정하겠습니다. [Essential Graphics] 패널에서 'Text' 옵션의 폰트를 설정합니다. 영상과 어울리는 폰트를 선택하겠습니다. 손글씨 느낌의 'Uhbee Se_hyun' 폰트를 사용하였습니다.

어비 세현(Uhbee Se_hyun) 폰트는 http://uhbeefont.com/font/w/UhBeeSe_hyun.html에서 다운로드를 받을 수 있습니다.

폰트를 사용할 때는 그 용도에 따라서 폰트 선택을 신중히 해야 합니다. 개인적인 공부를 위해서 다양한 폰트를 사용하는 것은 상관이 없지만, 상업적인 용도로 폰트를 사용한다면 폰트 저작권에 관해서 알아본 후 사용해야 합니다. 상업적인 용도도 무료인 경우가 있지만, 대부분 유료인 경우가 많습니다. 상업적인 용도로 영상제작을 할 때 폰트가 사용되었다면 폰트 제작업체의 사용용도 범위를 반드시 확인하고, 유료라면 결제 후 폰트를 사용해야 합니다.

10 폰트 스타일을 수정하겠습니다. 'Bold'를 선택하여 텍스트의 두께를 굵게 합니다.

기본폰트가 'Regular' 폰트이며, 글씨를 조금 더 굵게 하고 싶으면 'Bold'를 선택합니다.

■ 'Align and Transform' 세부옵션

❶ Toggle animation for Position: 위치
❷ Toggle animation for Scale: 크기
❸ Toggle animation for Opacity: 투명도
❹ Toggle animation for Anchor Point: 중심점
❺ Toggle animation for Rotation: 회전

11 글자 크기를 '80'으로 수정합니다. 글자 크기가 변경되면서, 글자의 화면 위치가 조금 변경되었습니다. 다시 [Essential Graphics] 패널의 'Align and Transform'에서 'Align Center Horizontally' 아이콘(圖), 'Align Center Vertically' 아이콘(圖)을 클릭합니다.

12 텍스트의 색상, 테두리 색상, 그림자 등을 수정하겠습니다. 텍스트의 색상을 수정하려면 [Essential Graphics] 패널의 'Appearance'를 설정하면 됩니다. 'Fill'의 체크박스를 클릭한 다음, 색상박스를 마우스 왼쪽 버튼으로 클릭하면 [Color Picker] 대화상자가 나타납니다.

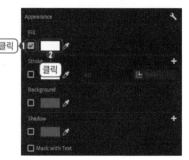

13 [Color Picker] 대화상자에서 색상을 직접 선택하여 수정할 수 있습니다. 'Fill' 색상값을 'R: 190, G: 117, B: 30'으로 수정합니다. [OK] 버튼을 클릭합니다.

14 글자의 테두리를 추가하고 싶다면 'Stroke'의 체크박스를 클릭합니다. 색상박스를 마우스 왼쪽 버튼으로 클릭하면 [Color Picker] 대화상자가 나타납니다.

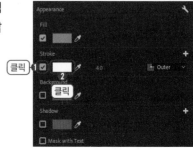

15 [Color Picker] 대화상자가 활성화한 후 'Stroke' 색상값을 'R: 255, G: 255, B: 255' 화이트 색상으로 수정합니다. [OK] 버튼을 클릭합니다.

16 테두리의 두께는 지금보다 두껍게 '10.0'으로 수정합니다.

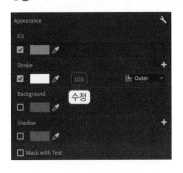

17 텍스트가 화면에서 좀 더 잘 보이도록 'Shadow'의 체크박스를 클릭하여 그림자를 적용합니다. 색상박스도 클릭합니다.

18 'Shadow'의 색상박스를 마우스 왼쪽 버튼으로 클릭해서 [Color Picker] 대화상자를 활성화시킵니다. 'Shadow'(그림자) 색상값을 'R: 40, G: 40, B: 40'으로 수정하여, 짙은 회색 느낌으로 설정합니다. [OK] 버튼을 클릭합니다.

19 그림자가 너무 짙게 나와서 살짝 투명하게 수정하겠습니다. 'Opacity'를 '50%'로 수정합니다. 그림자의 방향을 설정하기 위해서 'Angle'을 '180°'로 수정 합니다.

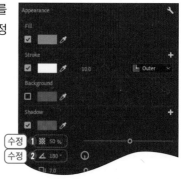

20 텍스트와 그림자 간의 거리를 조금 떨어뜨리기 위해서 'Distance'를 '10.0'으로 수정합니다. 텍스트 그림자의 선명도를 살짝 흐릿하게 하려면 'Blur'를 활용하여 '50' 정도로 수정합니다.

21 이제 텍스트의 영상이 시작되고 3초부터 서서히 나타나서 자연스럽게 텍스트가 생성되게 합니다. [Essential Graphics] 패널에서 텍스트 투명도를 조절하여 애니메이션 작업을 하겠습니다. 'Align and Transform'에서 'Opacity'를 활용해 작업합니다.

22 먼저 [Timeline] 패널에서 'Time Indicator'를 '00;00;00;00' 프레임으로 배치합니다.

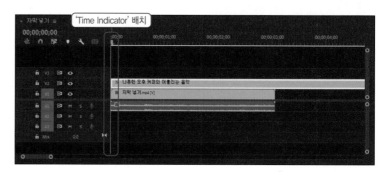

23 '00;00;00;00' 프레임에 'Opacity'의 키프레임을 지정하기 위해서 'Opacity'의 옵션값을 '100.0%'에서 '0.0%'로 수정합니다.

24 'Toggle animation for Opacity' 아이콘(▨)을 클릭하면 '00;00;00;00' 프레임에 키프레임이 생성됩니다.

25 [Timeline] 패널에서 'Time Indicator'를 '00;00;01;00' 프레임으로 배치합니다.

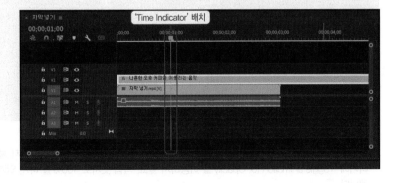

26 'Align and Transform' 에서 'Opacity'를 '100.0%' 로 수정합니다. '00;00;01;00' 프레임에 두 번째 키프레임이 생성되었습니다.

27 텍스트가 영상에서 2초까지는 보이고, 2초부터 3초까지는 서서히 사라지는 키프레임 애니메이션을 추가하겠습니다. [Timeline] 패널에서 'Time Indicator'를 '00;00;02;00' 프레임으로 배치합니다. 'Align and Transform'에서 'Opacity'의 옵션 값을 클릭한 다음 '100.0%'로 다시 입력합니다. '00;00;02;00' 프레임에 키프레임이 생성되었습니다.

'Toggle animation for Opacity' 아이콘(▨)을 클릭하면 현재 키프레임을 지울 것인지 물어봅니다. 여기서는 지우는 것이 아니기에 'Toggle animation for Opacity'를 이용하지 말고, 직접 숫자로 '100%'를 다시 입력합니다. 그러면 키프레임이 또 생성됩니다.

28 [Timeline] 패널에서 'Time Indicator'를 '00;00;03;00' 프레임으로 배치합니다. 'Align and Transform'에서 'Opacity'를 '0.0%'로 수정합니다. '00;00;03;00' 프레임에 키프레임이 생성되었습니다.

29 Space Bar 를 눌러서 완성된 영상을 재생하여 타이틀 자막을 확인합니다.

CHAPTER

02

영상클립 음성인식으로 자막 넣기

인터뷰 영상이나 내레이션이 나오는 영상은 자막을 필수로 적용합니다. 영상이 길면 자막을 넣는 일은 더 잦습니다. 이것을 좀 더 효율적으로 하기 위해서는 프리미어 프로의 'Transcribe sequence' 기능을 활용하면 유용합니다. 사람의 음성을 인식하여 자막으로 변환하는 기능인 'Transcribe sequence'를 활용하여 음성을 자막으로 변환하는 작업을 살펴봅니다.

● 준비파일: 프리미어 프로\파트05\02\음성인식으로 자막 넣기.prproj

01 상단메뉴에서 [File → Open Project(Ctrl+O)]를 클릭합니다. '음성인식으로 자막 넣기.prproj' 프리미어 프로 프로젝트 파일을 불러옵니다. '음성인식영상.mp4' 영상클립이 있습니다. '음성인식영상.mp4' 영상클립으로 시퀀스가 생성되어 있습니다.

02 '음성인식영상.mp4' 영상클립의 음성을 추출하기 위해서는 상단메뉴에서 [Window → Text]를 클릭합니다.

03 [Text] 패널이 나타나면 [Captions] 탭을 클릭한 다음, [Create transcription] 버튼을 클릭합니다.

04 [Create transcript] 대화상자가 활성화됩니다. 언어인 'Language'를 'Korean'으로 선택합니다. 그리고 'Audio analysis'의 'Audio on track'에서 영상클립의 오디오트랙인 'Audio 1'을 선택합니다. [Transcribe] 버튼을 클릭합니다.

영문 버전 프리미어 프로를 설치하였다면, 한글 언어가 추가되어 있지 않은 경우 자동 자막작업 번역이 좀 더 오래 걸릴 수 있습니다. 'Adobe Creative Cloud'에서는 프리미어 프로 버전에 한글 언어가 추가로 설치됩니다. 한 번 설치가 완료되면 다음 작업 때는 설치할 필요가 없습니다.

05 자동으로 한국어 번역을 해서 자막생성을 진행합니다. 자막생성은 영상의 길이에 따라 몇 분씩 더 걸릴 수도 있습니다.

06 자막생성이 완료되었습니다. 확인하겠습니다. 자막은 완벽하게 맞지 않을 수 있습니다.

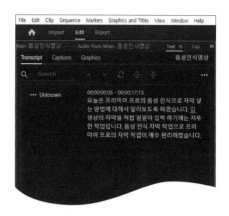

07 틀린 자막들이 생성될 수도 있기 때문에 [Transcript] 탭에서 자막을 직접 수정할 수 있습니다. 더블클릭하면 직접 텍스트를 수정할 수 있습니다.

08 수정이 완료되었으면, 메뉴들을 활성화하는 아이콘(⋯)을 클릭합니다. 활성화한 메뉴 중 [Create captions]를 클릭해서 자막을 생성합니다.

09 [Create captions] 대화상자가 나타납니다. 자막의 세부항목을 설정할 수 있습니다. 'Preferences (format, max/min length, lines)'를 클릭해서 세부옵션을 확장합니다.

10 [Create captions] 대화상자에서 'Lines'를 'Single'로 선택합니다. 자막의 라인을 한 줄로 할 것인지, 두 줄로 할 것인지를 선택합니다. 이번 작업에서 한 줄로 지정하려고 'Single'로 했습니다. 완료한 뒤에 [Create captions] 버튼을 클릭하여 자막을 생성합니다.

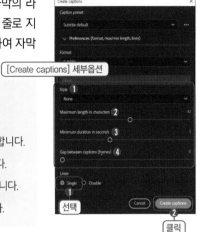

[Create captions] 세부옵션

■ [Create captions] 대화상자 세부옵션

❶ **Style:** 폰트 스타일입니다.

❷ **Maximum length in characters:** 한 자막에 최대 몇 글자가 들어가는지 선택합니다.

❸ **Minimum duration in seconds:** 한 자막에 최소 몇 초가 되는지 선택합니다.

❹ **Gap between captions:** 자막 사이의 공간에 몇 프레임을 적용할지 선택합니다.

❺ **Lines - Single, Double:** 자막라인을 1줄로 할 것인지 2줄로 할지 선택합니다.

11 [Captions] 탭에서는 영상의 시간에 맞춰 자막이 어떻게 생성되는지 확인할 수 있습니다. 그리고 [Program Monitor] 패널의 화면에서도 텍스트를 직접 확인할 수 있습니다.

12 텍스트 수정을 추가로 해야 한다면, 다시 [Captions] 탭에서 수정할 것을 더블클릭해서 수정할 수 있습니다.

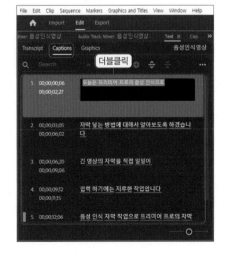

13 또는 [Program Monitor] 패널의 화면에서도 텍스트를 더블클릭해도 수정할 수 있습니다.

14 모든 자막클립을 한 번에 수정하기 위해서 [Timeline] 패널의 'Subtitle' 메뉴에서 자막클립들을 드래그하여 전체 선택을 합니다.

15 [Essential Graphics] 패널에서 'CookieRunOTP' 폰트를 선택합니다. 그리고 'Appearance'에서 'Fill'의 색상박스를 클릭합니다.

쿠키런 폰트는 https://www.cookierunfont.com/#section7 에서 다운로드받을 수 있습니다.

16 'Fill'의 색상박스를 클릭하면 [Color Picker] 대화상자가 나타납니다. 색상값을 'R: 255, G: 255, B: 0'으로 수정합니다. [OK] 버튼을 클릭합니다.

17 자막의 테두리를 지정하기 위해 'Stroke'의 체크박스를 클릭하고 두께를 '10.0'으로 수정합니다. 그리고 색상박스를 클릭합니다.

18 [Color Picker] 대화상자에서 색상값을 'R: 30, G: 130, B: 255' 로 수정합니다. [OK] 버튼을 클릭합니다.

19 Space Bar 를 눌러서 재생하여 자막이 적용된 영상을 확인합니다.

PREMIERE PPRO

PART 6.
프리미어 프로
색보정 하기

영상클립의 컷편집이 끝나고 색상이 맞지 않을 경우나 영상의 흐름이나 분위기를 전달하고 싶으면 영상 색보정 작업을 진행합니다. 특히 주간촬영 같은 경우 시간대에 따라서 빛의 밝기와 색이 달라집니다. 이 때문에 영상클립들을 서로 비교하여 통일성을 주기도 하며, 영상의 전달내용이 밝은 분위기라면 색보정을 통해서 밝기를 올리고 채도도 높게 수정합니다. 영상의 내용이 공포 또는 심각할 때는 영상클립을 어둡게 하거나 채도를 낮게 수정하여 보정합니다. 이처럼 다양한 이유로 영상 색보정을 하면 영상을 시청하는 사람들로 하여금 몰입도를 높일 수 있습니다. 프리미어 프로의 색보정은 대표적으로 보정 레이어를 활용하는 방법과 'Lumetri Color'를 활용하는 방법, 블렌드 모드를 활용하는 방법이 있습니다.

CHAPTER
01

기본메뉴로
색보정 하기

영상편집이 완료된 영상의 색상을 보정할 수 있습니다. 'Adjustment Layer'를 활용하는데
'Video Effects' 영상의 다양한 메뉴들을 적용하여 원하는 형태의 색상을 보정하겠습니다.

● 준비파일: 프리미어 프로\파트06\01\색보정 하기.prproj

01 상단메뉴에서 [File → Open Project(Ctrl+O)]를 클릭합니다. '색보정 하기.prproj' 프리미어 프로 프로젝트 파일을
불러옵니다. '하늘영상.mp4' 영상클립이 있습니다. '하늘영상.mp4' 영상클립으로 시퀀스가 생성되어 있습니다.

02 색보정을 하기 위해서 'Ad-
justment Layer'를 생성합니다.
'Adjustment Layer'는 [Project] 패
널을 선택해야 불러올 수 있습니다.
[Project] 패널을 선택합니다.

03 상단메뉴에서 [File → New → Adjustment Layer]를 클릭합니다.

04 [Adjustment Layer] 대화상자가 활성화됩니다. 옵션을 확인할 수 있습니다. 옵션을 확인하고 [OK] 버튼을 클릭합니다.

■ [Adjustment Layer] 대화상자 세부옵션

❶ **Width:** 가로넓이

❷ **Height:** 세로높이

❸ **Timebase:** 초당 프레임수

❹ **Pixel Aspect Ratio:** 픽셀의 가로와 세로의 비율

05 [Project] 패널에 'Adjustment Layer'가 생성되었습니다.

06 'Adjustment Layer'를 [Time-line] 패널로 드래그앤드롭하여 배치합니다. 'Adjustment Layer'와 '하늘영상.mp4'의 영상길이가 다르므로 'Adjustment Layer'의 오른쪽 클립 끝부분을 드래그해서 '00;00;03;00' 프레임으로 조정합니다.

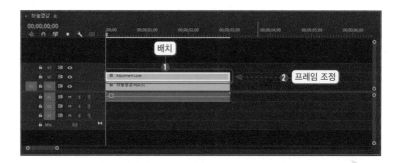

'Adjustment Layer'를 생성하여 색보정 하는 이유는 영상클립을 자체적으로 색보정 하면 여러 가지 클립들을 일일이 다 색보정을 적용해야 해서 많은 시간이 소요됩니다. 그러므로 컷편집이 완료된 여러 클립에 'Adjustment Layer'를 생성하여 한꺼번에 적용하면 수정하는 시간이 절약됩니다.

07 'Adjustment Layer'를 활용하여 영상의 밝기, 대비를 조절하겠습니다. [Timeline] 패널의 'Adjustment Layer'를 선택하고, 상단메뉴에서 [Window → Effects]를 클릭합니다.

08 [Effects] 패널의 'Video Effects'에서는 다양한 색보정 효과들을 선택할 수 있습니다. 영상의 밝기와 대비를 조절하려면, 'Video Effects → Color Correction → Brightness & Contrast'를 더블클릭 또는 [Timeline] 패널의 'Adjustment Layer'에 드래그앤드롭하여 적용합니다.

09 [Timeline] 패널의 'Adjustment Layer'를 선택하고 [Effect Controls] 패널에서 'Brightness & Contrast'를 확인합니다. 'Brightness'에서는 영상의 밝기를 조절할 수 있습니다. 'Contrast'는 영상의 대비를 조절할 수 있습니다.

10 'Brightness'를 조절하여 밝기를 좀 더 밝게 조절하겠습니다. '30.0'으로 수정합니다. 'Contrast'를 조절하여 영상의 대비값, 어두운 정도와 밝은 정도의 차이를 좀 더 강하게 조절하겠습니다. '30.0'으로 수정합니다. 기존의 영상보다 좀 더 밝고 선명해진 느낌으로 조절할 수 있습니다.

11 이번에는 흑백으로 색보정을 조절하겠습니다. 'Video Effects → Color Correction → Tint'를 더블클릭하여 적용합니다. 적용하자마자 흑백으로 조절되었습니다. [Effect Controls] 패널의 'Map Black To'는 영상의 어두운 영역색상이 'Black' 색상으로 설정되어 있고, 'Map White To'는 영상의 밝은 부분이 'White' 색상으로 설정되어 있습니다.

12 'Adjustment Layer'의 전체길이로 인해 영상 전체가 흑백으로 변경되었습니다. 애니메이션을 이용하여 흑백에서 컬러로 바뀌게 조절하겠습니다. [Timeline] 패널에서 'Time Indicator'를 이동하여 '00;00;00;00' 프레임에 배치합니다. [Effect Controls] 패널에서 'Tint' 옵션의 'Amount to Tint'에서 'Toggle animation' 아이콘(■)을 클릭하여 키프레임을 생성합니다. 'Amount to Tint'는 'Tint' 효과, 즉 흑백이 적용된 강도를 조절할 수 있습니다.

13 'Time Indicator'를 이동하여 '00;00;01;15' 프레임에 배치합니다. [Effect Controls] 패널의 'Tint'에서 'Amount to Tint' 옵션값을 '0.0%'로 수정하여 키프레임을 생성합니다.

14 Space Bar 를 눌러서 영상을 재생합니다. 흑백에서 컬러로 서서히 변경되는 영상을 확인할 수 있습니다.

CHAPTER 02

'Lumetri Color' 활용하여 색보정 하기

'Lumetri Color'는 프리미어 프로 CC 2015 버전부터 추가된 기능입니다. 전문 색보정 기능이 새롭게 추가되었습니다. 명도, 채도 등 다양한 색보정 기능들을 모아서 사용하기 편리하며, 전문적인 기능들도 사용할 수 있습니다. 'Lumetri Color'의 기본적인 옵션들을 먼저 살펴보고 예제를 통해 실습합니다.

● 'Basic Correction' 세부옵션

❶ **Input LUT:** 프리미어에서 제공하는 기본 프리셋 색보정 데이터를 불러와서 사용합니다.

❷ **White Balance:** 촬영 후 색상기준으로 보정하는 기능입니다. 화이트 색상이 되어야 할 부분들이 주변환경에 의해서 다른 색상이 적용된 부분을 화이트 기준으로 색상을 조정하는 기능입니다. 스포이드 툴을 사용하여 영상의 화이트가 되어야 할 부분을 클릭하여 지정합니다.

❸ **Temperature:** 영상의 색상온도를 조절합니다.

❹ **Tint:** 색조를 조절합니다.

❺ **Saturation:** 영상의 채도를 조절합니다.

❻ **Exposure:** 영상의 노출을 조절합니다.

❼ **Contrast:** 영상의 대비를 조절합니다.

❽ **Highlights:** 영상의 밝은 영역의 밝기를 조절합니다.

❾ **Shadows:** 영상의 어두운 영역의 밝기를 조절합니다.

❿ **Whites:** 영상의 흰색 영역의 밝기를 조절합니다.

⓫ **Blacks:** 영상의 검은색 영역의 밝기를 조절합니다.

● 'Creative' 세부옵션

❶ **Look:** 색보정 프리셋을 선택합니다.

❷ **Intensity:** 'Look'에서 적용된 프리셋 강도를 조절합니다.

❸ **Faded Film:** 색 바랜 필름 느낌으로 조절합니다.

❹ **Sharpen:** 영상의 선명도를 조절합니다.

❺ **Vibrance:** 영상의 미드톤 채도를 조절합니다.

❻ **Saturation:** 영상의 채도를 조절합니다.

❼ **Tint Balance:** 색조의 균형을 조절합니다.

● 'Curves' 세부옵션

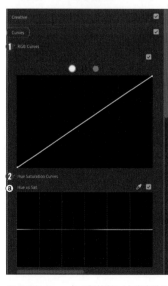
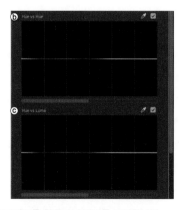

❶ **RGB Curves:** 색상별로 선택하여 커브그래프를 활용하여 밝기를 조정합니다.

❷ **Hue Saturation Curves:** 색조와 채도의 커브그래프를 활용하여 영상 전체의 색조, 채도를 조절합니다. 스포이드로 영역의 색을 선택하여 조절합니다.

ⓐ Hue vs Sat: 색을 선택하고 vs 채도를 조절하는 커브그래프입니다.

ⓑ Hue vs Hue: 색을 선택하고 vs 색을 조절하는 커브그래프입니다.

ⓒ Hue vs Luma: 색을 선택하고 vs 밝기를 조절하는 커브그래프입니다.

ⓓ Luma vs Sat: 밝기를 선택하고 vs 채도를 조절하는 커브그래프입니다.

ⓔ Sat vs Sat: 채도를 선택하고 vs 채도를 조절하는 커브그래프입니다.

PART 1. 영상기초

PART 2. 실행

PART 3. 영상편집

PART 4. 키프레임

PART 5. 자막

PART 6. 색보정

PART 7. 트랜지션

PART 8. 오디오편집

PART 9. 영상출력

PART 10. VR 360 영상

● 'Color Wheels & Match' 세부옵션

❶ **Color Match:** 영상의 다른 장면색상을 비교하며 조절합니다.

❷ **Comparison View:** 선택하면, 두 장면이 생성됩니다. 두 장면을 비교하며 색보정을 진행합니다.

❸ **Face Detection:** 얼굴을 감지하여 색톤이 다른 부분을 조절합니다.

❹ **Slider:** 슬라이더를 이용하여 밝기를 조절합니다.

❺ **Apply Match:** 현재 작업 중인 장면을 기준으로 다른 장면도 색보정 작업을 적용합니다.

❻ **Color Wheel:** 'Shadow, Midtones, Highlight'의 색을 조절합니다.

ⓐ Shadows: 어두운 톤의 색을 조절합니다.

ⓑ Midtones: 중간 톤의 색을 조절합니다.

ⓒ Highlights: 밝은 톤의 색을 조절합니다.

● 'HSL Secondary' 세부옵션

❶ **Key:** Set color의 스포이드를 활용하여 색의 영역을 선택하여, 영역의 색을 조절합니다.

ⓐ Color/Gray: 선택한 영역을 컬러, 선택하지 않은 영역을 회색으로 나타냅니다.

ⓑ Color/Black: 선택한 영역을 컬러, 선택하지 않은 영역을 검은색으로 나타냅니다.

ⓒ White/Black: 선택한 영역을 흰색, 검은색으로 나타냅니다.

❷ **Refine:** 선택한 영역의 노이즈를 'Denoise, Blur'를 활용하여 조절합니다.

❸ **Denoise:** 선택한 영역의 노이즈를 제거합니다.

❹ **Blur:** 선택한 영역의 흐림정도를 조절합니다.

❺ **Correction:** 선택한 영역의 색을 하위 다양한 메뉴를 이용하여 보정합니다.

❻ **Slider:** 슬라이더를 이용하여 밝기를 조절합니다.

❼ **Color Wheel:** 컬러 휠을 이용하여 색을 선택합니다.

❽ **Temperature:** 선택한 영역의 색온도를 조절합니다.

❾ **Tint:** 선택한 영역의 색조를 조절합니다.

❿ **Contrast:** 선택한 영역의 대비를 조절합니다.

⓫ **Sharpen:** 선택한 영역의 선명도를 조절합니다.

⓬ **Saturation:** 선택한 영역의 채도를 조절합니다.

● 'Vignette' 세부옵션

❶ Amount: 비네팅효과의 양을 조절합니다.

❷ Midpoint: 비네팅효과의 범위를 조절합니다.

❸ Roundness: 비네팅효과의 테두리, 원 형태의 모양을 조절합니다.

❹ Feather: 비네팅효과의 테두리, 흐리게 조절합니다.

색보정 하기

영화나 광고처럼 다양한 색감으로 표현된 영상들을 볼 수 있습니다. 영상의 스토리에 맞는 색보정을 하기도 합니다. 공포, SF, 사랑 등 다양한 스토리에 맞는 색감을 사용합니다. 따뜻한 내용을 전달하기 위해서는 밝은 분위기의 색보정을 많이 사용하고, 차가운 내용을 전달하기 위해서는 어두운 분위기의 색보정을 많이 사용합니다. 영상 전반적인 색보정과 영상의 밝은 부분 또는 어두운 부분의 색보정, 그리고 영상의 주변부를 흐리게 하거나 선명하게 하는 등 여러 가지 상황별로 색보정을 진행합니다. 이번에는 영상소스를 활용하여 영상을 선명하고 뚜렷하게 색보정을 해보고 영역별로 색보정을 조절하는 법에 대해 알아봅니다.

● 준비파일: 프리미어 프로\파트06\02\Lumetri Color 색보정 하기.prproj

01 상단메뉴에서 [File → Open Project (Ctrl+O)]를 클릭합니다. 'Lumetri Color 색보정 하기.prproj' 프리미어 프로 프로젝트 파일을 불러옵니다. '가을영상.mp4' 영상클립이 있습니다. '가을영상.mp4' 영상클립으로 시퀀스가 생성되어 있습니다. 상단메뉴에서 [Window → Lumetri Color]를 클릭합니다.

02 우선 영상의 선명도를 높이기 위해서 영상의 어두운 부분은 더 어둡게, 밝은 부분은 더 밝게 조절하여 영상의 이미지가 좀 더 선명하게 보이도록 수정합니다. [Lumetri Color] 패널을 조정하겠습니다.

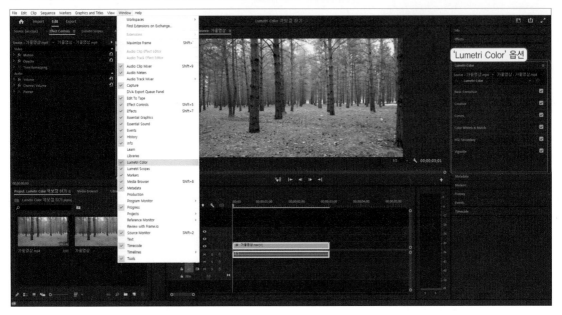

03 'Basic Correction'의 'Light' 옵션을 확인합니다.

04 'Contrast'는 영상의 대비를 조절할 수 있습니다. '50.0'으로 수정합니다. 그리고 'Highlight'를 '50.0'으로 수정해서 밝은 부분을 좀 더 밝게 합니다. 어두운 부분을 더 어둡게 하기 위해서 'Shadow'를 '-40.0'으로 수정합니다. 화면의 영상이 대비가 비교적 크게 변경되었습니다.

05 현재까지 색보정 작업과 기존영상을 비교하려면 'Basic Correction'의 체크박스를 클릭해서 해제하면 색보정 전후를 비교할 수 있습니다. 또는 'Toggle Bypass on or off' 아이콘(fx)을 클릭해서 비활성화하면, 'Lumetri Color' 옵션 전체의 전후를 비교할 수 있습니다.

06 밝은 부분의 색상과 어두운 부분의 색상을 조절하겠습니다. 'Creative'에서 'Adjustments'의 'Shadow Tint'와 'Highlight Tint'를 활용합니다.

07 아이콘(■)을 마우스로 드래그하여 원하는 색상을 지정합니다. 'Shadow Tint'에서 'Blue' 색상을 지정합니다. 그리고 'Highlight Tint'에서는 'Yellow' 색상을 지정합니다.

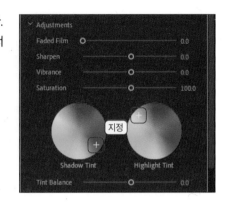

08 선명도를 높이기 위해 'Adjustments' 옵션에서 'Sharpen'을 '30.0'으로 수정합니다. 영상의 이미지가 좀 더 선명하게 조절되었습니다.

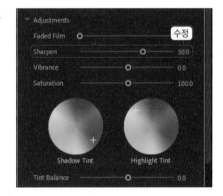

09 공포, 스릴러 영화처럼 분위기를 연출하기 위하여 영상 색상의 탁한 정도인 채도를 좀 더 떨어뜨려 차가운 분위기를 연출하겠습니다. 'Saturation'을 '20.0'으로 수정합니다.

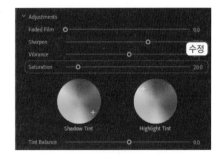

10 영상의 테두리를 어둡고 밝게 표현하겠습니다. 'Vignette'로 설정할 수 있습니다. 어둡게 표현하기 위해서 'Amount'를 '−2.0'으로 수정합니다.

11 범위를 부드럽게 조절하기 위해서 'Feather'를 '60.0'으로 수정합니다. 영상의 테두리에 어두운 영역이 생성되었습니다.

12 Space Bar 를 눌러서 영상을 재생하여 색보정 전후를 확인합니다.

색보정을 하는 이유는 다양합니다. 실습내용처럼 영상의 분위기를 바꾸려고 하기도 하지만 촬영이 잘못된 경우에도 필요합니다. 촬영 전 카메라의 화이트밸런스(WB)를 조절하여 영상의 화이트가 되어야 할 부분을 잘못 조절하여 색보정으로 수정하는 경우도 있습니다. 잘못된 화이트밸런스를 색보정으로 잡아줄 수도 있습니다. 이런 기능을 하는 옵션은 'Basic Correction'의 'White Balance'입니다. 스포이드 메뉴를 활용하여 촬영된 화면에서 화이트에 가까운 부분을 클릭하여 화이트밸런스를 잡아줄 수 있습니다.

CHAPTER
CHAPTER 03

블렌드 모드로 색보정 하기

블렌드 모드(Blend Mode)는 다른 색보정 기능처럼 직접적으로 색을 수정할 수 없지만, 간접적으로 색을 만들 수 있습니다. 블렌드 모드는 다른 여러 이미지, 영상보정 프로그램에서 많이 사용되는 기능 중 하나입니다.

이미지와 이미지 또는 영상과 영상 또는 이미지와 영상을 서로 겹치게 배치하여 색이 혼합되어 나타나게 하는 기능입니다. 블렌드 모드는 다양한 옵션이 있습니다. 색이 서로 혼합되어 각기 다른 결과를 확인할 수 있습니다. 여기에서는 블렌드 모드 메뉴의 주요기능을 알아보고 실전에서 주로 사용되는 블렌드 모드로 실습합니다.

● 준비파일: 프리미어 프로\파트06\03\블렌드 모드로 색보정 하기.prproj

01 상단메뉴에서 [File → Open Project(Ctrl+O)]를 클릭합니다. '블렌드 모드로 색보정 하기.prproj' 프리미어 프로 프로젝트 파일을 불러옵니다. 영상클립과 '블렌드 모드 메뉴' 시퀀스가 생성되어 있습니다. [Project] 패널의 '블렌드 모드 메뉴' 시퀀스를 더블클릭하면 [Timeline] 패널에 '블렌드01.mp4', '블렌드02.mp4' 영상클립을 확인할 수 있습니다.

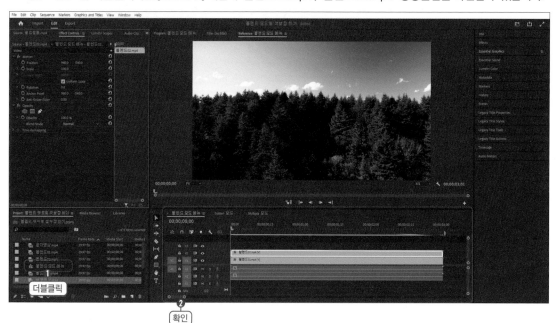

02 [Timeline] 패널에서 '블렌드02.mp4' 영상클립을 선택합니다. 그리고 [Effect Controls] 패널의 'Blend Mode'를 'Normal'로 선택합니다. 'Normal'은 영상클립 원본 그대로 나타나는 모드입니다. 기본모드 상태입니다.

03 [Timeline] 패널에서 '블렌드02.mp4' 영상클립이 선택된 상태에서 [Effect Controls] 패널의 'Blend Mode'를 'Dissolve'로 선택합니다. 'Dissolve'는 두 개의 영상클립이 원본 그대로 나타나지만, '블렌드02.mp4' 영상클립의 'Opacity'를 '70.0%' 정도 낮추면 노이즈 형태로 '블렌드01.mp4' 영상클립과 겹쳐서 나타납니다.

04 [Timeline] 패널에서 '블렌드02.mp4' 영상클립이 선택된 상태에서 [Effect Controls] 패널의 'Blend Mode'를 'Darken'으로 선택합니다. 'Darken'은 두 개의 영상클립에서 더 어두운 부분의 색상이 겹쳐서 나타납니다.

05 [Timeline] 패널에서 '블렌드02.mp4' 영상클립이 선택된 상태에서 [Effect Controls] 패널의 'Blend Mode'를 'Multiply'로 선택합니다. 'Multiply'는 두 개의 영상클립에서 밝은 부분은 합성되지 않고 어두운 부분이 겹쳐서 합성되어 색상이 어둡게 겹쳐서 나타납니다.

06 [Timeline] 패널에서 '블렌드02.mp4' 영상클립이 선택된 상태에서 [Effect Controls] 패널의 'Blend Mode'를 'Lighten'으로 선택합니다. 'Lighten'은 두 개의 영상클립에서 밝은 부분만 합성되어 색상이 밝게 겹쳐서 나타납니다.

07 [Timeline] 패널에서 '블렌드02.mp4' 영상클립이 선택된 상태에서 [Effect Controls] 패널의 'Blend Mode'를 'Screen'으로 선택합니다. 'Screen'은 두 개의 영상클립에서 밝은 부분만 합쳐서 나타나고 어두운 부분은 투명하게 겹쳐서 나타납니다. 전체 색상이 밝아집니다.

08 [Timeline] 패널에서 '블렌드02.mp4' 영상클립이 선택된 상태에서 [Effect Controls] 패널의 'Blend Mode'를 'Over-lay'로 선택합니다. 'Overlay'는 'Multiply' 모드와 'Screen' 모드를 합친 형태입니다. 밝은 부분은 더 밝게, 어두운 부분은 더 어둡게 나타납니다.

09 [Timeline] 패널에서 '블렌드02.mp4' 영상클립이 선택된 상태에서 [Effect Controls] 패널의 'Blend Mode'를 'Soft Light'로 선택합니다. 'Soft Light'는 부드러운 조명을 비추는 것과 비슷하게 나타납니다.

10 [Timeline] 패널에서 '블렌드02.mp4' 영상클립이 선택된 상태에서 [Effect Controls] 패널의 'Blend Mode'를 'Hard Light'로 선택합니다. 'Hard Light'는 강한 조명을 비추는 것과 비슷하게 나타납니다.

11 [Timeline] 패널에서 '블렌드02.mp4' 영상클립이 선택된 상태에서 [Effect Controls] 패널의 'Blend Mode'를 'Vivid Light'로 선택합니다. 'Vivid Light'는 색상의 50%가 회색보다 밝으면 더 밝게 되고, 어두우면 더 어둡게 나타납니다.

12 [Timeline] 패널에서 '블렌드02.mp4' 영상클립이 선택된 상태에서 [Effect Controls] 패널의 'Blend Mode'를 'Difference'로 선택합니다. 'Difference'는 두 개의 영상클립에서 밝고 어두운 부분에 따라서 보색으로 표현됩니다.

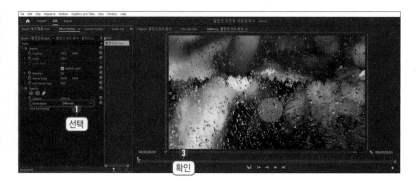

CHAPTER 04

'Screen' 모드 활용하기

블렌드 모드(Blend Mode)를 활용하여 두 개의 영상클립을 합성합니다. 많이 사용하는 블렌드 모드 중에서 'Screen' 모드를 활용하여 영상 〈세븐〉의 타이틀 시퀀스의 분위기를 연출합니다.

● 준비파일: 프리미어 프로\파트06\03\블렌드 모드로 색보정 하기.prproj

01 상단메뉴에서 [File → Open Project(Ctrl + O)]를 클릭합니다. '블렌드 모드로 색보정 하기.prproj' 프리미어 프로 프로젝트 파일을 불러옵니다. [Project] 패널에서 'Screen 모드' 시퀀스를 더블클릭하여 확인하겠습니다.

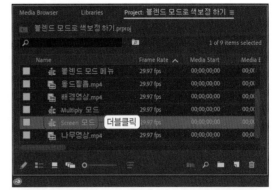

02 'Screen 모드' 시퀀스에서는 '글자영상.mp4'와 '나무영상.mp4' 두 개의 영상클립을 확인할 수 있습니다.

03 [Timeline] 패널에서 '글자영
상.mp4'와 '나무영상.mp4' 두 개의
영상클립을 확인할 수 있습니다.

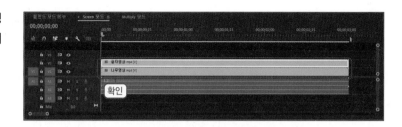

04 상위트랙인 2번 트랙에 배
치된 '글자영상.mp4' 영상클립
을 선택하고 [Effect Controls]
패널에서 'Opacity'의 'Blend
Mode'를 사용합니다.

05 '글자영상.mp4' 영상클립의 'Blend Mode'를 'Screen'
으로 선택합니다. '글자영상.mp4'는 흰색, 검은색으로 이루어
진 영상입니다.

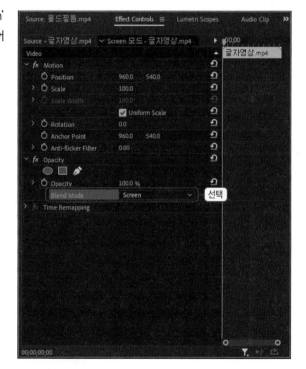

06 1번 트랙인 '나무영상.mp4' 영상클립이 재생되는 동안 상위트랙의 '글자영상.mp4'에 글자와 스크래치 형태의 효과들이 '나무영상.mp4' 영상클립에 합성되어 표현됩니다.

07 '글자영상.mp4'의 밝은 부분이 합성되고 어두운 부분은 합성되지 않습니다.

CHAPTER

05

'Multiply' 모드
활용하기

블렌드 모드(Blend Mode)를 활용하여 두 개의 영상클립을 합성합니다. 많이 사용하는 블렌드 모드 중에서 'Multiply' 모드를 활용하여 오래된 필름카메라로 촬영한 분위기를 연출합니다.

● 준비파일: 프리미어 프로\파트06\03\블렌드 모드로 색보정 하기.prproj

01 상단메뉴에서 [File → Open Project(Ctrl+O)]를 클릭합니다. '블렌드 모드로 색보정 하기.prproj' 프리미어 프로 프로젝트 파일을 불러옵니다. [Project] 패널에서 'Multiply 모드' 시퀀스를 더블클릭하여 확인하겠습니다.

02 '올드필름.mp4', '배경영상.mp4' 영상 클립으로 각각 1번, 2번 트랙에 배치되어 있습니다.

03 상위트랙인 2번 트랙에 배치된 '올드필름.mp4' 영상클립을 선택하고 [Effect Controls] 패널에서 'Opacity'의 'Blend Mode'를 사용하겠습니다.

04 '올드필름.mp4' 영상클립의 'Blend Mode'를 'Multiply'로 선택합니다. '올드필름.mp4' 영상클립은 오래된 필름효과의 영상입니다. '올드필름.mp4' 영상클립의 어두운 부분만 합성할 수 있는 'Multiply'를 적용하여 오래된 느낌의 영상으로 합성하려고 합니다.

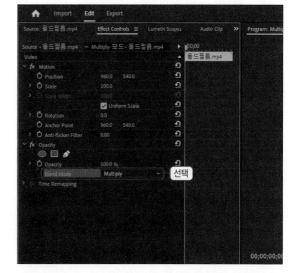

05 '배경영상.mp4' 영상클립 위에 '올드필름.mp4' 영상클립의 오래된 필름이 합성되었습니다. 밝은 부분은 합성되지 않고 어두운 부분이 합성되었습니다.

PREMIERE PPRO

PART 7.
프리미어 프로 트랜지션,
이펙트 적용하기

트랜지션은 영상의 화면전환을 의미합니다. 화면전환은 '컷 01번'에서 '컷 02번'으로 넘어가는 과정을 의미합니다. 영상에서 전달하고자 하는 분위기와 장르에 따라서 트랜지션 작업이 달라집니다. 단순히 영상클립을 순서대로 배치해서 영상을 완성하거나, 영상클립의 투명도를 조절하여 트랜지션을 표현합니다. 밝은 분위기, 어두운 분위기 또는 영상을 서로 겹치게 연출하여 트랜지션을 표현하기도 합니다. 이처럼 다양한 방법이 있습니다. 프리미어 프로의 이펙트를 활용하면 영상 전체의 분위기를 다양하게 연출할 수 있습니다. 영상을 오래된 느낌으로 연출하거나, 모자이크 효과를 통해 다채롭게 연출할 수도 있습니다.

CHAPTER

01

영상클립에 비디오 트랜지션 적용하여 편집하기

영상편집에서 컷편집은 단순히 앞 영상클립과 뒤 영상클립을 차례대로 붙여서 편집하는 것입니다. 하지만 영상의 스토리와 분위기에 따라서 편집의 형태가 달라질 수 있습니다. 그래서 트랜지션(화면전환) 효과들을 활용하면 더 편리하고 빠르게 작업할 수 있는데 이에 대해 알아봅니다.

● 준비파일: 프리미어 프로\파트07\01\비디오 트랜지션 편집하기.prproj

01 상단메뉴에서 [File → Open Project(Ctrl+O)]를 클릭합니다. '비디오 트랜지션 편집하기.prproj' 프리미어 프로 프로젝트 파일을 불러옵니다. '고양이01.mp4', '고양이02. mp4' 영상클립이 있습니다. '비디오 트랜지션 편집하기' 시퀀스가 생성되어 있습니다.

02 상단메뉴에서 [Window → Effects(Shift+7)]를 클릭하여 실행합니다.

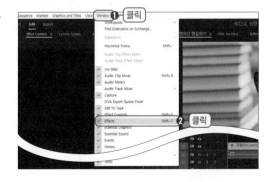

03 [Effects] 패널의 'Video Transitions'에서는 다양한 트랜지션(화면전환) 기능을 사용할 수 있습니다.

04 'Dissolve'의 'Cross Dissolve'를 적용하겠습니다. 'Dissolve'는 '고양이 01.mp4', '고양이02.mp4' 영상클립이 서로 겹치게 배치되어 투명도가 서서히 바뀌면서 트랜지션(화면전환)을 자연스럽게 합니다.

> 화면전환 기법은 여러 가지가 있습니다. 많이 사용하는 화면전환 기법에 대해서 알아봅니다.
>
> ① 컷(Cut): 두 개의 영상클립이 나란히 붙어 있는 상태. 클립과 클립을 차례대로 재생하는 방법을 말합니다.
>
> ② 디졸브(Dissolve): 앞장면이 서서히 사라지며 뒷장면이 서서히 나타나면서 화면이 전환되는 기법입니다.
>
> ③ 페이드인, 페이드아웃(Fade in, Fade Out): 영상이 어두운 상태에서 점점 밝아지며 다음 장면이 나타나는 것을 페이드인, 반대로 밝은 상태에서 점점 어두워진 상태로 변하는 것을 페이드아웃이라고 합니다.
>
> ④ 와이프(Wipe): '닦아낸다.'의 의미인 와이프는, 방향은 상관없이 뒷장면이 앞장면을 밀어내는 형태의 화면전환입니다.

05 'Cross Dissolve'를 '고양이 01.mp4', '고양이02.mp4' 영상클립 사이에 드래그앤드롭을 합니다.

06 [Transition] 대화상자가 나타납니다. 'Insufficient media. This transition will contain repeated frames.'란 경고 메시지가 나타납니다. 화면전환을 사용하기에 프레임이 부족하다는 메시지입니다. 두 개의 영상클립이 서로 겹치지 않고 영상이 컷편집 되지 않은 원본이기 때문에 메시지가 나타납니다. 하지만 현재 상태에서도 겹치는 화면전환을 연출할 수 있습니다. [OK] 버튼을 클릭하여 실행합니다.

07 두 개의 영상클립의 시작과 끝 부분 사이에 'Cross Dissolve'가 적용되었습니다. 더블클릭을 합니다.

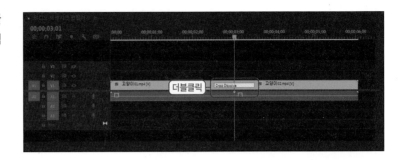

08 [Set Transition Duration] 대화상자가 활성화됩니다. 화면전환이 적용되는 'Duration'(화면전환 길이)을 설정할 수 있습니다.

09 '00;00;01;00'(1초)으로 기본 설정되어 있습니다. 화면전환 길이를 수정하고 싶으면, 직접 설정할 수 있습니다. '00;00;02;00'(2초)으로 수정합니다. [OK] 버튼을 클릭하면 길이가 2초로 수정됩니다.

10 [Timeline] 패널의 'Cross Dissolve'가 '00;00;02;00'(2초)으로 수정되었습니다. 그리고 'Cross Dissolve'를 클릭합니다.

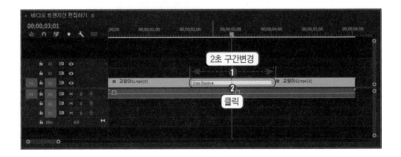

11 'Cross Dissolve'를 클릭하면 [Effect Controls] 패널에서 세부옵션을 확인할 수 있습니다. 'Duration'(화면전환 길이)과 'Alignment'(화면전환 위치 조정)를 확인할 수 있습니다.

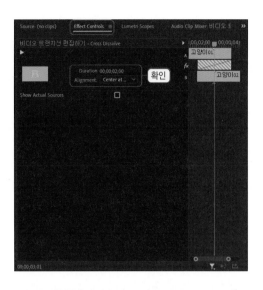

12 'Alignment'의 'Center at Cut'은 두 개 클립 사이의 중앙을 기준으로 화면전환 되는 것을 의미합니다.

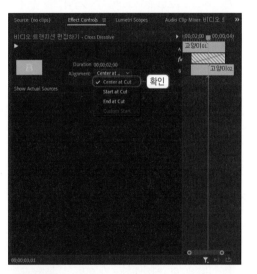

13 'Start at Cut'은 두 개 영상클립의 트랜지션 위치기준으로 '고양이02.mp4' 영상클립 시작점에서 화면전환이 적용됩니다.

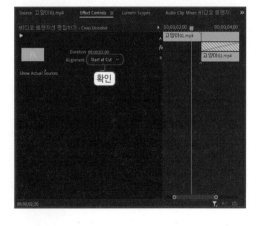

PART 1. 영상기초

PART 2. 실행

PART 3. 영상편집

PART 4. 키프레임

PART 5. 자막

PART 6. 색보정

PART 7. 트랜지션

PART 8. 오디오편집

PART 9. 영상효과

PART 10. VR 360 영상

14 'End at Cut'은 두 개 영상클립의 트랜지션 위치기준으로 '고양이01.mp4' 영상클립 끝점에서 화면전환이 적용됩니다.

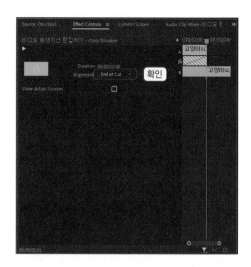

15 'Show Actual Sources'의 체크박스를 클릭하면 [Effects] 패널에서 현재 A, B로, 즉 두 개 클립이 미리 보기로 나타나 있는데 실제 영상클립이 미리 보기로 나타납니다.

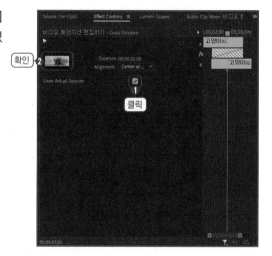

16 [Effects] 패널에서 'Video Transitions → Dissolve → Dip to Black'을 선택하여 [Timeline] 패널의 '고양이01.mp4' 영상클립의 시작 부분에 드래그앤드롭을 합니다. 재생하여 확인하면 '고양이01.mp4' 영상이 시작될 때 화면이 어두운 상태에서 서서히 영상이 나타나는 트랜지션(화면전환)이 됩니다.

17 [Timeline] 패널에서 'Dip to Black'을 더블클릭하면 화면전환이 적용되는 'Duration' (화면전환 길이)을 설정할 수 있습니다. '00;00;01;00' 프레임을 유지하겠습니다. [OK] 버튼을 클릭합니다. 만약 화면과 다르게 나온다면 'Show Actual Sources'의 체크박스를 클릭해서 체크를 해제합니다.

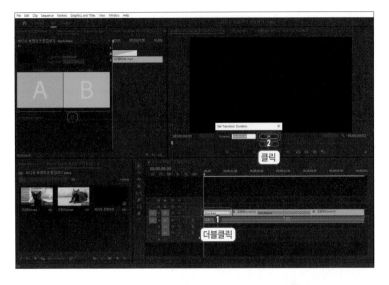

18 [Effect Controls] 패널에서는 'Start' 화면전환 시작점과 'End' 화면전환 끝점을 지정할 수 있습니다. 'Start: 0.0'은 화면전환 시작점을 의미하고, 'Start: 100.0'은 화면전환의 끝점을 의미합니다. 'End: 100.0' 또한 화면전환이 끝나는 지점이 '100.0'이며 '0.0'으로 수정하면 시작점으로 지정할 수 있습니다.

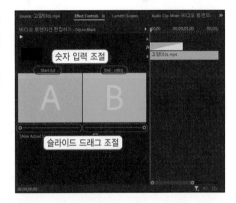

19 원하는 구간설정을 통해서 화면전환을 설정할 수 있습니다.

영상클립에 비디오 이펙트 적용하여 편집하기

노트북 영상클립에 'Video Effects'를 활용하여 프리미어 프로의 영상을 합성합니다. 'Corner Pin'을 활용하여 네모모양 영상클립의 각 모서리 위치를 조절하여 합성하는 방법을 알아봅니다.

● 준비파일: 프리미어 프로\파트07\02\이펙트 적용하여 편집하기.prproj

01 상단메뉴에서 [File → Open Project(Ctrl+O)]를 클릭합니다. '이펙트 적용하여 편집하기.prproj' 프리미어 프로 프로젝트 파일을 불러옵니다. '노트북영상.mp4', '합성영상.mp4' 영상클립이 있습니다. '노트북영상. mp4'로 시퀀스가 생성되어 있습니다.

02 [Project] 패널의 '합성영상. mp4'를 선택하여 [Timeline] 패널에 '노트북영상.mp4' 영상클립 트랙 위에 드래그앤드롭하여 배치합니다.

03 '노트북영상.mp4' 영상클립 노트북의 모니터 화면에 이펙트를 활용하여 '합성영상.mp4' 영상클립의 프리미어 프로 화면영상을 합성하겠습니다.

04 '합성영상.mp4' 영상클립을 '노트북영상.mp4'에 합성하려면 영상의 크기를 왜곡시켜야 합니다. [Effects] 패널에서 'Video Effects → Distort → Coner Pin'을 선택합니다.

05 [Timeline] 패널에서 '합성영상.mp4' 영상클립을 선택하고, 'Coner Pin' 이펙트를 드래그앤드롭 또는 더블클릭합니다.

06 [Effect Controls] 패널에서 'Corner Pin'을 선택합니다. [Program Monitor] 패널에서 '합성영상.mp4' 영상클립 화면의 각 모서리에 'Corner Pin' 조절 아이콘이 생성되었습니다.

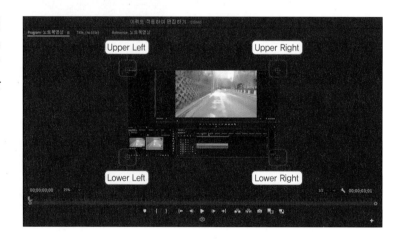

■ 'Coner Pin' 세부옵션

❶ **Upper Left:** 상단, 왼쪽 위치

❷ **Upper Right:** 상단, 오른쪽 위치

❸ **Lower Left:** 하단, 왼쪽 위치

❹ **Lower Right:** 하단, 오른쪽 위치

07 [Program Monitor] 패널에서 직접 아이콘을 움직여 위치를 수정할 수 있습니다.

08 [Effect Controls] 패널의 'Coner Pin'에서 'Upper Left', 'Upper Right', 'Lower Right', 'Lower Left'의 수치를 직접 입력 또는 마우스로 드래그하여 수정할 수 있습니다.

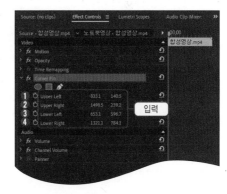

09 '합성영상.mp4' 영상클립의 화면이 어두운 상태에서 서서히 나타나게 트랜지션을 적용하겠습니다. '합성영상.mp4' 영상클립이 선택된 상태에서 [Effect Controls] 패널의 'Opacity'에서 키프레임 애니메이션을 활용합니다.

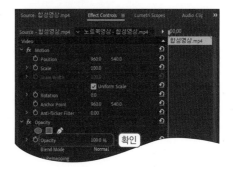

10 [Timeline] 패널에서 '합성영상.mp4' 영상클립을 선택하고 시간을 '00;00;00;00' 프레임에 'Time Indicator'을 배치합니다. 그리고 [Effect Controls] 패널의 'Opacity' 옵션값을 '0.0%'로 수정하고 'Toggle animation' 아이콘(◎)을 클릭하여 키프레임을 생성합니다.

11 'Time Indicator'를 '00;00;01;00' 프레임에 다시 배치하고 'Opacity'를 '100.0%'로 수정합니다. 키프레임이 추가되었습니다. 영상을 재생하여 어두운 화면에서 서서히 화면이 나타나는 애니메이션을 확인합니다.

12 '합성영상.mp4' 영상클립에 화면이 지지직거리는 형태의 노이즈 효과를 적용하겠습니다. '합성영상.mp4' 영상클립를 선택하고 [Effects] 패널에서 'Video Effects → Noise & Grain → Noise'를 더블클릭해서 적용합니다. '합성영상.mp4' 영상클립의 첫 번째 프레임 구간에서는 'Noise' 효과가 강하게 나타나다가 서서히 사라지는 애니메이션을 적용하겠습니다.

13 'Time Indicator'를 '00;00;01;00' 프레임에 배치하고 [Effect Controls] 패널에서 'Noise → Amount of Noise'를 '100.0%'로 수정합니다. 'Toggle animation' 아이콘(⊙)을 클릭하여 키프레임을 생성합니다.

14 'Time Indicator'를 '00;00;02;00' 프레임에 다시 배치하고 'Amount of Noise'를 '0.0%'로 수정합니다. 키프레임이 추가되었습니다. 'Noise' 효과가 서서히 사라지는 애니메이션이 적용되었습니다.

15 [Space Bar]를 눌러 영상을 재생하여 확인합니다. 노트북 화면이 밝게 나타나면서 이펙트의 노이즈 효과가 추가된 것을 확인할 수 있습니다.

PART 1. 영상기초

PART 2. 촬영

PART 3. 영상편집

PART 4. 키프레임

PART 5. 자막

PART 6. 색보정

PART 7. 트랜지션

PART 8. 오디오편집

PART 9. 영상출력

PART 10. VR 360 영상

PREMIERE PPRO

PART 8.
프리미어 프로
오디오편집 하기

프리미어 프로 외에도 오디오를 편집할 수 있는 전문적인 소프트웨어는 많습니다. 하지만 프리미어 프로는 간단한 편집만으로도 오디오를 수정할 수 있는 유용한 기능들이 많습니다. 영상촬영 시 하나의 파일로 함께 적용된 오디오를 조절할 수도 있고, 영상촬영 후 다른 음원이나 효과음을 별도의 오디오로 추가해서 영상 오디오를 편집할 수도 있습니다. 이번에는 키프레임으로 오디오를 편집하고 여러 영상클립의 오디오 크기를 조절하는 방법 등을 예제를 통해서 알아봅니다.

CHAPTER

01

키프레임 활용하여
오디오편집 하기

프리미어 프로에서 영상클립의 편집과 함께 이번에는 오디오클립을 편집합니다. 오디오클립
에 키프레임을 적용해서 오디오의 크기 변화를 적용하는 방법을 알아봅니다.

● 준비파일: 프리미어 프로\파트08\01\키프레임 활용하여 오디오편집 하기.prproj

01 상단메뉴에서 [File → Open Project(Ctrl+O)]를 클릭합니다. '키프레임 활용하여 오디오편집 하기.prproj' 프리미어
프로 프로젝트 파일을 불러옵니다. '트리영상.mp4' 영상클립과 '크리스마스 사운드.mp3' 오디오클립이 있습니다. '트리영
상.mp4'로 시퀀스가 생성되어 있습니다.

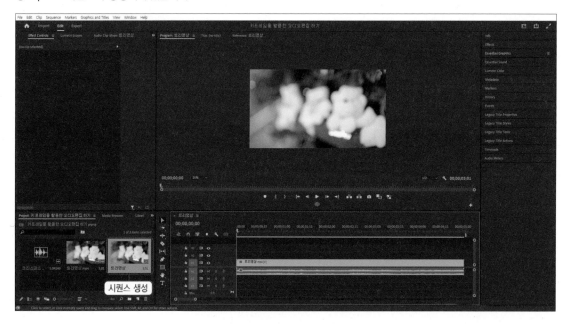

02 '트리영상.mp4' 영상클립에는
기존 오디오클립이 존재합니다. '트
리영상.mp4' 영상클립의 자체 오디
오를 사용하지 않고 '크리스마스 사
운드.mp3' 오디오를 활용합니다.

트리영상의 오디오클립

03 '트리영상.mp4' 영상클립의 오디오클립을 삭제하기 위해서 [Timeline] 패널에서 'Linked Selection' 아이콘(🔗)을 클릭하여 비활성화(🔗)합니다. 이 상태에서는 영상과 오디오를 별도로 선택할 수 있습니다. 그리고 오디오클립을 선택합니다. [Delete]를 눌러 삭제합니다.

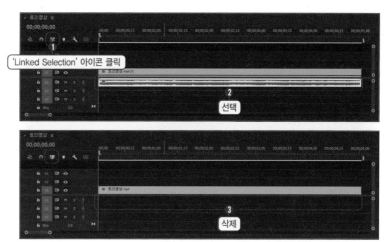

04 [Project] 패널의 '크리스마스 사운드.mp3' 오디오클립을 선택하여 [Timeline] 패널의 1번 오디오트랙에 드래그앤드롭하여 배치합니다.

05 영상의 시작 지점과 끝나는 지점에서 오디오의 크기(db)가 서서히 커지고 서서히 작아지게 자연스러운 오디오 크기를 편집합니다. [Timeline] 패널에서 '크리스마스 사운드.mp3' 오디오클립이 선택된 상태에서 'Time Indicator'를 선택하여 '00;00;00;00' 프레임으로 배치합니다. [Effect Controls] 패널에서 'Audio → Volume → Level'로 오디오(db) 크기 키프레임 애니메이션을 조절합니다.

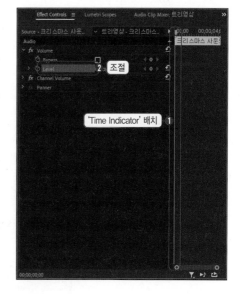

■ 'Audio' 세부옵션

❶ **Volume**

ⓐ Bypass: 레벨속성을 활성화, 비활성화합니다.

ⓑ Level: 오디오 크기를 설정합니다.

❷ **Channel Volume**

ⓐ Bypass: 왼쪽, 오른쪽 속성을 활성화, 비활성화합니다.

ⓑ Left: 왼쪽 오디오 크기를 설정합니다.

ⓒ Right: 오른쪽 오디오 크기를 설정합니다.

❸ **Panner**

ⓐ Balance: 왼쪽, 오른쪽 오디오 밸런스를 설정합니다.

06 [Timeline] 패널에서 '크리스마스 사운드.mp3' 오디오클립이 선택된 상태에서 [Effect Controls] 패널의 'Level'에서 아이콘(▶)을 클릭하여 옵션을 펼칩니다. 슬라이드 메뉴를 왼쪽으로 드래그하여 수치를 가장 낮게 조절합니다. 키프레임이 생성되었습니다.

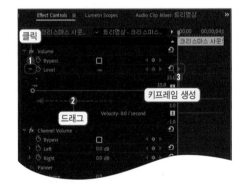

07 'Time Indicator'를 '00;00;01;00' 프레임으로 배치합니다. [Effect Controls] 패널의 'Level'에서 옵션값을 '0.0'으로 수정합니다. 키프레임이 생성되었습니다. 영상을 재생하여 확인하면 오디오의 크기가 변화되는 것을 확인할 수 있습니다.

08 영상이 종료되는 시점에서 오디오의 크기(db)가 서서히 작아지면서 영상이 종료되게 수정합니다. [Timeline] 패널의 'Time Indicator'를 '00;00;04;00' 프레임으로 배치합니다.

09 [Effect Controls] 패널의 'Level'에서 'Add/Remove Keyframe' 아이콘( )을 클릭하여 키프레임을 추가합니다.

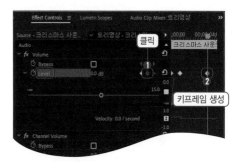

10 [Timeline] 패널에서 'Time Indicator'를 '00;00;05;00' 프레임으로 배치합니다. 그리고 [Effect Controls] 패널에서 'Level'의 슬라이드를 왼쪽으로 드래그하여 옵션값을 가장 낮게 수정합니다. 완료되었으면 영상을 재생하여 오디오 크기(db)의 변화를 확인합니다.

오디오 크기는 영상을 재생하여 확인할 수 있지만, [Timeline] 패널에서도 확인할 수 있습니다. 오디오트랙에서 사운드의 클립을 확인하면, 'Waveform'의 사운드 크기를 파형으로 확인할 수 있습니다. [Timeline] 패널의 'Timeline Display Settings' 아이콘( )을 클릭합니다. 나타나는 메뉴 중 [Show Audio Waveform]을 클릭하여 디스플레이를 선택할 수 있습니다. [Show Audio Waveform] 메뉴가 체크된 상태면 사운드 크기가 파형형태로 보이고, 체크해제된 상태면 파형이 없는 일반적인 형태로 디스플레이 됩니다.

CHAPTER

02

여러 개의 오디오 크기, 길이 일정하게 조절하기

영상편집 작업 중에 여러 개의 오디오클립을 조절하는 경우가 종종 발생합니다. 'Essential Sound' 메뉴를 활용하여 여러 개의 오디오 크기(db)를 동시에 자동으로 조절하는 방법과 여러 개의 오디오 길이를 자동으로 조절하는 방법 등을 알아봅니다.

● 준비파일: 프리미어 프로\파트08\02\여러 개의 오디오 크기, 길이 일정하게 조절하기.prproj

01 상단메뉴에서 [File → Open Project(Ctrl+O)]를 클릭합니다. '여러 개의 오디오 크기, 길이 일정하게 조절하기.prproj' 프리미어 프로 프로젝트 파일을 불러옵니다. '오디오 크기, 길이 조절하기' 시퀀스가 생성되어 있습니다.

02 시퀀스 외에 '도시영상01.mp4', '도시영상02.mp4', '도시영상03.mp4', '도시영상04.mp4' 영상클립과 '배경음악.mp3' 오디오클립이 있습니다.

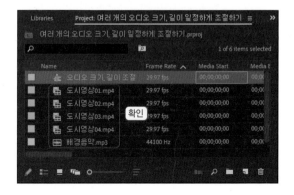

03 [Timeline] 패널의 여러 개 오디오 크기(db)가 각각 다릅니다. 촬영할 때 각기 다른 현장 상황에 따라서 오디오 크기(db)가 다를 수 있습니다.

04 상단메뉴에서 [Window → Essential Sound]를 클릭합니다.

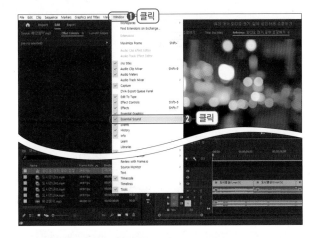

05 [Timeline] 패널의 '도시영상01.mp4', '도시영상02.mp4', '도시영상03.mp4', '도시영상04.mp4' 영상클립을 모두 마우스로 드래그해서 선택합니다. 그리고 [Essential Sound] 패널에서 [Music] 버튼을 클릭합니다.

■ [Essential Sound] 패널의 세부메뉴

❶ **Dialogue:** 대화, 내레이션 등의 오디오 형태일 경우 선택합니다.

❷ **Music:** 배경음악 형태일 경우 선택합니다.

❸ **SFX:** 효과음 형태일 경우 선택합니다.

❹ **Ambience:** 주변환경 오디오 형태일 경우 선택합니다.

06 [Essential Sound] 패널에서 'Loudness'를 클릭하면 하위 옵션이 나타납니다. [Auto-Match] 버튼을 클릭하여 오디오 크기(db)를 자동 조절합니다.

07 [Timeline] 패널에서 영상을 재생하여 오디오 크기(db)를 확인합니다. 사운드 크기가 일정하게 조절된 것을 확인할 수 있습니다. 다시 원래 상태로 돌리고 싶으면 'Loudness'에서 [Reset] 버튼을 클릭하여 초기화하면 됩니다.

08 3번 오디오트랙에 배치된 '배경음악.mp3'는 'Mute Track'(음소거) 아이콘(M)이 선택되어 있습니다. 클릭하여 해제합니다. 이제 '배경음악.mp3'의 오디오를 들을 수 있습니다.

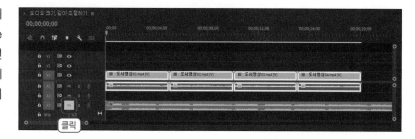

09 '배경음악.mp3' 오디오클립의 오디오 길이와 '도시영상01.mp4', '도시영상02.mp4', '도시영상03.mp4', '도시영상04.mp4'들의 오디오 길이는 서로 다릅니다. '배경음악.mp3' 오디오클립이 좀 더 길기 때문에 줄여서 사용할 수 있지만, 인위적으로 줄이면 오디오 크기(db)가 서서히 줄어드는 것이 아니라 갑자기 오디오가 사라지는 어색한 부분이 발생합니다.

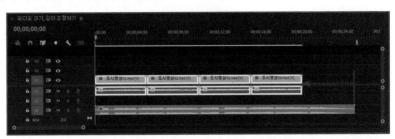

10 '배경음악.mp3' 오디오클립의 오디오 길이를 '도시영상01.mp4', '도시영상02.mp4', '도시영상03.mp4', '도시영상04.mp4'들의 길이처럼 줄이면서 오디오 크기(db)가 서서히 줄어들며 끝나게 수정합니다. [Timeline] 패널의 '배경음악.mp3' 오디오클립을 선택하고 [Essential Sound] 패널에서 [Music] 버튼을 클릭합니다.

11 'Duration' 체크박스를 클릭해서 활성화합니다. 그리고 '도시영상01.mp4', '도시영상02.mp4', '도시영상03.mp4', '도시영상04.mp4'들의 영상길이와 최대한 비슷하게 'Target Duration'에서 '00;00;25;08' 오디오 길이를 '00;00;19;00' 프레임으로 수정합니다.

■ 'Duration' 세부옵션

❶ **Method:** 오디오클립의 줄이기 늘이기를 선택하여 조절합니다.

❷ **Target Duration:** 수정하고자 하는 길이를 조절합니다.

❸ **Remix Duration:** 최종 길이가 되는 시간을 표시합니다.

12 [Timeline] 패널에서 '배경음악.mp3' 오디오클립의 오디오 길이를 확인하면 완벽하게 길이가 일치하지 않을 수 있으며 ±5초의 차이가 발생할 수 있습니다. 근접하게 길이가 자동으로 조절된 것을 확인할 수 있습니다.

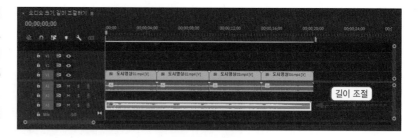

13 영상을 재생하여 확인합니다. 영상의 길이에 맞춰서 오디오의 길이가 자연스럽게 종료되는 것을 확인할 수 있습니다.

CHAPTER 03

목소리 재생될 때 배경음악 자동으로 크기 조절하기

여러 가지 오디오클립을 동시에 다루기도 합니다. 예를 들면 인터뷰 영상이나 내레이션이 적용된 영상은 목소리와 배경음악이 동시에 적용되기도 합니다. 그런데 목소리가 나올 때 배경음악의 크기(db)를 자주 조절해야 하는 번거로움이 있습니다. 이를 해결하는 방법을 알아봅니다. 그리고 음성변조의 기능도 알아봅니다.

● 준비파일: 프리미어 프로\파트08\03\배경음악 자동으로 크기조절, 음성변조하기.prproj

01 상단메뉴에서 [File → Open Project(Ctrl+O)]를 클릭합니다. '배경음악 자동으로 크기조절, 음성변조하기.prproj' 프리미어 프로 프로젝트 파일을 불러옵니다. '드립커피영상.mp4' 영상클립과 '배경음악.mp3' 오디오클립이 있습니다. '드립커피영상' 시퀀스가 생성되어 있습니다.

02 [Timeline] 패널의 '드립커피
영상.mp4' 영상클립의 오디오클립
을 선택하고 [Essential Sound] 패
널에서 [Dialogue] 버튼을 클릭합
니다.

03 [Essential Sound] 패
널에서 'Dialogue' 세부옵션
메뉴가 활성화되었습니다.

04 [Timeline] 패널에서 '배경음악.mp3' 오디오클립을 선택하고 [Essential
Sound] 패널에서 [Music] 버튼을 클릭합니다.

05 [Essential Sound] 패널에 'Music' 세부옵션이 활성화되었습니다. 'Ducking'의 체크박스를 클릭한 후 그 왼쪽 공간을 다시 클릭해서 'Ducking'의 세부옵션도 활성화합니다. 'Ducking' 기능은 '드립커피영상.mp4'의 목소리 음성에 맞추어 '배경음악.mp3' 오디오클립의 크기(db)를 조절할 수 있습니다. 그리고 'Ducking'은 타깃이 되는 오디오클립의 형태를 선택할 수 있습니다. 타깃은 '드립커피영상.mp4' 영상클립이며 앞서 'Dialogue'를 선택했습니다. 현재 'Duck against Dialogue Clips' 아이콘이 활성화되어 있습니다.

'Duck against Dialogue Clips' 아이콘

'Ducking' 옵션 활성화

■ 'Ducking' 세부옵션

❶ **Sensitivity:** 민감도, 목소리의 오디오클립의 오디오에 민감하게 반응하여 적용됩니다.

❷ **Duck Amount:** 감소량, 수치가 높으면 배경 오디오 크기가 많이 감소합니다.

❸ **Fades:** 페이드, 수치가 높으면 빠르게 오디오 크기 변화가 생기고 수치가 높으면 천천히 변화합니다.

❹ **Generate Keyframes:** 키프레임을 생성합니다.

06 'Ducking'의 세부옵션 메뉴 아래에 있는 [Generate Keyframes] 버튼을 클릭합니다. 영상을 재생하여 확인합니다.

클릭

07 '드립커피영상.mp4' 영상클립의 목소리가 있는 구간에서 '배경음악.mp3' 오디오클립의 오디오 크기(db)가 자동 조절되어 설정된 것을 확인할 수 있습니다. 그리고 [Effect Controls] 패널의 'Individual Parameters'에 오디오 크기(db)의 키프레임이 생성된 것을 확인할 수 있습니다.

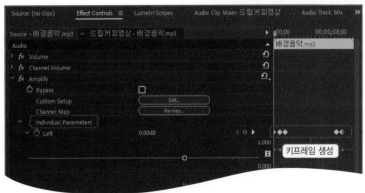

키프레임 생성

08 '드립커피영상.mp4' 영상클립의 오디오에 음성변조 효과를 적용하겠습니다. '드립커피영상.mp4' 영상클립을 선택하고 [Effects] 패널에서 'Audio Effects → Time and Pitch → Pitch Shifter'를 더블클릭합니다.

09 [Effect Controls] 패널의 'Pitch Shifter → Custom Setup'에서 [Edit] 버튼을 클릭합니다.

10 [Clip Fx Editor] 대화상자가 활성화됩니다. 'Presets'에서 다양한 샘플파일들을 선택할 수 있습니다.

■ 'Presets' 세부메뉴

❶ **Angry Gerbil:** 성난 저빌

❷ **Deathly ill:** 치명적 병환

❸ **Stretch:** 스트레치

❹ **The Dark Lord:** 어둠의 신

11 각 분위기에 맞는 음성변조 샘플로 직접 수정하고 설정할 수 있습니다. 'Pitch Transpose'의 'Semi-tones' 옵션값을 낮게 하면 저음의 음성변조가 들리고, 옵션값을 높게 하면 고음의 음성변조를 들을 수 있습니다.

PREMIERE PPRO

PART 9.
프리미어 프로
영상출력 하기

프리미어 프로에서 편집작업을 한 영상과 오디오클립을 최종 영상파일로 출력해서 사용하려면 렌더링이라는 과정을 거쳐야 합니다. 렌더링할 영상의 사이즈, 프레임 레이트, 영상의 길이 등을 먼저 확인합니다. 렌더링할 때 영상의 용도나 방법에 따라서 옵션을 달리해야 합니다. 여기에서는 최종영상을 렌더링하는 데 필요한 기본적인 옵션설정, 'Export' 옵션에서의 렌더링 방법과 'Adobe Media Encoder'에서의 렌더링 방법에 대해서 알아봅니다.

익스포트 활용하여 영상출력 하기

프리미어 프로에서 영상편집과 오디오편집을 완료했으면 하나의 파일형태로 출력하는 렌더
링이라는 과정을 진행해야 합니다. 이번에는 프리미어 프로에서 'Export' 기능을 활용하여
영상 및 오디오를 출력하는 방법에 대해서 알아봅니다.

● 준비파일: 프리미어 프로\파트09\01\익스포트 활용하여 영상출력 하기.prproj

01 상단메뉴에서 [File → Open Project(Ctrl+O)]를 클릭합니다. '익스포트 활용하여 영상출력 하기.prproj' 프리미어
프로 프로젝트 파일을 불러옵니다. '산배경.mp4' 영상클립이 있습니다. '산배경.mp4'로 시퀀스가 생성되어 있고 편집작
업이 완료된 파일입니다.

02 영상을 출력하려면 출력구간을 설정해야 합니다. 'Work Area Bar'를 활용하여
구간을 확인, 설정할 수 있습니다. 'Work Area Bar' 메뉴를 활성화하려면 [Timeline]
패널에서 아이콘(目)을 클릭합니다.

03 팝업된 메뉴에서 [Work Area Bar]를 클릭합니다.

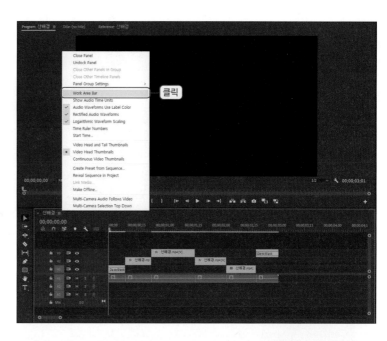

04 [Timeline] 패널에서 'Work Area Bar' 메뉴의 'Star'와 'End' 구간을 마우스로 드래그 조절하여 출력할 시작점과 끝점의 범위를 설정합니다. 렌더링 세부옵션 메뉴에서도 다시 수정할 수 있습니다.

05 렌더링 메뉴를 실행하겠습니다. 상단메뉴에서 [File → Export → Media(Ctrl+M)]를 클릭합니다.

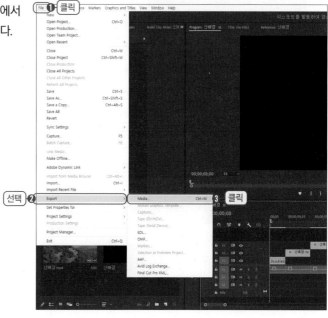

06 'Settings'의 'File Name'에서 출력파일명을 'Movie Edit'로 입력합니다. 'Location'에는 사용하는 컴퓨터의 저장경로를 설정합니다.

■ 'Source' 세부옵션

다양한 플랫폼에 맞춰 출력옵션을 설정합니다. 일반 영상을 출력할 것이기 때문에 기본으로 선택된 'Media File'에서 옵션을 설정합니다.

■ 'Settings' 세부옵션

'Source' 옵션에서 'Media File'의 토글스위치를 클릭해서 켜면 'Settings'의 옵션이 활성화돼서 세부항목을 설정할 수 있습니다.

❶ **File Name:** 출력 파일명을 설정합니다.

❷ **Location:** 클릭하여 저장경로를 설정합니다.

❸ **Preset:** 출력 파일규격 프리셋을 선택합니다.

❹ **Format:** 출력파일의 확장자를 선택합니다.

❺ **VIDEO:** 영상출력의 사이즈, 프레임 레이트, 필드, 픽셀 비율 등을 설정합니다.

❻ **AUDIO:** 오디오출력의 확장자 코덱, 주파수, 채널 등을 설정합니다.

■ 'Preview' 세부옵션

❶ **Preview:** 출력파일의 결과물이 화면에 미리 보기가 됩니다.

❷ **Range:** 출력구간을 설정합니다.

   ⓐ Entire Source: 소스 전체를 출력합니다.

   ⓑ Source In/Out: 소스의 첫 부분과 끝 부분까지 출력합니다.

   ⓒ Work Area: [Timeline] 패널의 'Work Area' 구간을 기준으로 출력합니다.

   ⓓ Custom: 사용자가 직접 출력구간을 설정합니다.

❸ **Play Area:** 미리 보기 영상구간을 지정하여 재생합니다.

❹ **Scaling:** 출력파일의 크기를 설정합니다.

   ⓐ Scale To Fit: 소스의 화면 비율을 유지한 상태로 화면크기에 맞춥니다.

   ⓑ Scale To Fill: 소스의 화면 비율을 유지한 상태로 화면에 채웁니다.

   ⓒ Stretch To Fill: 소스가 화면 비율이 변경되며, 화면에 채웁니다.

❺ **Source:** 출력파일의 비디오, 오디오 설정을 확인합니다.

❻ **Output:** 출력파일의 코덱, 비디오, 오디오, 용량 등을 확인합니다.

❼ **Send to Media Encoder:** 미디어 인코더로 현재 출력설정을 보냅니다.

❽ **Export:** 영상출력을 시작합니다.

07 영상, 오디오를 출력하기 위해서는 파일의 'Format'
(확장자)을 선택해야 합니다. 사용용도에 따라서 설정을
변경할 수 있습니다. 영상 확장자와 이미지 시퀀스 확장
자, 오디오 확장자 등을 설정할 수 있습니다. 영상 확장자
는 많이 사용하는 'H.264'를 선택합니다.

08 'VIDEO'를 클릭하면 프레임 사이즈, 프레임 레
이트 등을 확인할 수 있습니다. 영상작업을 시작한 옵
션 그대로 적용되어 있습니다. 만약 옵션설정을 변경
하고 싶다면 옵션설정 메뉴마다 체크박스(☑)를 클릭
하여 해제한 다음에 변경합니다.

09 'AUDIO'를 클릭하면 오디오의 옵션설정을 확인
할 수 있습니다. 오디오의 옵션도 기본값으로 설정을
유지하겠습니다.

10 [Preview] 패널의 'Range' 메뉴에서는 출력구간을 설정할 수 있습니다. 출력구간을 앞서 설정했기 때문에 [Work Area] 메뉴를 선택합니다.

11 'Source', 'Output'에서는 최종으로 설정한 옵션설정을 다시 확인할 수 있고, [Export] 버튼을 클릭하면 최종영상으로 출력됩니다. 작업량에 따라서 출력되는 시간이 다를 수 있습니다. 설정한 저장경로에서 렌더링 결과물을 확인합니다.

미디어 인코더 활용하여
영상출력 하기

미디어 인코더는 어도비의 소프트웨어이며 영상을 제작하는 사용자에게는 필수입니다. 프리미어 프로뿐만 아니라 애프터 이펙트에서도 동일하게 사용할 수 있습니다. 미디어 인코더의 장점은 여러 개의 프로젝트를 렌더링할 수 있다는 것입니다. 프리미어 프로에서 여러 개의 시퀀스 프로젝트를 작업한 후에 미디어 인코더에 등록한 다음 렌더링하면 차례대로 렌더링이 진행됩니다. 미디어 인코더에서 렌더링하면서 프리미어 프로에서 다른 작업도 가능합니다. 다만 컴퓨터 성능에 따라서 과부하가 걸릴 수도 있습니다.

● 준비파일: 프리미어 프로\파트09\02\미디어 인코더 활용하여 영상출력 하기.prproj

01 상단메뉴에서 [File → Open Project(Ctrl+O)]를 클릭합니다. '미디어 인코더 활용하여 영상출력 하기.prproj' 프리미어 프로 프로젝트 파일을 불러옵니다. '바다배경.mp4' 영상클립이 있습니다. '바다배경.mp4'로 시퀀스가 생성되어 있고 편집작업이 완료된 파일입니다.

02 상단메뉴에서 [File → Export → Media(Ctrl+M)]를 클릭합니다.

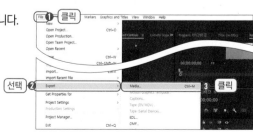

03 [Send to Media Encoder] 버튼을 클릭합니다.

미디어 인코더는 영상 소프트웨어를 설치하면 동시에 같이 설치가 진행됩니다. 즉, 'Adobe Creative Cloud'에서 프리미어 프로를 설치하면 자동으로 미디어 인코더가 동시에 설치됩니다.

04 'Adobe Media Encoder' 소프트웨어가 실행됩니다. 어도비의 또 다른 영상 소프트웨어인 애프터 이펙트와 동일하게 연동하여 사용할 수 있습니다.

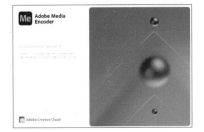

05 프리미어 프로에서 작업한 데이터가 'Adobe Media Encoder' 소프트웨어로 연동되었습니다.

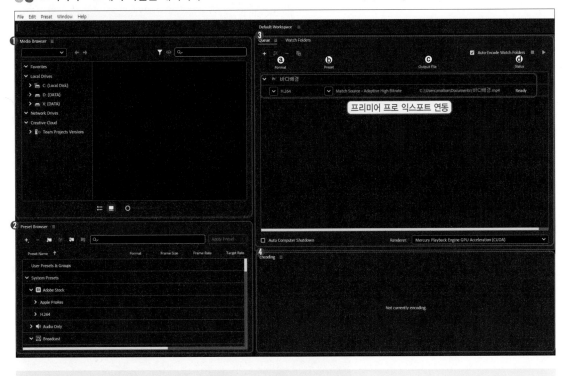

■ 'Adobe Media Encoder' 전체화면

❶ **Media Browser:** 파일검색이나 경로를 찾는 데 사용합니다.

❷ **Preset Browser:** 출력옵션의 사전 설정파일을 찾거나 불러옵니다.

❸ **Queue:** 출력 대기열상태를 나타냅니다. 확장자와 렌더링 옵션, 경로 등을 설정합니다.

   ⓐ Format: 렌더링 포맷을 선택합니다.

   ⓑ Preset: 렌더링 포맷의 코덱 및 세부옵션을 설정합니다.

   ⓒ Output File: 렌더링 경로를 선택합니다.

   ⓓ Start Queue: 렌더링을 시작합니다.

❹ **Encoding:** 출력이 진행될 때 진행상황을 확인합니다.

06 [Queue] 패널에 프리미어 프로의 시퀀스 데이터가 등록되었습니다. 'Format'에서 아이콘(▼)을 클릭하면 다른 확장자를 선택할 수 있습니다. 영상, 오디오, 이미지 시퀀스파일로 출력할 수 있습니다. 'H.264'를 선택하겠습니다. 'mp4' 확장자로 출력됩니다.

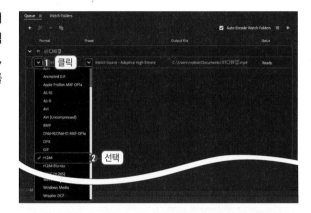

07 'H.264'의 세부옵션을 설정합니다. 'Match Source - Adaptive High Bitrate'를 클릭합니다.

08 [Export Settings] 대화상자가 활성화됩니다. 선택한 'H.264'의 세부옵션을 설정할 수 있습니다.

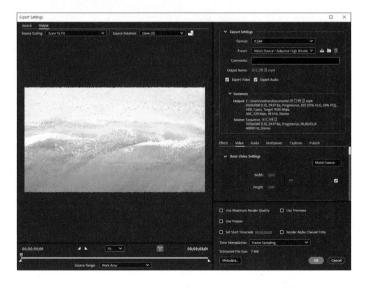

■ 'Export Settings' 세부옵션

❶ **Format:** 확장자를 선택합니다.

❷ **Preset:** 출력 사전설정을 선택합니다.

❸ **Output Name:** 출력이름, 저장경로를 선택합니다.

❹ **Export Video:** 비디오 출력을 선택 또는 해제합니다.

❺ **Export Audio:** 오디오 출력을 선택 또는 해제합니다.

❻ **Summary:** 출력옵션에 관한 내용이 요약, 정리되어 있습니다.

09 'Preset'에서 'Match Source – Adaptive High Bitrate'를 클릭하면 'H.264'의 다양한 사전 설정된 프리셋들을 확인할 수 있습니다. 여기에서는 기존에 선택한 'Match Source – Adaptive High Bitrate'를 유지합니다.

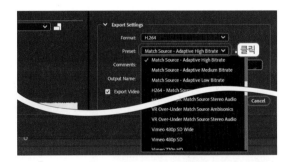

10 'Output Name'의 '바다배경.mp4'를 클릭하여 파일의 저장경로와 파일 이름을 설정합니다.

11 [Save As] 대화상자가 활성화됩니다. 저장할 경로를 확인하고 '파일 이름'을 '바다배경 렌더링'이라고 입력합니다. [저장] 버튼을 클릭하여 완료합니다.

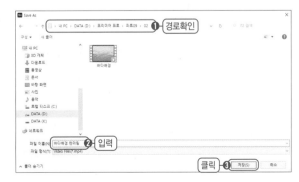

12 [Video] 탭을 선택합니다. 그리고 마우스를 이용해 아래로 스크롤하거나 드래그합니다. 'Encoding Settings'가 보이면 'Performance'에서 'Software Encoding'을 선택합니다. 'Media Encoder' 버전(23.1)에서는 'Hardware Encoding'을 선택하면 출력오류가 발생하여 'Software Encoding'을 선택하여 진행합니다.

> 'Hardware Encoding'은 GPU를 활용한 렌더링 방식이고, 'Software Encoding'은 CPU를 활용한 렌더링 방식입니다.

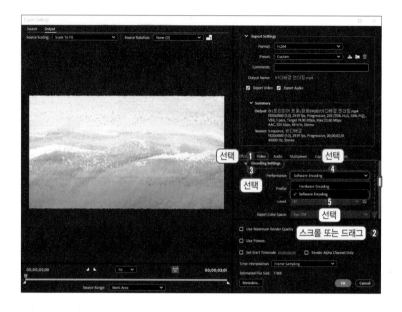

13 마우스로 스크롤하거나 드래그해서 더 아래에 있는 'Bitrate Settings'를 설정합니다. 'Target Bitrate [Mbps]'와 'Maximum Bitrate [Mbps]'에서 슬라이드를 오른쪽으로 드래그하거나 옵션값을 직접 '50'으로 입력합니다. 'Bitrate' 수치가 높을수록 영상의 화질이 좋습니다. 그리고 'Use Maximum Render Quality'의 체크박스를 클릭하여 렌더링 출력영상의 화질을 최대로 설정합니다. 그리고 [OK] 버튼을 클릭하여 완료합니다.

> Bitrate(비트레이트)란 1초의 영상을 구성하는 비트(bit) 단위의 데이터 크기를 말합니다. 수치는 최대수치로 조절합니다.

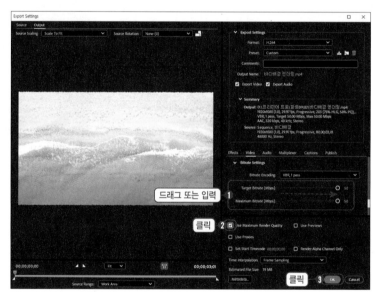

14 'Start Queue' 아이콘(▶)을 클릭하여 영상출력을 시작합니다.

15 [Encoding] 패널에서 렌더링의 진행사항을 확인할 수 있습니다. 렌더링 소요시간은 사용자 컴퓨터의 사양에 따라서 달라질 수 있습니다.

16 '렌더링이 완료되면 [Queue] 패널의 'Status'에 'Done'이라고 표시됩니다. 'Output File'에 'D:\프리미어 프로\파트 09\02\바다배경 렌더링.mp4'를 클릭하면 렌더링 된 경로의 파일을 확인할 수 있습니다.

17 윈도우 탐색기가 실행되면서 폴더가 나타납니다. 지정된 경로에서 '바다배경 렌더링' 영상파일을 확인할 수 있습니다.

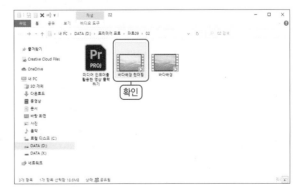

PREMIERE PRO

Pr

PART 10.
프리미어 프로
VR 360 영상편집 하기

VR 360은 가상현실 콘텐츠에 주로 사용되는 작업으로 VR 헤드셋을 착용하고 감상할 수 있는 영상콘텐츠입니다. VR 전용카메라를 사용하여 촬영하기도 하고, 여러 카메라를 동시에 촬영한 다음 이어 붙여서 VR 형태로 편집 및 수정작업을 하기도 합니다. 프리미어 프로도 다양한 VR 360 영상편집을 제작할 수 있는 기능들이 있습니다. 여기에서는 VR 360 영상편집을 활용한 작업진행 과정, 자막삽입방법, 출력방법 등을 알아봅니다.

CHAPTER

01

VR 360 영상편집 환경설정 하기

'VR(Virtual Reality)'은 가상현실의 줄임말로 머리에 쓰는 고글형태의 디스플레이 디바이스 'HMD(Head Mounted Display)'를 쓰고 체험할 수 있습니다. 360도로 촬영된 영상 또는 이미지를 실제 공간에 있는 듯한 느낌을 줄 수 있습니다. 또는 게임처럼 컴퓨터그래픽 공간으로 만들어진 세상을 체험할 수 있습니다. 프리미어 프로에서는 360도로 촬영된 영상을 활용하여 작업환경 설정하는 법에 대해 알아봅니다.

● **준비파일:** 프리미어 프로\파트10\01\VR 360 영상편집 환경설정 하기.prproj

01 상단메뉴에서 [File → Open Project(Ctrl+O)]를 클릭합니다. 'VR 360 영상편집 환경설정 하기.prproj' 프리미어 프로 프로젝트 파일을 불러옵니다. 'VR 360 영상.mp4' 영상클립이 있습니다. 'VR 360 영상.mp4'로 시퀀스가 생성되어 있습니다.

02 'VR 360 영상.mp4' 영상클립을 확인하겠습니다. VR 360 형태로 촬영된 영상입니다. VR 헤드셋으로 보는 영상을 평면으로 펼쳐 본다고 생각하면 됩니다.

03 VR 360 작업을 할 때, VR 헤드셋으로 보는 것처럼 화면설정을 해야 합니다. 그래야 편집이나 이펙트를 적용했을 때 원하는 위치에 제대로 작업되었는지 확인할 수 있습니다. [Program Monitor] 패널에서 'Button Editor' 아이콘(➕)을 클릭합니다.

04 [Button Editor] 상자가 열렸습니다. 'Toggle VR Video Display' 아이콘(🔄)을 바로 아래의 박스로 드래그앤드롭합니다. [OK] 버튼을 클릭합니다.

05 'Toggle VR Video Display' 아이콘(🔄)을 클릭합니다. 그러면 [Program Monitor] 패널의 화면크기가 정사각형 형태로 변합니다. VR을 볼 수 있는 화면으로 설정이 변경되었습니다.

06 가로, 세로 화면이 정사각형인데 우리가 보통 사용하는 화면은 가로가 길고 세로가 짧습니다. 사용자가 약간의 불편을 느낄 수도 있습니다. [Program Monitor] 패널의 화면에서 마우스로 오른쪽 버튼을 클릭 후 [VR Video → Settings] 메뉴를 클릭합니다.

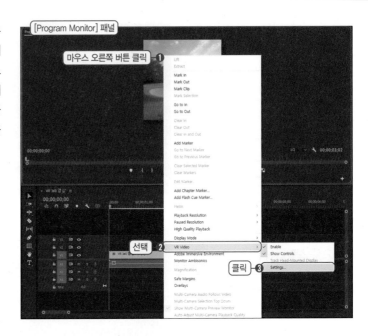

07 [VR Video Settings] 대화상자가 활성화됩니다. 'Monitor View Horizontal: 160°', 'Vertical: 90°'로 수정합니다. 가로, 세로 비율을 일반적으로 사용하는 16:9 비율처럼 맞춰서 작업하기 위함입니다. [OK] 버튼을 클릭합니다.

08 [Program Monitor] 패널에서 마우스로 화면을 드래그하면 VR 헤드셋을 이용하여 보는 화면으로 방향을 바꾸면서 확인할 수 있습니다.

09 가로, 세로 슬라이더를 움직이면 방향을 바꿔가면서 확인할 수 있습니다.

10 VR 뷰로 작업하다가 원래 화면설정으로 되돌아가려면, 'Toggle VR Video Display' 아이콘(⊡)을 클릭하면 원상태로 되돌릴 수 있습니다.

CHAPTER

02

VR 360 영상이미지,
자막 넣기

360도로 촬영하면 삼각대를 놓고 촬영하거나 카메라를 손에 들고 촬영하는 경우가 대부분입니다. 삼각대에 카메라를 세팅하여 촬영하는 경우에는 삼각대가 촬영화면에 나타납니다. 그래서 합성작업에서 삼각대를 이미지로 덮어서 가리는 작업을 하기도 합니다. 또는 삭제하기도 합니다. 이번에는 '프리미어 프로 로고'를 활용하여 덮어서 삼각대를 가리는 작업을 해보고 360도 영상에 자막을 넣는 방법도 알아봅니다.

● 준비파일: 프리미어 프로\파트10\02\VR 360 영상이미지, 자막 넣기.prproj

01 상단메뉴에서 [File → Open Project(Ctrl+O)]를 클릭합니다. 'VR 360 영상이미지, 자막 넣기.prproj' 프리미어 프로 프로젝트 파일을 불러옵니다.
'VR 360 바다.mp4' 영상클립과 '프리미어 프로 로고.png' 이미지파일이 있습니다. 'VR 360 바다.mp4'로 시퀀스가 생성되어 있습니다. 로고 이미지파일과 VR 영상, 이 두 가지를 활용합니다.

02 [Project] 패널에 있는 '프리미어 프로 로고.png' 이미지 파일을 [Timeline] 패널로 드래그앤드롭하여 2번 트랙에 배치합니다. 로고 이미지를 활용하여 360도 촬영영상 바닥의 삼각대를 가리는 작업을 합니다.

03 영상클립의 길이를 'VR 360 바다.mp4' 영상클립과 동일하게 맞추겠습니다.

04 [Program Monitor] 패널의 'Toggle VR Video Display' 아이콘(⬡)을 클릭합니다.

05 다음과 같이 바뀝니다.

06 [Program Monitor] 패널의 화면에서 마우스 오른쪽 버튼을 클릭 후 [VR Video → Settings] 메뉴를 클릭합니다.

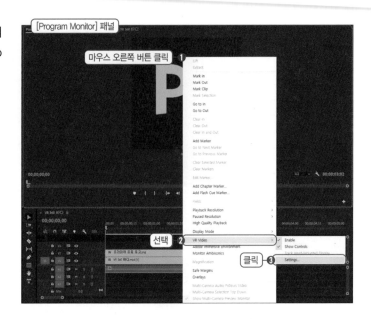

07 [VR Video Settings] 대화상자가 나타납니다. 'Monitor View Horizontal: 160°', 'Vertical: 90°'로 수정합니다. [OK] 버튼을 클릭합니다.

'프리미어 프로 로고.png' 이미지파일이 왜곡되어 보이는 이유는 우리가 보는 'VR Video Display' 상태에서는 VR 헤드셋을 쓰고 보는 상태로 나타나는 것이기 때문입니다. 펼쳐져 있는 배경영상이 VR 형태로 바뀌는 것처럼, 로고 이미지파일도 마찬가지로 VR 형태로 바뀌어 보입니다. 'Toggle VR Video Display' 아이콘(⬚)을 클릭해서 보면 원본의 변화는 없습니다.

08 [Timeline] 패널의 '프리미어 프로 로고.png' 이미지를 선택하고, 로고 이미지파일을 'VR Video Display' 상태에서 봤을 때의 원본처럼 로고 이미지가 펼쳐져 있게 하려면 [Effects] 패널에서 'Video Effects → Immersive Video → VR Plane to Sphere'를 더블클릭합니다.

09 'VR Plane to Sphere'는 평면으로 펼쳐있는 파일을 동그라미 형태로 변형하는 것이라고 보면 됩니다. 'Toggle VR Video Display' 아이콘의 활성화 상태에서 보이는 화면이 동그라미 안에 있는 상태와 같기 때문입니다.

10 [Effect Controls] 패널의 'VR Plane to Sphere'에서 'Rotate Projection'의 'Projection Tilt(X axis)'를 '90.0°'로 수정합니다. 삼각대의 위치에 '프리미어 프로 로고' 이미지를 배치할 수 있습니다.

■ 'VR Plane to Sphere' 세부옵션

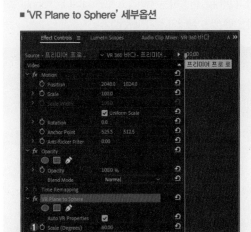

❶ **Scale:** 이미지의 사이즈입니다.

❷ **Feather:** 이미지 영역, 테두리의 부드러운 정도입니다.

❸ **Rotate Source:** 이미지를 3가지 축방향으로 회전합니다.

❹ **Rotate Projection:** 이미지를 VR을 기준, 3가지 축방향으로 회전합니다.

11 [Program Monitor] 패널의 상하 카메라 각도를 '−90°'으로 변경하거나, 슬라이더를 드래그하여 카메라의 각도를 조절할 수 있습니다. 카메라의 각도가 아래로 향합니다. '프리미어 프로 로고' 이미지가 바닥에 배치된 것을 확인할 수 있습니다. 삼각대가 가려졌습니다.

12 이번에는 자막을 적용하겠습니다. [Program Monitor] 패널에서 'Toggle VR Video Display' 아이콘(🔲)을 클릭합니다.

13 VR 영상의 장면에 자막을 넣기 위해서는 [Tools] 패널에서 'Type Tool' 아이콘(🅣)을 클릭합니다. 자막을 넣고자 하는 위치에 마우스 커서를 배치한 뒤 클릭합니다.

14 영상 장면에 '프리미어 프로 VR 360'이라고 자막을 작성합니다. [Tools] 패널에서 'Selection Tool' 아이콘(▶)을 클릭합니다.

15 자막을 수정하기 위해서는 [Timeline] 패널의 '프리미어 프로 VR 360' 자막을 선택하고, [Essential Graphics] 패널에서 원하는 폰트와 색상을 선택합니다. 폰트는 'CookieRun'을 선택합니다. 폰트크기를 '200'으로 수정합니다.

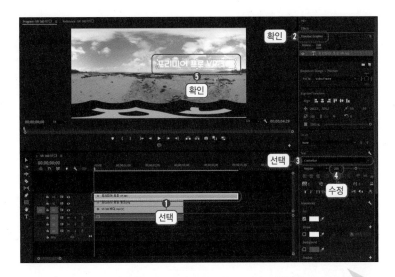

쿠키런 폰트는 https://www.cookierunfont.com/#section7에서 받으실 수 있습니다.

PART 1. 영상기초
PART 2. 실행
PART 3. 영상편집
PART 4. 키프레임
PART 5. 자막
PART 6. 색보정
PART 7. 특화지식
PART 8. 오디오편집
PART 9. 영상출력
PART 10. VR 360 영상

16 [Essential Graphics] 패널의 'Appearance'에서 'Fill'의 색상박스를 클릭합니다. [Color Picker] 대화상자가 활성화됩니다. 'R: 70, G: 0, B: 255'로 수정하고 [OK] 버튼을 클릭합니다.

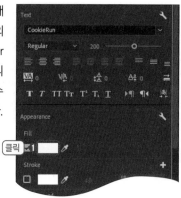
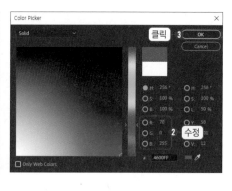

17 글자 테두리선의 색상을 추가합니다. [Essential Graphics] 패널의 'Appearance'에서 'Stroke'의 색상박스 왼쪽에 있는 체크박스를 클릭하고 색상박스를 클릭합니다. [Color Picker] 대화상자가 활성화됩니다. 'R: 255, G: 160, B: 30'으로 수정하고 [OK] 버튼을 클릭합니다. 두께는 '15.0'으로 수정합니다.

18 [Essential Graphics] 패널의 'Align and Transform'에서 'Align Center Horizontally' 아이콘(▣), 'Align Center Vertically' 아이콘(▣)을 클릭하여 화면 중앙으로 정렬합니다. '프리미어 프로 VR 360' 자막이 [Program Monitor] 패널의 화면 중앙에 정렬되었습니다.

19 '프리미어 프로 VR 360' 자막에도 'VR Plane to Sphere' 이펙트를 적용하여 둥글게 왜곡된 형태가 펼쳐지도록 합니다. [Timeline] 패널에서 '프리미어 프로 VR 360' 자막을 선택합니다. [Effects] 패널에서 'VR Plane to Sphere' 이펙트를 더블클릭합니다. [Program Monitor] 패널에서 자막을 확인합니다.

20 [Effect Controls] 패널의 'VR Plane to Sphere'에서 'Scale(Degrees)'을 '100.00'으로 수정하여 자막의 크기가 크게 수정되었습니다. 자막의 위치와 회전은 'Rotate Source', 'Rotate Projection'에서 수정할 수 있습니다.

21 [Timeline] 패널에서 '프리미어 프로 VR 360' 자막의 길이를 'VR 360 바다.mp4' 영상클립과 동일하게 맞춥니다.

22 [Program Monitor] 패널에서
최종 완성된 작업물을 살펴봅니다.

23 'Toggle VR Video Display'
아이콘(　)을 클릭하여 공간에 어
떻게 배치되었는지를 확인합니다.

클릭

'Toggle VR Video Display' 아이콘

● 도구 관련

선택 도구 `V`

앞으로 트랙 선택 도구 `A`

뒤로 트랙 선택 도구 `Shift`+`A`

잔물결 편집 도구 `B`

롤링 편집 도구 `N`

속도 조정 도구 `R`

자르기 도구 `C`

밀어넣기 도구 `Y`

밀기 도구 `U`

펜 도구 `P`

손 도구 `H`

확대, 축소 도구 `Z`

문자 도구 `T`

● 파일 관련

프로젝트 새로 만들기 `Ctrl`+`Alt`+`N`

시퀀스 새로 만들기 `Ctrl`+`N`

프로젝트 열기 `Ctrl`+`O`

프로젝트 닫기 `Ctrl`+`Shift`+`W`

닫기 `Ctrl`+`W`

저장 `Ctrl`+`S`

다른 이름으로 저장 `Ctrl`+`Shift`+`S`

사본 저장 `Ctrl`+`Alt`+`S`

캡처 `F5`

일괄 캡처 `F6`

미디어 브라우저에서 가져오기 `Ctrl`+`Alt`+`I`

가져오기 `Ctrl`+`I`

미디어 내보내기 `Ctrl`+`M`

선택 항목의 속성 가져오기 `Ctrl`+`Shift`+`H`

종료 `Ctrl`+`Q`

● 편집 관련

실행 취소 `Ctrl`+`Z`

다시 실행 `Ctrl`+`Shift`+`Z`

잘라내기 `Ctrl`+`X`

복사 `Ctrl`+`C`

붙여 넣기 `Ctrl`+`V`

삽입 붙여 넣기 `Ctrl`+`Shift`+`V`

특성 붙여 넣기 `Ctrl`+`Alt`+`V`

지우기 `Delete`

프리미어 프로 단축키 모음

잔물결 삭제 [Shift]+[Delete]

복제 [Ctrl]+[Shift]+[/]

모두 선택 [Ctrl]+[A]

모두 선택 취소 [Ctrl]+[Shift]+[A]

찾기 [Ctrl]+[F]

원본 편집 [Ctrl]+[E]

키보드 단축키 [Ctrl]+[Alt]+[K]

● 클립 관련

하위 클립 만들기 [Ctrl]+[U]

오디오 채널 수정 [Shift]+[G]

오디오 게인 [G]

속도/지속 시간 [Ctrl]+[R]

사용 [Shift]+[E]

연결 [Ctrl]+[L]

그룹 [Ctrl]+[G]

그룹 해제 [Ctrl]+[Shift]+[G]

● 시퀀스 관련

작업 영역의 효과 렌더링 [Enter↲]

프레임 일치 [F]

뒤로 프레임 일치 [Shift]+[R]

편집 추가 [Ctrl]+[K]

모든 트랙에 편집 추가 [Ctrl]+[Shift]+[K]

편집 트리밍 [Shift]+[T]

선택한 편집을 재생 헤드로 확장 [E]

비디오 전환 적용 [Ctrl]+[D]

오디오 전환 적용 [Ctrl]+[Shift]+[D]

선택 영역에 기본 전환 적용 [Shift]+[D]

제거 [;]

추출 [']

확대 [=]

축소 [-]

시퀀스의 다음 간격 [Shift]+[;]

시퀀스의 이전 간격 [Ctrl]+[Shift]+[;]

타임라인에서 스냅 [S]

하위 시퀀스 만들기 [Shift]+[U]

새 캡션 트랙 추가 [Ctrl]+[Alt]+[A]

재생 헤드에 캡션 추가 [Ctrl]+[Alt]+[C]

다음 캡션 세그먼트로 이동 [Ctrl]+[Alt]+[↓]

이전 캡션 세그먼트로 이동 `Ctrl`+`Alt`+`↑`

● 마커 관련

시작 표시 `I`

종료 표시 `O`

클립 표시 `X`

선택 항목 표시 `/`

시작 지점으로 이동 `Shift`+`I`

종료 지점으로 이동 `Shift`+`O`

시작 지우기 `Ctrl`+`Shift`+`I`

종료 지우기 `Ctrl`+`Shift`+`O`

시작 및 종료 지우기 `Ctrl`+`Shift`+`X`

마커 추가 `M`

다음 마커로 이동 `Shift`+`M`

이전 마커로 이동 `Ctrl`+`Shift`+`M`

선택한 마커 지우기 `Ctrl`+`Alt`+`M`

모든 마커 지우기 `Ctrl`+`Alt`+`Shift`+`M`

● 타임라인 패널 관련

선택 항목 지우기 `Back Space`

오디오트랙 높이 낮추기 `Alt`+`-`

비디오트랙 높이 낮추기 `Ctrl`+`-`

오디오트랙 높이 늘리기 `Alt`+`'`

비디오트랙 높이 늘리기 `Ctrl`+`=`

선택한 클립을 왼쪽으로 다섯 프레임 이동
`Alt`+`Shift`+`←`

선택한 클립을 왼쪽으로 한 프레임 이동 `Alt`+`←`

선택한 클립을 오른쪽으로 다섯 프레임 이동
`Alt`+`Shift`+`→`

선택한 클립을 오른쪽으로 한 프레임 이동 `Alt`+`→`

작업 영역 막대 시작 지점 설정 `Alt`+`[`

작업 영역 막대 종료 지점 설정 `Alt`+`]`

다음 화면 표시 `Page Down`

이전 화면 표시 `Page Up`

기본 기능을 쉽게 배워 활용하는
실무 그래픽 입문서

나 혼자 한다

애프터 이펙트
CC 기초 테크닉

BM (주)도서출판 성안당

CONTENTS

PART 1.
애프터 이펙트 시작하기

PART 2.
애프터 이펙트 키프레임 애니메이션 익히기

PART 5.
애프터 이펙트 3D 레이어 활용하기

PART 6.
애프터 이펙트 다양한 효과 익히기

PART 7.
애프터 이펙트 트래킹 합성하기

PART 8.
애프터 이펙트 영상출력 하기 및 어도비 프로그램과 연동하기

PART 9.
애프터 이펙트 VR 360 영상합성 하기

AFTER EFFECTS

Ae

PART 1.
애프터 이펙트
시작하기

애프터 이펙트는 모션작업, 합성작업에 탁월한 소프트웨어입니다. 영상제작을 위한 필수 소프트웨어이며, 프리미어 프로와 함께 어도비에서 제공합니다. 프리미어 프로가 영상, 오디오에 특화된 편집기능이 있다면, 애프터 이펙트는 모션그래픽과 이펙트, 합성작업에 뛰어난 기능이 있습니다. 일반적으로 프리미어 프로에서는 영상촬영을 편집하고, 애프터 이펙트로 가져와 모션그래픽과 이펙트, 합성작업을 하는 순서로 많이 진행합니다.

애프터 이펙트 실행, 작업환경 설정하기

애프터 이펙트를 처음 실행 후 작업을 시작하는 방법에 대해서 알아봅니다. 애프터 이펙트의 화면을 구성하는 패널들에 대해서 자세히 살펴봅니다. 패널을 조절하는 방법과 워크스페이스를 활용한 단계별 작업방법, 본인성향에 맞게 설정하는 방법 등에 대해서도 알아봅니다.

01 'Adobe Creative Cloud' 애플리케이션을 실행하여 '비디오' 메뉴에서 'After Effects'를 실행합니다. [열기] 버튼을 클릭합니다.

02 'Home' 화면이 나타납니다. [New project] 버튼을 누르면 새로운 프로젝트 파일을 생성합니다. 'Recent'에서는 기존에 작업했던 프로젝트 파일의 목록을 확인할 수 있습니다. 단, 처음 애프터 이펙트를 설치했다면 나타나지 않습니다.

■ 애프터 이펙트 첫 실행화면인 'Home' 화면

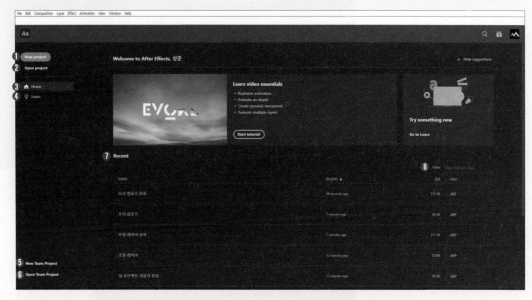

❶ **New project**(Ctrl + Alt + N)**:** 새롭게 시작할 애프터 이펙트의 프로젝트 파일을 생성합니다.

❷ **Open project**(Ctrl + O)**:** 기존에 작업하던 애프터 이펙트의 프로젝트 파일을 불러옵니다.

❸ **Home:** 현재 열려 있는 [Home] 패널입니다.

❹ **Learn:** 간단한 튜토리얼을 제공합니다.

❺ **New Team Project:** 새로운 팀 프로젝트 파일을 생성합니다.

❻ **Open Team Project:** 기존에 작업하던 팀 프로젝트 파일을 불러옵니다.

❼ **Recent:** 최근 저장했던 프로젝트 파일의 목록을 나타냅니다.

❽ **Filter:** 최근 저장했던 프로젝트 파일을 검색합니다.

03 [New project(Ctrl + Alt + N)] 버튼을 클릭합니다. 애프터 이펙트의 새로운 프로젝트 파일이 생성됩니다.

04 화면을 구성하는 박스형태를 패널(Panel)이라고 부릅니다. 패널들은 각각의 기능들이 있는데 원하는 패널만 불러와서 나에게 맞는 화면 구성을 설정할 수 있습니다.

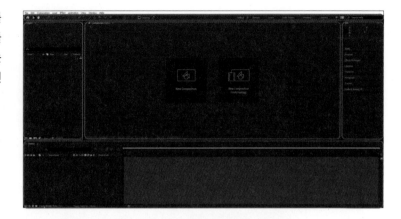

05 각 패널 사이에는 공간이 있습니다. 그 공간을 마우스로 드래그하면 패널크기를 조절할 수 있습니다.

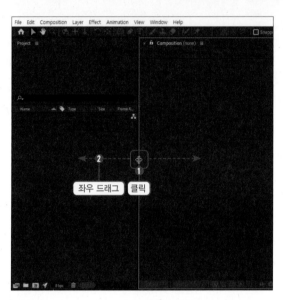

06 패널 상단의 아이콘(▤)을 클릭하면 메뉴들이 활성화됩니다. 패널을 삭제할 수도 있고, 패널을 별도로 분리할 수도 있습니다.

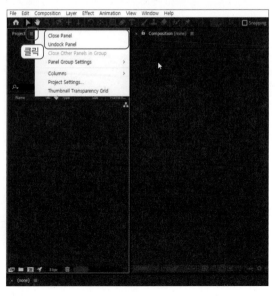

■ '패널' 설정메뉴

❶ **Close Panel:** 패널 창을 삭제합니다.

❷ **Undock Panel:** 패널 창을 분리시켜 별도로 엽니다.

07 원하는 패널만 사용하거나 나에 게 맞는 패널을 구성할 수 있습니다. 작업단계별로 특징이 있는 패널들을 우선적으로 설정할 수 있습니다.

상단메뉴에서 [Window → Work-space]에 마우스를 올려놓으면 확 장메뉴들이 펼쳐집니다. 이 확장메 뉴들을 통해 패널들을 설정할 수 있 습니다. 특성에 맞는 패널들을 선 택해서 작업하면 됩니다. [Default (Shift + F10)] 메뉴는 프로그램 설치 초기단계의 기본설정으로 되돌려줍 니다.

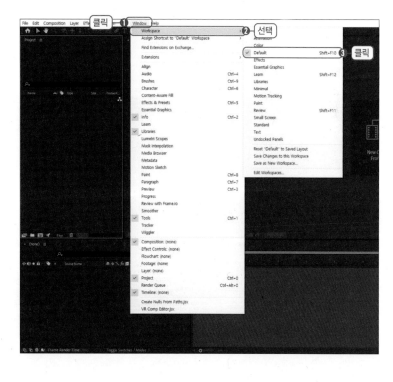

CHAPTER 02
애프터 이펙트 화면구성 알아보기

애프터 이펙트의 인터페이스를 구성하는 패널들은 각각의 고유기능들이 있습니다. 작업분야 단계별로 필요한 패널들이 있습니다. 패널들의 기능과 역할에 대해서 알아봅니다. 기본적으로 많이 사용하는 [Tools] 패널, [Composition] 패널, [Timeline] 패널을 먼저 살펴보고 다른 패널도 진행하면서 알아봅니다.

■ '애프터 이펙트' 패널들

❶ [Tools] 패널: 다양한 도구를 이용하여, 도형을 만들거나 이동, 확대, 축소, 텍스트 수정 등 여러 가지 도구를 사용합니다.

❷ [Project] 패널: 다양한 파일들을 불러올 수 있으며, 불러온 파일들을 관리합니다.

❸ [Effect Controls] 패널: 이펙트를 적용했을 때 이펙트의 세부메뉴들을 수정, 확인합니다.

❹ [Composition] 패널: 실제 작업이 진행되는 화면이며, 프리뷰로 작업진행을 수정, 확인합니다.

❺ [Timeline] 패널: 시간에 따라서 애니메이션이 어떻게 진행되는지 확인합니다. 키프레임 작업을 합니다.

❻ [Info] 패널: [Composition] 패널의 화면에서 좌표를 표시하고 색상정보를 표시합니다.

❼ [Audio] 패널: 오디오 정보와 레벨값을 조절합니다.

❽ [Preview] 패널: 영상작업의 재생에 관련된 메뉴들을 적용합니다.

❾ [Effects & Presets] 패널: 이펙트를 정리해둔 곳입니다. 이펙트를 활용한 프리셋 모음들을 검색하여 적용합니다.

❿ [Libraries] 패널: 어도비의 다른 프로그램들과 연동하여 색상, 그래픽, 브러시 등을 추가하여 사용합니다.

⓫ [Character] 패널: 텍스트 크기, 폰트, 색상, 두께 등 텍스트에 관련된 옵션을 수정합니다.

⑫ **[Paragraph] 패널:** 텍스트 정렬을 지정합니다.

⑬ **[Tracker] 패널:** 트래킹 작업에 관련된 작업을 진행합니다.

⑭ **[Content-Aware Fill] 패널:** 내용 인식 채우기 기능입니다. 특정사물을 삭제할 때 적용합니다.

⑮ **[Align] 패널:** [Composition] 패널의 화면에서 레이어들을 정렬시킵니다.

> 애프터 이펙트를 처음 설치 후 실행하면 위 내용의 패널들이 화면에 다 나타나지는 않습니다. 나머지 패널들을 작업화면에 보이게 하려면 상단메뉴에 있는 [Window] 메뉴에서 필요한 패널을 선택하면 됩니다.

● **[Tools] 패널**

❶ **Home(🏠):** 홈 도구로 애프터 이펙트가 처음 실행되었을 때 나타납니다. 새로운 프로젝트 또는 기존 프로젝트 파일을 불러올 때 사용합니다.

❷ **Selection Tool(Ⓥ)(▶):** 선택 도구로 [Composition] 패널에서 레이어를 선택 및 이동할 때 사용합니다.

❸ **Hand Tool(Ⓗ)(✋):** 손바닥 도구로 [Composition] 패널 또는 [Timeline] 패널에서 화면이동을 할 때 사용합니다.

❹ **Zoom Tool(Ⓩ)(🔍):** 확대 도구 및 축소 도구로 [Composition] 패널에서 화면을 확대하거나 축소합니다.

❺ **Orbit Tool(🎥):** 카메라 회전 도구로 [Composition] 패널의 3D 공간에서 회전합니다.

ⓐ Orbit Around Cursor Tool(①, Shift+①): 마우스 커서 중심으로 회전합니다.

ⓑ Orbit Around Scene Tool(①, Shift+①): 신(장면) 중심으로 회전합니다.

ⓒ Orbit Around Camera Tool(①, Shift+①): 카메라 시점(Point Of Interest) 기준으로 회전합니다.

❻ **Pan Tool(②, Shift+②)(✛):** 팬 도구로 [Composition] 패널에서 3D 공간일 때 패닝기법으로 상하좌우 움직입니다.

ⓐ Pan Under Cursor Tool(②, Shift+②): 마우스 커서 중심으로 움직입니다.

ⓑ Pan Camera POI Too(②, Shift+②): 카메라 시점(Point Of Interest) 기준으로 상하좌우 움직입니다.

❼ **Dolly Tool(③, Shift+③)(⬇):** 돌리 도구로 [Composition] 패널에서 3D 공간일 때 줌인하거나 줌아웃합니다.

ⓐ Dolly Towards Cursor Tool(③, Shift+③): 마우스 커서 기준으로 줌인합니다. 화면 중심 기준으로 줌아웃합니다.

ⓑ Dolly to Cursor Tool(③, Shift+③): 마우스 커서 기준으로 줌인하거나 줌아웃합니다.

ⓒ Dolly to Camera POI Tool(③, Shift+③): 카메라 시점(Point Of Interest) 기준으로 줌인하거나 줌아웃합니다.

❽ **Rotation Tool(Ⓦ)(🔄):** 회전 도구로 [Composition] 패널에서 레이어를 회전합니다.

PART 1. 시작
PART 2. 키프레임
PART 3. 레이어
PART 4. 마스크
PART 5. 3D 레이어
PART 6. 이펙트
PART 7. 트래킹
PART 8. 영상출력 · 연동
PART 9. 영상합성

❾ **Pan Behind (Anchor Point) Tool(Ⓨ)(▦):** 중심점 도구로 레이어의 중심점, 기준점을 의미합니다. 애니메이션을 실행하면 중심점을 기준으로 애니메이션이 실행됩니다.

❿ **Mask Tool(▣):** 마스크 도구로 마스크 영역을 만들 때 사용합니다. 도형들을 만듭니다.

　ⓐ Rectangle Tool(Ⓠ): 사각형 모양을 만듭니다.

　ⓑ Rounded Rectangle Tool(Ⓠ): 둥근 사각형 모양을 만듭니다.

　ⓒ Ellipse Tool(Ⓠ): 동그라미 모양을 만듭니다.

　ⓓ Polygon Tool(Ⓠ): 다각형 모양을 만듭니다.

　ⓔ Star Tool(Ⓠ): 별 모양을 만듭니다.

⓫ **Pen Tool(Ⓖ)(✐):** 펜 도구로 펜을 활용하여 선을 그리거나 도형을 만듭니다.

　ⓐ Add Vertex Tool: 펜을 활용하여 이미 그려진 선이나 도형에 포인트를 추가합니다.

　ⓑ Delete Vertex Tool: 펜을 활용하여 이미 그려진 선이나 도형에 포인트를 삭제합니다.

　ⓒ Convert Vertex Tool: 이미 그려진 선이나 도형의 포인트에 곡선을 직선으로 직선을 곡선으로 변경합니다.

　ⓓ Mask Feather Tool(Ⓖ): 마스크 영역 테두리의 부드러운 정도를 지정합니다.

⓬ **Type Tool(Ⓣ):** 문자 도구로 문자를 생성하는 도구입니다.

　ⓐ Horizontal Type Tool(Ctrl+Ⓣ): 가로 텍스트를 입력합니다.

　ⓑ Vertical Type Tool(Ctrl+Ⓣ): 세로 텍스트를 입력합니다.

⓭ **Brush Tool(Ctrl+Ⓑ)(✐):** 브러시 도구로 [Layer] 패널에서 펜으로 드로잉하거나 마스크 작업을 진행합니다.

⓮ **Clone Stamp Tool(Ctrl+Ⓑ)(▣):** 도장 도구로 [Layer] 패널에서 도장 도구를 활용하여 이미지를 도장 찍듯이 복사와 붙여 넣기를 합니다.

⓯ **Eraser Tool(Ctrl+Ⓑ)(◆):** 지우개 도구로 [Layer] 패널에서 이 지우개 도구를 활용하여 지웁니다.

⓰ **Roto Brush Tool(Alt+Ⓦ)(▨):** 로토 브러시 도구로 브러시를 활용하여 이미지를 분리합니다.

　ⓐ Roto Brush Tool(Alt+Ⓦ): 로토 브러시 도구로 브러시를 활용하여 사람과 배경을 분리할 때 사용합니다.

　ⓑ Refine Edge Tool(Alt+Ⓦ): 리파인 엣지 도구로 브러시를 활용하여 사람과 배경을 분리하고 테두리를 정교하게 수정할 때 사용합니다.

⓱ **Puppet Pin Tool(Ctrl+Ⓟ)(✦):** 퍼핏 핀 도구로 레이어에 핀을 추가하여 인체나 동물, 식물, 사물 등에 관절형태의 애니메이션을 작업합니다.

ⓐ Puppet Position Pin Tool(Ctrl+P): 퍼핏 기준으로 이동하거나 애니메이션을 적용합니다.

ⓑ Puppet Starch Pin Tool(Ctrl+P): 특정부분을 왜곡할 때 다른 부분은 왜곡되지 않게 영역을 고정하는 부분에 스타치 핀을 배치합니다.

ⓒ Puppet Bend Pin Tool(Ctrl+P): 특정영역을 구부리기 형태로 왜곡할 때 사용합니다.

ⓓ Puppet Advanced Pin Tool(Ctrl+P): 기본 퍼핏보다 좀 더 부드럽고 정교한 퍼핏기능이 있습니다.

ⓔ Puppet Overlap Pin Tool(Ctrl+P): 특정영역이 왜곡되어 다른 부분과 겹치는 경우 앞에 표시될 영역을 조절합니다.

⑱ **3D Tool( ):** 3D축 도구로 [Composition] 패널에서 3D 공간일 때 공간의 축 기준을 설정합니다. 'Local Axis Mode'( ), 'World Axis Mode'( ), 'View Axis Mode'( )조절방식이 있습니다.

● **[Composition] 패널**

❶ **Toggle Viewer Lock:** [Composition] 패널을 잠급니다. 새로운 패널을 생성해도 잠금상태에 있는 패널은 활성화됩니다.

❷ **Composition name:** 현재 작업 중인 [Composition] 패널의 이름을 확인할 수 있습니다.

❸ **Magnification ratio popup:** [Composition] 패널의 화면을 확대하거나 축소합니다. 화면에서 마우스 휠을 사용하여 올리면 확대, 내리면 축소됩니다.

❹ **Resolution/Down Sample Factor Popup:** [Composition] 패널의 해상도를 설정합니다. 작업 중인 상태의 해상도입니다. 작업이 무거울 때(느릴 때) 해상도를 낮추면 처리속도가 빨라집니다. 보다 빠르게 영상을 확인할 수 있지만 해상도가 떨어진 만큼 정교한 그래픽작업을 확인하기에는 어려움이 있습니다.

❺ **Fast Previews( ):** 미리 보기를 원활하게 하기 위하여 해상도를 변경합니다.

❻ **Toggle Transparency Grid( ):** 레이어의 알파를 확인합니다. 알파의 투명한 부분은 격자무늬로 표시됩니다.

❼ **Toggle Mask and Shape Path Visibility( ):** 레이어에 마스크와 마스크 패스를 [Composition] 패널의 화면에 감추거나 나타냅니다.

❽ **Region of Interest( ):** 미리 보기 영역을 드래그하여 지정합니다. 영역이 작을수록 미리 보기 속도는 빠르게 진행됩니다.

❾ **Choose grid and guide options( ):** 그리드와 가이드라인을 [Composition] 패널에서 감추거나 나타냅니다.

❿ **Show Channel and Color Management Settings( ):** 'Red, Green, Blue, Alpha, RGB Straight'의 채널값을 확인합니다.

PART 1. 시작

PART 2. 기초예제

PART 3. 레이어

PART 4. 마스크

PART 5. 3D 레이어

PART 6. 이펙트

PART 7. 트래킹

PART 8. 영상출력·연동

PART 9. 영상활용

⑪ **Reset Exposure(🔄):** 설정한 노출값을 초기화합니다.

⑫ **Adjust Exposure(+0.0):** 노출값을 직접 입력합니다. 최종 영상출력에는 영향을 미치지 않습니다.

⑬ **Take Snapshot(📷):** 현재 화면을 일시 캡처하여 저장합니다. 별도의 이미지로 저장되지는 않습니다.

⑭ **Show Snapshot(▨):** 캡처하여 일시 저장한 화면을 봅니다.

⑮ **Preview Time(0;00;00;00):** [Timeline] 패널의 'Time Indicator'가 표시한 현재시간을 나타냅니다.

● **[Composition] 패널(3D 레이어 패널)**

❶ **Draft 3D:** 활성화하면 3D의 원본상태를 볼 수 있으며 연산이 더 빨라집니다. 해제하면 렌더링 연산이 느려지며, 렌더링된 상태로 봅니다.

❷ **3D Ground Plane(⊞):** 'Draft 3D'가 실행된 상태에서 3D 공간의 그리드가 생성됩니다.

❸ **Extended Viewer(▣):** 3D 공간 및 레이어에 대한 더 많은 시야를 제공합니다.

❹ **3D Renderer:** 3D 렌더러가 표시됩니다.

❺ **3D View Popup:** 3D 작업에서 다양한 시점의 뷰를 지정합니다.

❻ **Select view layout:** 3D 작업에서 뷰의 개수를 지정합니다.

> '3D 레이어 패널'의 메뉴는 [Timeline] 패널의 '3D Layer' 아이콘의 레이어 옵션을 체크해야 확인할 수 있습니다.

● **[Timeline] 패널**

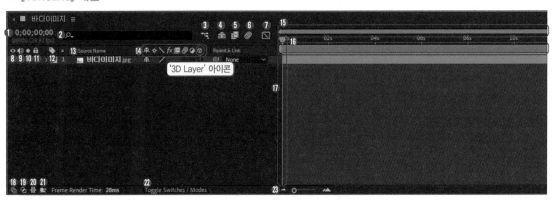

❶ **Current Time:** 'Time Indicator'가 위치한 현재시간을 표시합니다.

❷ **Search:** 레이어를 검색하여 찾습니다.

❸ **Composition Mini-Flowchart(Tab):** 컴포지션의 작업을 상위계층, 하위계층으로 표시합니다.

❹ **Shy layer:** 컴포지션에서 레이어를 숨깁니다. 레이어마다 샤이 메뉴를 선택할 수 있습니다. 선택한 샤이 메뉴는 이 메뉴를 활용하여 숨기거나 나타나게 실행합니다.

❺ **Frame Blending:** 영상을 재생할 때 프레임과 프레임 사이를 부드럽게 처리합니다.

❻ **Motion Blur:** 레이어의 모션속도에 따라 잔상효과를 적용합니다.

❼ **Graph Editor:** 키프레임 애니메이션 작업을 그래프 형태로 확인할 수 있고, 수정할 수 있습니다.

❽ **Video:** 레이어를 화면에서 보여주거나 숨깁니다.

❾ **Audio:** 오디오 레이어에서 활성화되고, 오디오를 켜고 끕니다.

❿ **Solo:** 선택한 레이어만 화면에 나타나게 합니다. 나머지 레이어는 숨깁니다.

⓫ **Lock:** 레이어를 잠급니다. 레이어를 선택하거나 수정할 수 없습니다.

⓬ **Label:** 라벨색상을 변경합니다. 레이어마다 라벨색상을 지정할 수 있습니다.

⓭ **Source Name:** 레이어/소스 이름을 나타냅니다. 클릭하면 'Layer Name'으로 변경됩니다. 레이어 이름을 변경하려면 Enter를 눌러 레이어 이름을 변경할 수 있습니다.

⓮ **레이어 옵션메뉴:** 레이어의 다양한 세부옵션을 조정합니다.

ⓐ Shy: 샤이 레이어로 지정합니다. 레이어를 숨깁니다.

ⓑ Collapse Transformations: 벡터방식의 레이어를 활성화하며, 상위 컴포지션, 하위 컴포지션 간에 3D 레이어를 조정합니다.

ⓒ Quality and Sampling: 화질 완성도를 설정합니다.

ⓓ Effect: 효과를 켜고 끕니다.

ⓔ Frame Blending: 프레임 블렌딩을 지정합니다. 프레임과 프레임 사이를 부드럽게 처리합니다.

ⓕ Motion Blur: 모션블러효과를 적용합니다. 애니메이션이 적용되면 잔상효과가 나타납니다.

ⓖ Adjustment Layer: 보정레이어로 지정합니다.

ⓗ 3D Layer: 3D 레이어로 지정합니다.

⓯ **Time Navigator:** 왼쪽의 시작지점과 오른쪽의 끝점을 드래그하면 'Timeline'을 확대 및 축소합니다.

⓰ **Work Area:** 'Timeline'의 작업구간을 의미합니다.

⓱ **Current Time Indicator:** [Composition] 패널의 화면에 나타나는 현재시간을 의미합니다.

⓲ **Expand or Collapse the Layer Switches pane:** [Switches] 메뉴에서 옵션을 보여주거나 숨깁니다.

⓳ **Expand or Collapse the Transfer Controls pane:** [Transfer Controls] 메뉴에서 옵션을 보여주거나 숨깁니다.

⓴ **Expand or Collapse the In/Out/Duration/Stretch panes:** [Time] 메뉴에서 옵션을 보여주거나 숨깁니다.

㉑ **Expand or Collapse the Render Time pane:** 레이어별 렌더링 시간을 표시합니다.

㉒ **Toggle Switches/Modes:** 스위치 메뉴와 모드 메뉴를 번갈아가며 보여주거나 숨깁니다.

㉓ **Zoom in to frame level, or out to entire comp:** 'Timeline'에서 확대하거나 축소합니다.

CHAPTER 03

준비파일 불러오기 및 컴포지션 설정하기

준비파일을 불러오는 방법에 대해서 알아봅니다. 준비파일들을 불러오기 위해서는 [Project] 패널을 사용해야 합니다. [Project] 패널 사용방법에 대해서 알아봅니다. 영상의 작업 환경을 구성하기 위해서는 컴포지션(Composition)을 생성해야 합니다. 컴포지션 설정방법에 대해서도 살펴봅니다.

● 준비파일: 애프터 이펙트\파트01\03\영상파일01.mp4

01 애프터 이펙트에서 외부의 이미지, 동영상, 오디오 등의 파일을 불러오려면 상단메뉴에서 [File → Import → File(Ctrl+I)]을 클릭합니다.

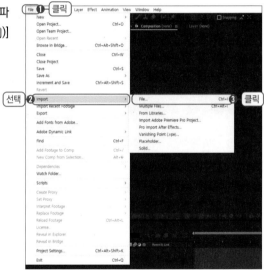

02 [Import File] 대화상자가 나타납니다. 준비파일이 저장된 경로로 이동한 다음, '영상파일01.mp4'를 선택 후 [Import] 버튼을 클릭합니다.

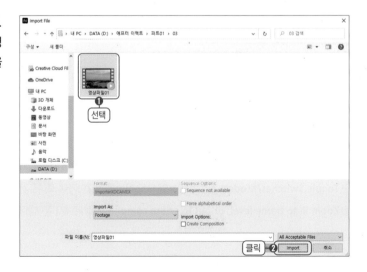

03 [Project] 패널에 불러온 '영상파일01.mp4' 파일이 있습니다. [Project] 패널에서는 파일을 불러오고 관리합니다.

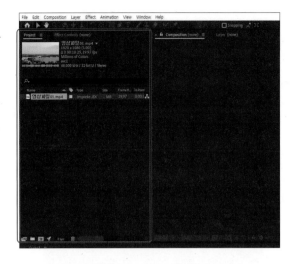

04 [Project] 패널의 빈 공간에 마우스 왼쪽 버튼을 더블 클릭해서 준비파일을 불러올 수도 있습니다.

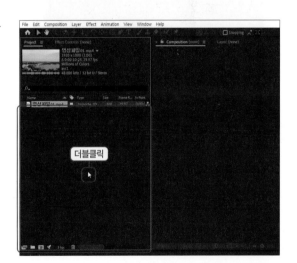

05 또는 애프터 이펙트의 외부에서 [Project] 패널로 드래그앤드롭 해서도 준비파일을 불러올 수 있습니다.

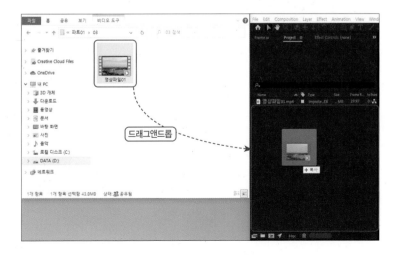

PART 1. 시작

PART 2. 키프레임

PART 3. 레이어

PART 4. 마스크

PART 5. 3D 레이어

PART 6. 이펙트

PART 7. 트래킹

PART 8. 영상출력·연동

PART 9. 영상합성

■ [Project] 패널 세부옵션

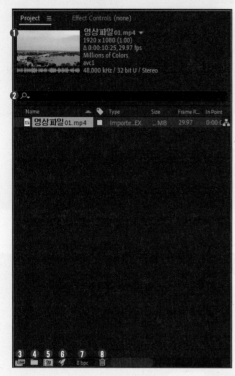

❶ **Thumbnail:** 선택한 준비파일의 썸네일 이미지를 보여줍니다. 추가로 파일이름과 기본정보를 나타냅니다.

❷ **Search:** 준비파일을 검색하여 찾고 싶을 때 사용합니다.

❸ **Interpret Footage:** 준비파일의 알파채널과 프레임 레이트, 시작시점, 필드, 픽셀의 비율 등을 설정합니다.

❹ **Create a new Folder:** 새로운 폴더를 생성하여 정리합니다. [Project] 패널에서만 사용합니다.

❺ **Create a new Composition:** 새로운 컴포지션을 생성합니다. 작업환경을 설정합니다.

❻ **Project Settings:** 프로젝트 설정메뉴입니다. 프로젝트 연산방식, 시간설정, 색상, 오디오, 익스프레션 방식 등을 설정합니다.

❼ **Color Depth:** 색상의 깊이값을 설정합니다.

❽ **Delete selected project items:** 선택할 소스를 삭제합니다. [Project] 패널에서의 삭제입니다.

06 영상제작을 위한 작업환경을 설정합니다. 'Create a new Composition' 아이콘(🖼)을 클릭합니다. [Composition Settings] 대화상자가 나타납니다.

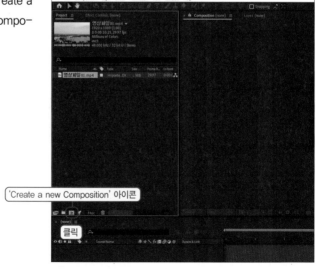

'Create a new Composition' 아이콘

클릭

■ [Composition Settings] 대화상자 세부옵션

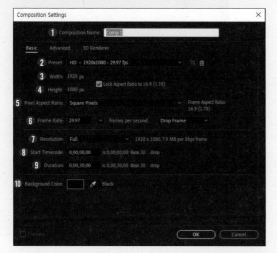

❶ **Composition Name:** 컴포지션의 이름을 설정합니다.

❷ **Preset:** 다양한 영상규격에 맞춰서 미리 만들어진 설정값을 선택합니다.

❸ **Width:** 영상의 가로넓이입니다. 단위는 픽셀입니다.

❹ **Height:** 영상의 세로높이입니다. 단위는 픽셀입니다.

❺ **Pixel Aspect Ratio:** 픽셀의 가로와 세로 비율입니다. 영상규격에 따라서 비율이 달라집니다.

❻ **Frame Rate:** 1초당 프레임수입니다. 영상규격에 따라서 1초당 프레임수가 달라집니다.

❼ **Resolution:** 영상의 해상도입니다. 최종출력의 해상도가 아니며, 컴포지션에서의 해상도입니다.

❽ **Start Timecode:** 영상의 시작지점을 지정합니다.

❾ **Duration:** 영상의 전체길이를 지정합니다. 0(시간);00(분);00(초);00(프레임)입니다.

❿ **Background Color:** 배경색상입니다.

07 'Composition Name'에 '애프터 이펙트'라고 입력합니다.

PART 1. 시작

PART 2. 키프레임

PART 3. 레이어

PART 4. 마스크

PART 5. 3D 레이어

PART 6. 이펙트

PART 7. 트래킹

PART 8. 영상출력 · 연동

PART 9. 영상합성

08 'Preset'에는 일반적으로 많이 사용하는 'HD 1920×1080 29.97fps' 규격이 이미 선택되어 있습니다.

09 화면크기는 가로가 'Width: 1920px', 세로가 'Height: 1080px'로 설정되어 있습니다. 픽셀의 가로와 세로 비율은 'Pixel Aspect Ratio: Square Pixels'로 일정한 비율로 설정되어 있습니다. 1초당 프레임수는 'Frame Rate: 29.97'로 설정되어 있습니다.

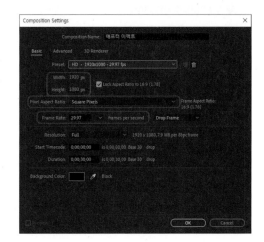

10 'Duration'을 '0;00;10;00'으로 수정해 영상의 전체길이를 변경합니다. [OK] 버튼을 클릭하여 컴포지션을 생성합니다.

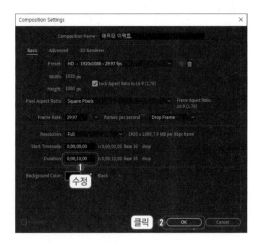

11 [Project] 패널에 '애프터 이펙트' 컴포지션이 생성되었습니다. [Timeline] 패널에도 '애프터 이펙트' 컴포지션이 생성되었습니다.

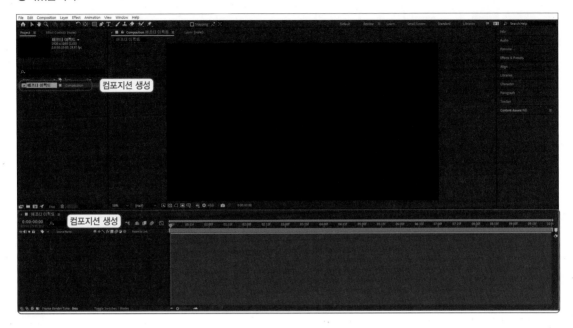

12 컴포지션을 생성하는 다른 방법은 상단메뉴에서 [Composition → New Composition(Ctrl+N)]을 클릭해서 실행하면 동일하게 생성할 수 있습니다.

시퀀스파일 불러오기

시퀀스(Sequence)란? 연속된 이미지 형태를 시퀀스라고 합니다. 일반적으로 초당 프레임수 를 '30'으로 많이 사용하는데, 이 경우에는 30장의 이미지가 연속으로 배치되면 1초의 시퀀 스파일이 됩니다. 시퀀스파일 불러오기를 하고 옵션도 확인합니다.

● 준비파일: 애프터 이펙트\파트01\04\시퀀스01\Seq.[000-030].jpg

01 상단메뉴에서 [File → Import → File(Ctrl+I)]을 클릭합 니다.

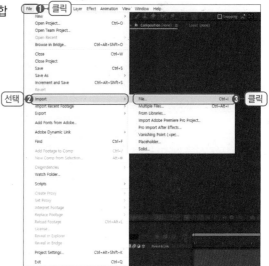

02 [Import File] 대화상자가 나타납니다. 준비파일을 불러오려면 '시퀀스01' 폴더로 이동합니다. 시퀀스파일 이름은 'Seq.000, Seq.001, Seq.002…' 이런 형태로 이미지 파일이름 뒤에 번호순으로 있습니다. 확장자 는 일반적인 이미지파일인 'jpg' 파일입니다.

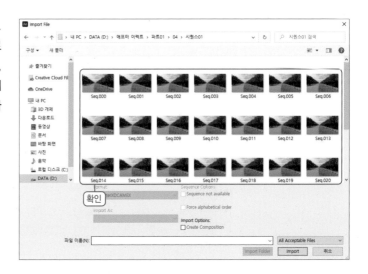

03 시퀀스파일을 'Import' 할 때는 옵션을 확인해야 합니다. 1장의 이미지를 선택한 다음, 'ImporterJPEG Sequence'의 체크박스를 클릭합니다. [Import] 버튼을 클릭하면 폴더에 있는 여러 장의 시퀀스파일이 하나의 파일로 불러옵니다. 'Importer JPEG Sequence'의 체크박스가 해제된 상태면 1장의 이미지만 불러옵니다.

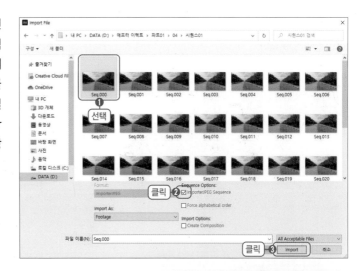

04 [Project] 패널에서 불러온 시퀀스파일 형태를 확인합니다. 1장의 이미지파일을 불러왔을 때와는 아이콘 모양이 서로 다릅니다. 'Seq.[000-030].jpg' 시퀀스파일은 0번 프레임 이미지부터 30번 프레임 이미지까지 하나의 파일형태로 되어 있습니다.

05 'Seq.[000-030].jpg' 시퀀스파일을 [Project] 패널의 'Create a new Composition' 아이콘(🖽)으로 드래그앤드롭합니다.

06 [Timeline] 패널에서 Space Bar 를 눌러 재생해서 확인하면 0번 프레임부터 30번 프레임까지 연결되어 배치된 것을
확인할 수 있습니다.

CHAPTER 05

파일 저장하기 및 불러오기

애프터 이펙트 프로그램의 프로젝트 파일을 저장하는 방법에 대해 알아봅니다. 프로젝트 파일은 다양한 저장방식이 있습니다. 'Save'로 저장하는 방법과 'Save as'인 다른 이름으로 저장하는 방법 그리고 'Increment and Save'의 숫자를 추가하여 자동저장 하는 방법 등 여러 가지가 있습니다. 애프터 이펙트의 프로젝트 파일을 불러오는 방법까지 알아봅니다.

● 준비파일: 애프터 이펙트\파트01\05\영상파일02.mp4

01 상단메뉴에서 [File → Import → File (Ctrl+I)]을 클릭합니다. [Import File] 대화상자가 나타나면 준비파일이 저장된 경로로 이동해 '영상파일02.mp4'를 선택하고 [Import] 버튼을 클릭하여 파일을 불러옵니다.

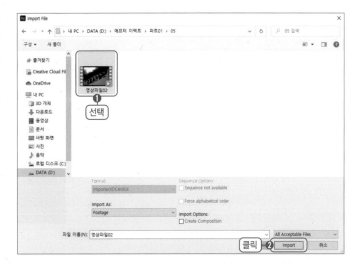

02 [Project] 패널에 '영상파일02.mp4' 파일을 불러왔습니다. '영상파일02.mp4' 영상규격에 맞춰 컴포지션을 생성합니다. [Project] 패널의 '영상파일02.mp4' 파일을 'Create a new Composition' 아이콘(🖼)으로 드래그앤드롭합니다. '영상파일02.mp4'에 맞게 컴포지션이 생성됩니다.

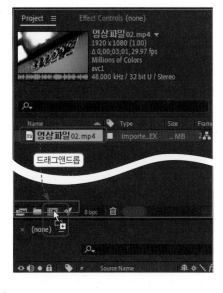

03 또는 [Project] 패널의 '영상파일02.mp4'를 마우스
왼쪽 버튼을 누른 채 드래그해서 비어있는 [Timeline] 패널
에 드롭하면 '영상파일02.mp4'에 맞게 컴포지션이 생성됩
니다.

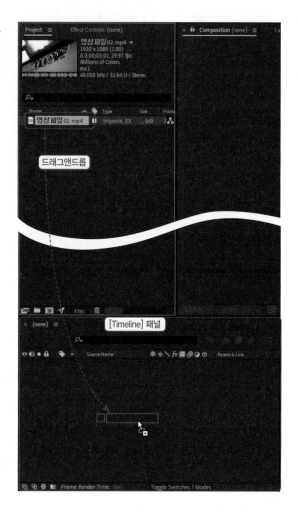

04 프로젝트 파일을 저장하겠습니다. [File → Save(Ctrl+S)]
메뉴를 클릭합니다.

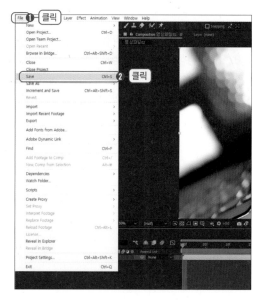

05 [Save As] 대화상자가 나타납니다.

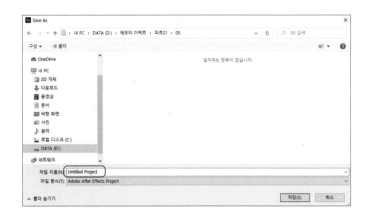

06 저장경로를 직접 선택하고 'Untitled Project.aep' 프로젝트 파일이름을 '애프터 이펙트'로 수정합니다. 'aep'는 애프터 이펙트 프로젝트의 확장자명입니다. 프로젝트명을 입력할 때 'aep' 확장자명을 지워도 저장할 때는 자동으로 확장자명이 붙어서 저장됩니다. 저장경로를 확인하고 [저장] 버튼을 클릭합니다.

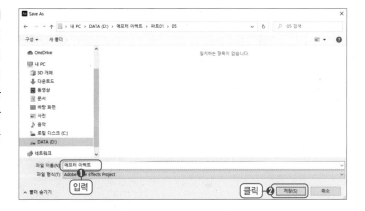

07 '애프터 이펙트.aep' 애프터 이펙트 프로젝트 파일로 저장되었습니다.

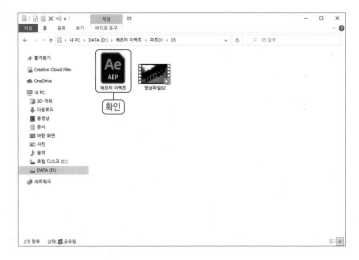

PART 1. 시작

PART 2. 기초빌드

PART 3. 레이어

PART 4. 마스크

PART 5. 3D 레이어

PART 6. 이펙트

PART 7. 트랜짓

PART 8. 영상출력 · 연동

PART 9. 영상합성

08 프로젝트 파일이름을 다른 이름으로 저장하겠습니다. 작업 단계별 또는 작업날짜별로 이름을 수정하거나 개인취향에 따라 다른 이름으로 저장하려면 [File → Save as → Save as(Ctrl+Shift +S)] 메뉴를 클릭합니다.

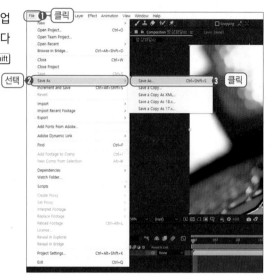

09 [Save As] 대화상자가 나타납니다. 저장할 파일이름을 '애프터 이펙트02'로 수정합니다. 저장경로를 확인 후 [저장] 버튼을 클릭하여 저장합니다.

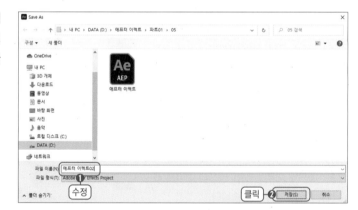

10 이번에는 기존 프로젝트 파일명에 숫자를 자동으로 추가한 후 저장하는 방법입니다. 상단메뉴에서 [File → Increment and Save(Ctrl+Alt+Shift+S)]를 클릭합니다.

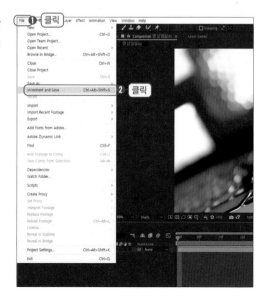

11 기존에 저장한 애프터 이펙트 프로젝트 파일명이 '애프터 이펙트02'입니다. 숫자가 추가되어 '애프터 이펙트03' 프로젝트 파일로 저장됩니다. 프로젝트 파일명을 일일이 수정하기 불편할 때 편리하게 사용할 수 있습니다. 저장된 폴더에서 확인합니다.

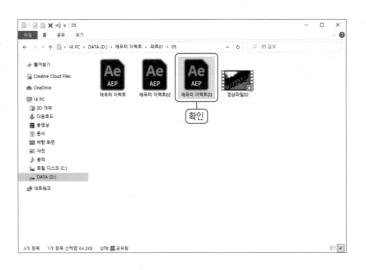

12 기존에 작업했던 프로젝트 파일을 불러오기 위해 상단메뉴에서 [File → Open Project(Ctrl+O)]를 클릭합니다.

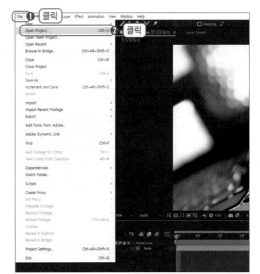

애프터 이펙트 프로그램의 상단메뉴에서 [File → Open Recent]를 실행하면 최근에 저장하여 작업한 애프터 이펙트의 프로젝트 파일들이 목록에 보입니다. 최근에 사용한 파일들을 확인하고 싶을 때 활용합니다.

13 [열기] 대화상자가 나타납니다. '애프터 이펙트.aep' 프로젝트 파일을 선택한 후 [열기] 버튼을 클릭합니다.

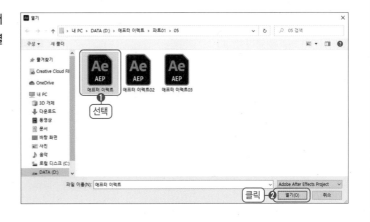

PART 1. 시작

PART 2. 키프레임

PART 3. 레이어

PART 4. 마스크

PART 5. 3D 레이어

PART 6. 이펙트

PART 7. 드로잉

PART 8. 영상합성 · 연동

PART 9. 영상편집

CHAPTER 06

준비파일 경로 재설정하기, 파일정리 콜렉트 파일 만들기

작업 중 다른 컴퓨터로 파일을 옮겨서 작업하면 기존에 작업하던 내용이 화면에 나타나지 않습니다. 준비파일 경로가 변경되어 기존경로와 맞지 않기 때문입니다. 준비파일 경로를 찾아서 다시 지정하면 해결됩니다. 여기에서는 준비파일 경로를 재설정하는 'Replace Footage'를 활용하는 방법에 대해 알아봅니다. 준비파일들의 경로가 여러 폴더에 있어 찾기 어렵거나 준비파일부터 프로젝트 파일까지 작업파일을 한 번에 정리하여 저장하는 'Collect' 파일에 대해서도 같이 알아봅니다.

● 준비파일: 애프터 이펙트\파트01\06\경로 지정.aep

01 상단메뉴에서 [File → Open Project (Ctrl+O)]를 클릭합니다. 준비파일 경로로 이동하여 '경로 지정.aep' 애프터 이펙트 프로젝트 파일을 선택한 다음, [열기] 버튼을 클릭하여 불러옵니다.

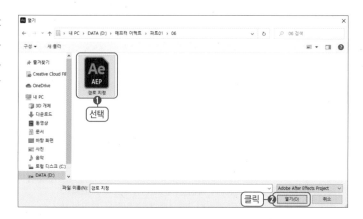

02 [After Effects] 대화상자에 경고 메시지가 나타납니다. 준비파일을 찾을 수 없다는 경고 메시지입니다. 기존에 작업했던 파일의 준비파일들이 삭제되었거나 경로가 변경되어 있을 때 나타납니다. [OK] 버튼을 클릭합니다.

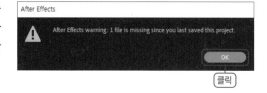

03 기존 작업했던 준비파일을 확인할 수 없기에 화면조정 상태처럼 나타납니다. 이런 경우는 준비파일만 없는 상태이고 작업한 기록은 남아 있는 상태입니다.

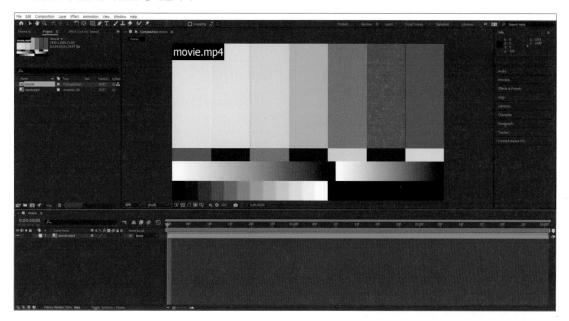

04 [Project] 패널의 준비파일 목록에서 'movie.mp4' 파일을 선택하고 마우스 오른쪽 버튼을 클릭합니다. 그리고 [Replace Footage → File(Ctrl+H)] 메뉴를 클릭합니다.

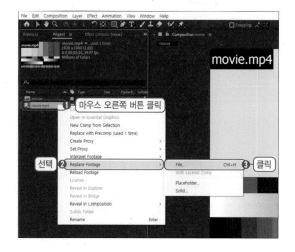

05 [Replace Footage File] 대화상자가 나타납니다. 준비파일 경로에 파일이 나타 나지 않는 것을 확인할 수 있습니다.

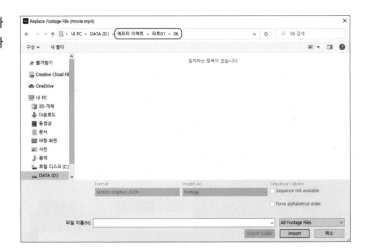

06 윈도우 탐색기에서 직접 폴더를 열 어 확인합니다. 준비파일 경로로 이동하면 'movie.zip' 파일이 있습니다. 실습을 위해 서 미리 작업했던 영상파일의 경로를 끊어 주기 위해서 압축한 상태입니다. 압축한 상 태라서 현재는 경로가 끊어진 상태입니다.

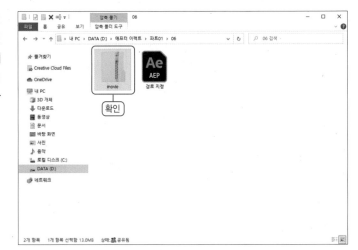

07 'movie.zip' 파일을 선택하고 마우스 오른쪽 버튼을 클릭한 다음, [압축 풀기] 메 뉴를 클릭합니다. [압축(Zip) 폴더 풀기] 대 화상자에서 [압축 풀기] 버튼을 클릭하여 실 행합니다.

08 '압축 풀기'가 완료되었습니다. 'movie' 폴더에 'movie.mp4' 파일이 생성되었습니다.

09 다시 애프터 이펙트의 [Project] 패널의 준비파일 목록에서 'movie.mp4' 파일을 선택하고 마우스 오른쪽 버튼을 클릭합니다. 그리고 [Replace Footage → File(Ctrl+H)] 메뉴를 클릭합니다.

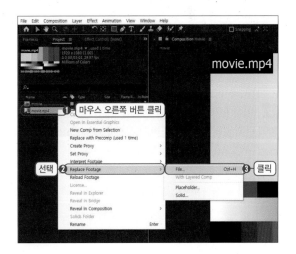

10 준비파일 경로에서 'movie' 폴더로 이동 후 'movie.mp4' 파일을 선택하고 [Import] 버튼을 클릭하여 불러옵니다.

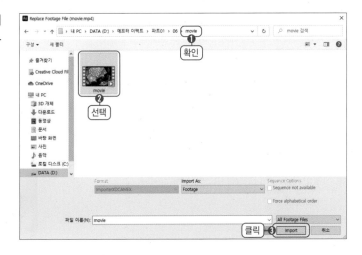

PART 1. 시작
PART 2. 키프레임
PART 3. 레이어
PART 4. 마스크
PART 5. 3D 레이어
PART 6. 이펙트
PART 7. 트래킹
PART 8. 영상출력 · 연동
PART 9. 영상합성

11 파일을 불러오면 자동으로 연결되어 화면이 나타납니다. 연결이 제대로 되었습니다.

12 이젠 현재 작업파일을 정리해서 저장하는 콜렉트 파일에 관해 알아봅니다. 상단메뉴에서 [File → Dependencies → Collect Files]를 클릭합니다.

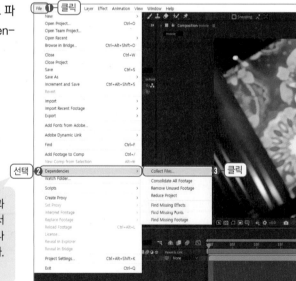

'Collect Files'는 작업한 애프터 이펙트의 프로젝트 파일과 직업에 사용된 이미지, 동영상, 오디오 등을 같이 묶어서 저장합니다. 다른 사람에게 프로젝트 파일을 전달하거나 완료된 작업을 보관 및 정리할 때 사용하면 유용합니다. 단, 플러그인 등은 저장되지 않습니다.

13 [After Effects] 대화상자가 나타납니다. 현재까지의 작업을 저장하기 위해서 [Save] 버튼을 클릭합니다.

14 [Collect Files] 대화상자가 나타납니다. 모든 파일을 저장하기 위해서는 'Collect Source Files'를 'All'로 선택합니다. [Collect] 버튼을 클릭합니다.

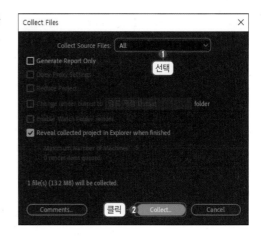

■ 'Collect Source Files' 저장방식

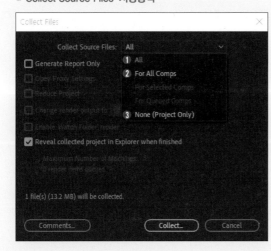

❶ **All:** 모든 파일을 콜렉트 파일로 저장합니다.

❷ **For All Comps:** 모든 컴포지션에 활용된 파일을 콜렉트 파일로 저장합니다.

❸ **None (Project Only):** 프로젝트 파일만 콜렉트 파일로 저장합니다.

15 [Collect files into folder] 대화상자가 나타납니다. '파일 이름'에 자동으로 이름이 생성되어 있습니다. 변경하고 싶다면 원하는 이름으로 변경할 수 있습니다. '경로 지정 folder'로 수정합니다. 그리고 [저장] 버튼을 클릭하여 콜렉트 파일을 생성합니다.

16 지정한 준비파일 경로에 콜렉트 파일이 저장되었습니다. '(Footage)' 폴더에는 작업에 사용했던 준비파일이 모두 들어있습니다. 그리고 '경로 지정.aep' 애프터 프로젝트 파일이 저장되어 있고 '경로 지정Report.txt' 메모장 파일이 저장됩니다. 메모장 파일은 작업에 사용된 준비파일과 저장경로 등이 기록되어 있습니다.

이렇게 콜렉트 파일로 폴더 전체를 파일정리가 된 상태로 간편하게 보관할 수 있습니다. 누군가에게 전달할 때라든지 다시 열었을 때 준비파일이 없어지거나 잃어버리는 것을 방지할 수 있습니다.

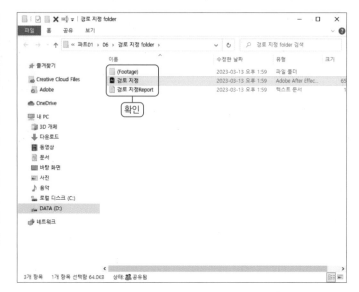

PART 1. 시작
PART 2. 키프레임
PART 3. 레이어
PART 4. 마스크
PART 5. 3D 레이어
PART 6. 이펙트
PART 7. 트래킹
PART 8. 영상촬영 · 연동
PART 9. 영상합성

CHAPTER 07

레이어 개념과
기본기능 익히기

레이어는 층을 겹겹이 쌓는 형태를 의미합니다. 작업은 [Timeline] 패널에서 레이어 방식으로 진행됩니다. 레이어가 하위에 있느냐 상위에 있느냐에 따라 [Composition] 패널에서 화면으로 보이는 형태가 달라집니다. 상위에 배치된 레이어가 바로 우리가 바라보는 화면인 [Composition] 패널에 나타납니다. 하위에 배치된 레이어는 뒤에 놓입니다. 이렇게 상위, 하위에 배치된 상태에 따라서 화면의 결과물이 달라지고 작업방식이 변경됩니다. 레이어를 조절하는 방법과 편집, 단축키를 활용하여 조절하는 방법에 대해서도 알아봅니다.

● 준비파일: 애프터 이펙트\파트01\07\레이어.aep

01 상단메뉴에서 [File → Open Project(Ctrl+O)]를 클릭합니다. 준비파일 경로로 이동하여 '레이어.aep' 애프터 이펙트의 프로젝트 파일을 불러옵니다. [Timeline] 패널에는 3개의 이미지 레이어가 순차적으로 배치되었습니다. 가장 상위에 '레이어01.jpg' 레이어가 있고, 가장 하위에는 '레이어03.jpg' 레이어가 배치되었습니다.

02 레이어의 순서를 확인하기 위하여 레이어를 움직여 확인합니다. [Composition] 패널에서 화면에 보이는 레이어가 '레이어01.jpg'입니다. 마우스로 드래그하여 이동시킵니다. 다음으로 뒤에 배치된 레이어가 '레이어02.jpg'입니다. 마우스로 드래그하여 이동시킵니다. [Timeline] 패널에서 레이어 순서를 확인하면 1번 레이어인 '레이어01.jpg'이 [Composition] 패널의 화면에서 먼저 나타납니다. 그리고 '레이어02.jpg', '레이어03.jpg' 레이어가 순차적으로 배치되어 있습니다.

위 화면처럼 [Composition] 패널의 화면 이미지를 작거나 크게 확인하려면 마우스 커서를 [Composition] 패널에 올려두고 마우스 스크롤 버튼을 위아래로 움직여 크기를 조절할 수 있습니다.

03 [Timeline] 패널의 레이어들 순서를 바꿔보겠습니다. 우선 앞서 대각선 아래로 끌어내린 이미지들을 원래대로 되돌립니다. 레이어 순서가 바뀌면 [Composition] 패널의 화면에서 나타나는 이미지의 순서가 변경됩니다. 레이어 1번에 배치되어 있는 '레이어01.jpg'를 아래로 드래그하여 '레이어02.jpg' 이미지 아래로 배치합니다. 단축키를 사용하면 빠르게 작업할 수 있습니다.

단축키를 이용한 레이어 순서 쉽게 바꾸기

선택한 레이어를 위, 아래로 한 칸씩 이동하는 단축키
① 위로 이동: Ctrl+]
② 아래로 이동: Ctrl+[

선택한 레이어를 가장 위, 아래로 이동하는 단축키
① 가장 위로 이동: Ctrl+Shift+]
② 가장 아래로 이동: Ctrl+Shift+[

레이어 선택 단축키
① 위 레이어 선택: Ctrl+↑
② 아래 레이어 선택: Ctrl+↓

04 [Timeline] 패널에서 '레이어02.jpg'를 좌우로 드래그하여 [Composition] 패널의 화면에 나타나는 타이밍을 조절하겠습니다. '레이어02.jpg' 레이어를 선택한 다음, 마우스를 오른쪽으로 드래그합니다. 또는 왼쪽으로 드래그합니다.

05 레이어를 좌우로 움직여서 원하는 지점부터 나오게 하거나 나오지 않게 배치할 수 있습니다. 단축키를 사용하면 빠르게 작업할 수 있습니다. 단축키가 적용되는 기준은 'Time Indicator' 위치 기준입니다.

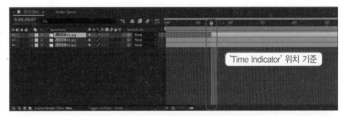

레이어 배치 이동 단축키

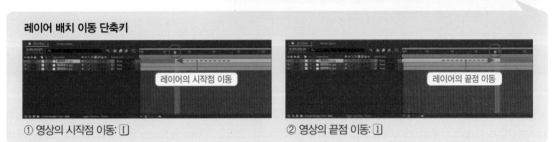

① 영상의 시작점 이동: [[]]   ② 영상의 끝점 이동: []]]

06 '레이어02.jpg' 레이어를 선택한 다음, 이 레이어의 시작점과 끝점을 분리하겠습니다. 프리미어 프로의 컷기능과 유사하지만, 결과는 조금 다르게 나타납니다. 'Time Indicator'를 분리할 시간인 '0;00;01;00' 프레임에 배치합니다.

PART 1. 시작
PART 2. 키프레임
PART 3. 레이어
PART 4. 마스크
PART 5. 3D 레이어
PART 6. 이펙트
PART 7. 트래킹
PART 8. 영상출력 · 연동
PART 9. 영상합성

07 상단메뉴에서 [Edit → Split Layer(Ctrl+Shift+D)] 를 클릭합니다.

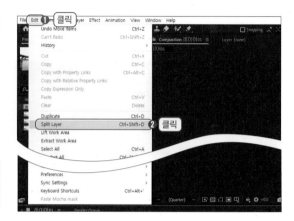

> **레이어 분리 단축키**
> ① Split Layer: Ctrl+Shift+D

08 '레이어02.jpg' 레이어가 두 개로 쪼개지면서 두 개의 레이어로 분리되었습니다. 프리미어 프로에서는 컷편집을 하면 하나의 트랙에서 두 개로 분리되지만, 애프터 이펙트는 두 개의 레이어로 분리됩니다.

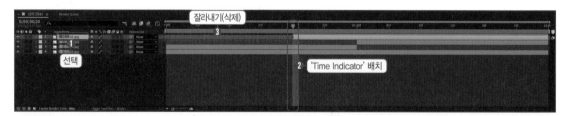

09 맨 밑에 있는 '레이어03.jpg' 레이어를 맨 위로 옮깁니다. '레이어03.jpg'를 선택하여 레이어의 시작점과 끝점을 잘라내기(삭제) 하겠습니다. 우선 '레이어03.jpg' 레이어를 선택합니다. 그리고 'Time Indicator'를 '0;00;00;20' 프레임에 배치하고 단축키 Alt+I를 눌러 레이어의 시작점을 잘라내기(삭제) 합니다.

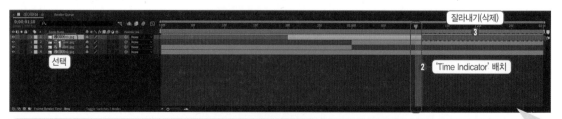

10 '레이어03.jpg' 레이어를 선택하고 'Time Indicator'를 '0;00;01;10' 프레임에 배치하고 Alt+J를 눌러 레이어의 끝점을 잘라내기(삭제) 합니다.

> **레이어 시작점, 끝점 잘라내기**   ① 레이어 시작점 잘라내기: Alt+I   ② 레이어 끝점 잘라내기: Alt+J

'Time Indicator' 단축키

편집을 하려면 'Time Indicator'의 배치를 편하게 할 수 있어야 합니다. 'Time Indicator'를 타임라인 상에서 이동하는 단축키에 대해서 알아봅니다.

'Time Indicator' 이동

① 'Time Indicator' 작업구간의 처음으로 이동 : Home
② 'Time Indicator' 작업구간의 끝으로 이동 : End

프레임 단위 'Time Indicator' 이동

① 프레임 단위 'Time Indicator' 왼쪽으로 이동: Page Up
② 프레임 단위 'Time Indicator' 오른쪽으로 이동: Page Down
③ 10프레임 단위 'Time Indicator' 왼쪽으로 이동: Shift + Page Up
④ 10프레임 단위 'Time Indicator' 오른쪽으로 이동: Shift + Page Down

11 [Timeline] 패널에서 레이어를 확대하거나 축소해서 확인합니다. 정교하게 작업하기 위해서는 프레임 단위로 확대하면 됩니다. 'Time Indicator'의 위치를 기준으로 레이어가 확대, 축소됩니다.

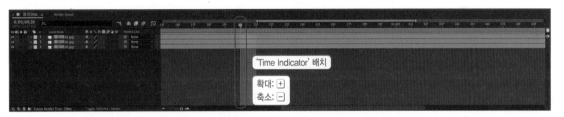

> 'Time Indicator' 배치
> 확대: +
> 축소: −

12 [Timeline] 패널에서 Space Bar 를 눌러 레이어의 작업을 재생합니다. [Timeline] 패널의 'Time Indicator'의 위치에서 영상이 재생되면서 이동하는 것을 확인할 수 있습니다.

[Timeline] 패널에서 영상 재생   ① 영상 재생 실행: Space Bar   ② 영상 재생 정지: Space Bar

AFTER EFFECTS

PART 2.
애프터 이펙트
키프레임
애니메이션 익히기

키프레임은 변화되는 특정시간에 저장된 값을 활용하여 만들어집니다. 애프터 이펙트는 프리미어 프로와 동일한 방식으로 작업이 진행됩니다. 하지만 프리미어 프로보다는 좀 더 정교하고 편리한 기능들이 있습니다. 애프터 이 펙트가 가지고 있는 기본적인 키프레임 적용방법과 모션패스를 활용한 애니메이션, 키프레임 어시스턴트, 그래프 에디터, 페어런트 기능 등을 알아봅니다.

CHAPTER
01

위치(Position) 활용하여 키프레임 애니메이션 익히기

애프터 이펙트의 애니메이션 작업은 'Transform' 옵션설정을 통한 활용도가 가장 높습니다. 'Transform' 옵션에는 'Anchor Point(중심점)', 'Position(위치)', 'Scale(크기)', 'Rotation(회전)', 'Opacity(투명도)' 등이 있습니다. 여기서는 그중 'Position(위치)'을 활용하여 레이어가 이동하는 애니메이션을 만듭니다.

● 준비파일: 애프터 이펙트\파트02\01\위치애니메이션.aep

01 상단메뉴에서 [File → Open Project(Ctrl+O)]를 클릭합니다. 준비파일 경로로 이동하여 '위치애니메이션.aep' 애프터 이펙트의 프로젝트 파일을 불러옵니다.

02 '종이비행기.png' 레이어의 애니메이션을 만드는 옵션을 확인합니다. 아이콘(ᐳ)을 마우스로 클릭해서 옵션을 펼칩니다. 'Transform'에서 아이콘(ᐳ)을 다시 클릭합니다. 그 하위에 'Anchor Point', 'Position', 'Scale', 'Rotation', 'Opacity' 옵션들이 있습니다. 단축키를 사용하면 좀 더 편리하게 작업할 수 있습니다.

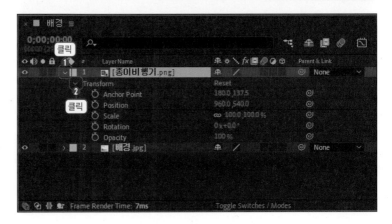

■ 'Transform' 세부옵션

❶ **Anchor Point:** 중심점(Ⓐ)

❷ **Position:** 위치(Ⓟ)

❸ **Scale:** 크기(Ⓢ)

❹ **Rotation:** 회전(Ⓡ)

❺ **Opacity:** 투명도(Ⓣ)

· **'Transform' 옵션을 추가로 보기:** Shift +'Transform'의 단축키

03 'Position'을 활용하여 키프레임 애니메이션을 실행합니다. 'Position' 옵션값이 '960.0, 540.0'으로 표기되어 있습니다. [Composition] 패널 기준으로 현재 '종이비행기' 레이어의 위치, 즉 화면에서의 위치를 나타냅니다.

– '배경' 컴포지션의 영상규격은 가로 1920픽셀, 세로 1080픽셀로 형성되어 있습니다. '종이비행기'의 위치가 '960.0, 540.0'이기 때문에 화면의 중심에 배치된 것을 확인할 수 있습니다. 가로방향은 X축, 세로방향은 Y축입니다.

– 컴포지션 화면의 크기 기준은 픽셀로 구성되었습니다. 가로 X축의 수치는 왼쪽이 시작점 0픽셀이며 오른쪽 끝점이 1920픽셀입니다. 세로 Y축의 수치는 위쪽 시작점이 0픽셀이며, 아래쪽 끝점이 1080입니다. 수치상으로 나타나 있는 기준은 화면의 픽셀 기준입니다.

04　'종이비행기.png' 레이어를 활용한 키프레임 애니메이션을 작업하겠습니다. 화면의 왼쪽에서 오른쪽으로 위치가 이동하는 애니메이션입니다. '종이비행기'의 위치, 즉 'Position' 가로값을 '960.0'에서 '200.0'으로 수정합니다. '종이비행기' 레이어가 화면에서 왼쪽으로 이동했습니다.

05　[Timeline] 패널의 첫 번째 프레임부터 애니메이션이 시작되게 'Time Indicator'를 '0;00;00;00' 프레임에 배치합니다. 'Position'의 왼쪽에 있는 시계 모양의 'Time-Vary stop watch' 아이콘(📷)을 클릭합니다. '종이비행기.png' 레이어에서 'Position'의 '0;00;00;00' 프레임에 키프레임 아이콘(◆)이 생성됩니다.

06 '종이비행기.png' 레이어가 오른쪽으로 날아가는 애니메이션을 만들겠습니다. 'Time Indicator'를 '0;00;02;29' 프레임에 배치합니다. 'Time Indicator'가 배치된 현재시간은 'Current Time'에서 확인할 수 있습니다.

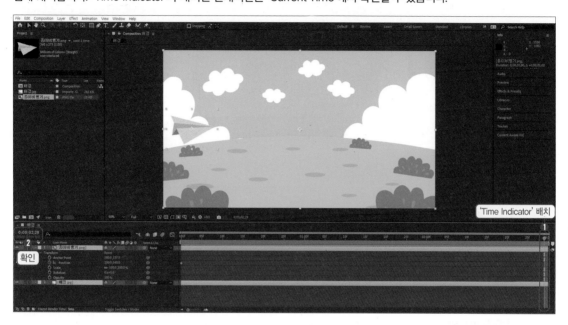

07 [Timeline] 패널의 '0;00;02;29' 프레임에서 '종이비행기.png' 레이어의 'Position' 가로값을 '200.0'에서 '1700.0'으로 수정합니다. '0;00;02;29' 프레임에 키프레임이 생성되었습니다. 그리고 [Composition] 패널의 '종이비행기.png' 레이어가 화면의 오른쪽으로 이동합니다.

08 Space Bar 를 눌러 영상을 재생합니다. '종이비행기'가 왼쪽에서 오른쪽으로 이동하는 애니메이션이 완성되었습니다.

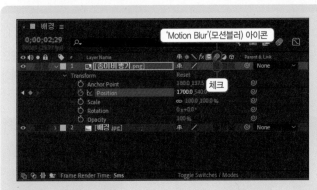

모션블러는 애니메이션의 속도에 따라서 잔상이 만들어지고 애니메이션을 좀 더 자연스럽고 부드럽게 움직이게 합니다. [Timeline] 패널에서 '종이비행기.png' 레이어의 'Motion Blur'(모션블러) 아이콘(◎)을 마우스로 클릭하여 체크하면 레이어의 움직임에 모션블러(Motion Blur)가 적용되어 잔상효과가 나타납니다. 프리뷰 재생과 렌더링에 영향을 주어 시간은 오래 걸립니다.

[Timeline] 패널에서 키프레임 애니메이션이 적용된 상태에서 키프레임을 수정하고 싶을 때, 해당하는 키프레임의 시간으로 'Time Indicator'를 이동한 다음, 기프레임 수치를 수정하면 됩니다. 영상길이가 길면 수정할 때마다 마우스 커서로 'Time Indicator'를 이동한 다음, 키프레임 수치를 수정하는 것이 힘들 때도 있습니다. 이럴 때는 키프레임 또는 레이어의 변화된 설정마다 'Time Indicator'를 이동하는 단축키를 사용하면 편리합니다.

- **'Time Indicator' 키프레임 또는 변화된 설정 왼쪽(시간) 이동:** J
- **'Time Indicator' 키프레임 또는 변화된 설정 오른쪽(시간) 이동:** K

CHAPTER 02

크기(Scale) 활용하여 키프레임 애니메이션 익히기

'종이비행기' 레이어의 'Position' 옵션값을 이용한 애니메이션에 'Scale' 옵션값을 이용한 애니메이션을 추가합니다. '종이비행기' 레이어가 영상의 처음부분에서는 작았다가 점점 커지는 애니메이션입니다.

● 준비파일: 애프터 이펙트\파트02\02\크기애니메이션.aep

01 'Scale' 옵션값을 활용하여 '종이비행기'의 크기 애니메이션을 조정합니다. 프로그램 상단메뉴에서 [File → Open Project(Ctrl+O)]를 클릭합니다. 준비파일 경로로 이동하여 '크기애니메이션.aep' 애프터 이펙트의 프로젝트 파일을 불러옵니다.

02 [Timeline] 패널의 'Time Indicator'를 '0;00;00;00' 프레임에 배치합니다. 현재시간은 'Current Time'에서 확인할 수 있습니다.

03 'Scale' 옵션값은 가로와 세로 크기가 모두 '100.0%'로 되어있습니다. 단위는 퍼센트(%)입니다.

'Constrain Proportions' 아이콘(🔗)을 누르면 가로값과 세로값이 동시에 변합니다. 즉, 가로값을 수정하면 세로값도 같은 값으로 수정됩니다. 각각 별도로 수정하고 싶다면, 'Constrain Proportions' 아이콘(🔗)을 다시 한 번 클릭해서 해제하면 됩니다.

04 '종이비행기.png' 레이어의 가로와 세로 크기를 수정하려고 합니다. [Timeline] 패널의 'Scale' 옵션값을 '30.0%'로 수정합니다. 'Constrain Proportions' 아이콘(🔗)이 활성화된 상태로 가로값과 세로값 중 하나를 입력합니다.

05 '0;00;00;00' 프레임에서 'Time-Vary stop watch' 아이콘(⏱)을 클릭합니다. '0;00;00;00' 프레임에 키프레임(◆)이 생성됩니다.

06 '종이비행기.png' 레이어가 이동하며 서서히 커지는 애니메이션을 만들겠습니다. [Timeline] 패널에서 'Time Indicator'를 '0;00;02;29' 프레임에 배치합니다. 'Scale' 옵션값을 '100.0%'로 수정합니다. [Composition] 패널에서 '종이 비행기.png' 레이어의 크기가 보다 커졌습니다.

07 Space Bar를 눌러 영상을 재생해서 확인합니다. '종이비행기'가 왼쪽에서 오른쪽으로 이동하며 크기가 점점 커지는 애니메이션이 완성되었습니다.

회전(Rotation) 활용하여
키프레임 애니메이션 익히기

'종이비행기' 레이어의 'Rotation(회전)' 옵션값을 조정한 애니메이션을 활용합니다. 이 레이어
의 이동방향에 따라서 레이어가 회전하면서 이동하는 애니메이션을 만듭니다.

● 준비파일: 애프터 이펙트\파트02\03\회전애니메이션.aep

01 상단메뉴에서 [File → Open Project(Ctrl+O)]를 클릭합니다. 준비파일 경로로 이동하여 '회전애니메이션.aep' 애
프터 이펙트의 프로젝트 파일을 불러옵니다. 'Rotation' 옵션값을 활용하여 '종이비행기'의 회전 애니메이션을 적용합니다.

02 [Timeline] 패널에서 'Rotation' 옵션값은 '0 × +0.0°'
로 설정되어 있습니다. 앞의 '0'은 360도 회전할 때를 기준으
로 1바퀴 단위를 의미합니다. '1'로 입력하면 360도, 즉 1바
퀴 회전합니다. 뒤에 있는 '+0.0°'는 회전각도를 의미하는데
'+360.0°'로 수정하면 1바퀴이므로 앞에 있는 '0'이 '1'로 자
동으로 수정됩니다. 즉 옵션값이 '1 × +0.0°'로 수정됩니다.
현재는 '0 × +0.0°' 그대로 유지한 상태로 진행합니다.

03 '종이비행기.png' 레이어를 [Composition] 패널의 화면에서 움직이게 'Position' 옵션값을 추가하고, 'Rotation' 키프레임 애니메이션을 추가합니다. [Timeline] 패널의 'Time Indicator'를 '0;00;01;00' 프레임에 배치합니다. '0;00;01;00' 프레임의 'Position' 세로값을 '130.0'으로 수정합니다. [Timeline] 패널의 'Position'에 키프레임이 생성됩니다.

04 [Timeline] 패널의 'Time Indicator'를 '0;00;02;00' 프레임에 배치합니다. '0;00;02;00' 프레임의 'Position' 세로 옵션값을 '900.0'으로 수정합니다. 'Position'에 키프레임이 추가됩니다.

05 이번에는 [Composition] 패널에서 '종이비행기.png' 레이어가 위로 움직일 때 위쪽방향으로 회전하고, 아래로 움직일 때 아래쪽으로 회전시킵니다. [Timeline] 패널의 'Time Indicator'를 '0;00;00;15' 프레임에 배치합니다. '0;00;00;15' 프레임의 'Rotation' 옵션값을 '0 × −50.0°'로 수정합니다. 'Time-Vary stop watch' 아이콘(⏱)을 클릭합니다. 'Rotation'에 키프레임이 생성됩니다.

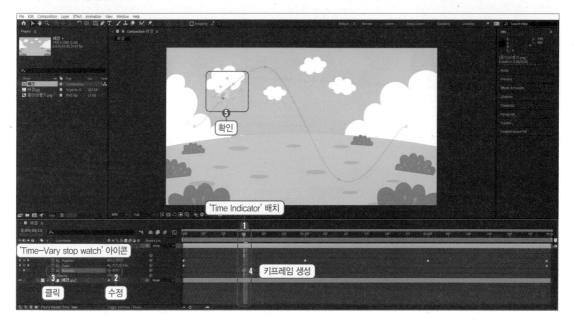

06 [Timeline] 패널의 'Time Indicator'를 '0;00;01;15' 프레임에 배치합니다. '0;00;01;15' 프레임에 'Rotation' 옵션값을 '0 × 70.0°'로 수정합니다. 'Rotation'에 키프레임이 생성됩니다.

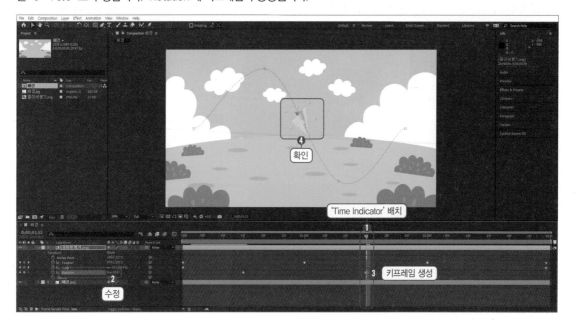

07 [Timeline] 패널의 'Time Indicator'를 '0;00;02;15' 프레임에 배치합니다. '0;00;02;15' 프레임에 'Rotation' 옵션값을 '0 × −50.0°'로 수정합니다. 'Rotation'에 키프레임이 생성됩니다.

08 Space Bar를 눌러 영상을 재생해서 확인합니다. '종이비행기' 레이어가 이동하며 회전하는 애니메이션이 완성되었습니다.

[Timeline] 패널에서 레이어의 'Transform'에 키프레임 애니메이션이 적용된 상태일 때 어떤 키프레임이 적용되었는지 빠르게 확인하기 위해서는 단축키 U를 누르면 키프레임 속성만 열립니다.

· **키프레임 적용된 세부옵션 열기:** U

CHAPTER

04

투명도(Opacity) 활용하여 키프레임 애니메이션 익히기

'종이비행기' 레이어의 'Opacity(투명도)'를 활용한 애니메이션으로 '종이비행기'가 서서히 나타났다가 영상이 끝날 때쯤 서서히 다시 사라지게 하는 애니메이션을 만듭니다.

● 준비파일: 애프터 이펙트\파트02\04\투명도애니메이션.aep

01 상단메뉴에서 [File → Open Project(Ctrl+O)]를 클릭합니다. 준비파일 경로로 이동하여 '투명도애니메이션.aep' 애프터 이펙트의 프로젝트 파일을 불러옵니다. 'Opacity' 옵션값을 활용하여 '종이비행기'의 투명도 애니메이션을 적용하겠습니다. 'Opacity'는 '100%'로 되어 있습니다. '100%'면 온전히 '종이비행기' 레이어의 모습을 보여줍니다. '0%'면 '종이비행기' 레이어의 모습이 투명해지면서 사라집니다.

02 [Timeline] 패널의 'Time Indicator'를 '0;00;00;00' 프레임에 배치합니다. '0;00;00;00' 프레임에 'Opacity'를 '0%'로 수정합니다. 그리고 'Time-Vary stop watch' 아이콘(⊙)을 클릭합니다. 'Opacity'에 키프레임이 생성되었습니다.

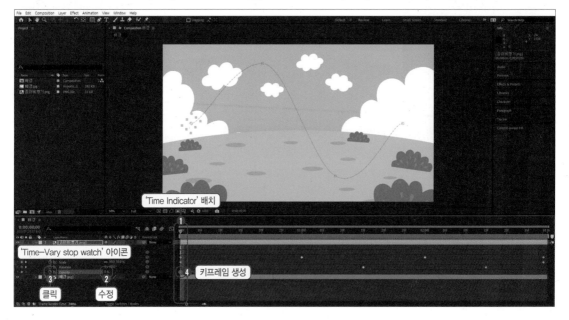

03 'Time Indicator'를 '0;00;01;00' 프레임으로 배치합니다. '0;00;01;00' 프레임에 'Opacity'를 '100%'로 수정합니다. 'Opacity'에 키프레임이 추가되었습니다.

04 'Time Indicator'를 '0;00;02;00' 프레임으로 배치합니다. '0;00;02;00' 프레임에서 'Opacity'를 '100%' 그대로 유지한 상태로 키프레임을 추가합니다. 'Time-Vary stop watch' 아이콘(⏱)을 클릭하면 키프레임이 삭제되니 주의합니다. 'Opacity' 옵션값이 변하지 않은 채 키프레임만 추가하기 위해서 'Add or remove keyframe at current time' 아이콘(◆)을 클릭합니다.

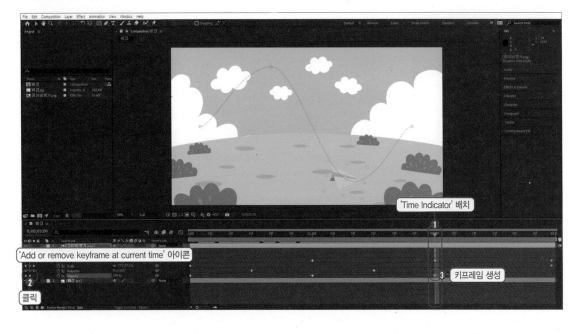

05 [Timeline] 패널의 'Time Indicator'를 '0;00;02;29' 프레임에 배치합니다. '0;00;02;29' 프레임에 'Opacity'를 '0%'로 수정합니다. 'Opacity'에 키프레임이 생성되었습니다.

06 Space Bar 를 눌러 영상을 재생해서 확인합니다. 처음에는 '종이비행기' 레이어가 화면에서 보이지 않다가 1초에 나타나며 2초부터 다시 서서히 사라지기 시작하여 3초가 되면 화면에서 완전히 사라지는 애니메이션이 완성되었습니다.

[Timeline] 패널에서 레이어 편집이나 키프레임 작업이 진행된 후에 수정하거나 해당 키프레임으로 'Time Indicator'를 이동하여 확인할 때 편리하게 작업할 수 있는 단축키가 있습니다.

• 'Time Indicator'의 레이어 편집, 키프레임 단위 이동: Shift +마우스 왼쪽 버튼 누른 채 드래그

CHAPTER 05

중심점(Anchor Point) 활용하여 키프레임 애니메이션 익히기

'Anchor Point'를 활용하여 중심점 애니메이션을 만듭니다. 애니메이션에서는 'Anchor Point' 위치에 따라서 결과물이 다른 애니메이션이 만들어집니다. 'Anchor Point'를 활용한 키프레임 애니메이션을 만듭니다.

● 준비파일: 애프터 이펙트\파트02\05\중심점.aep

01 상단메뉴에서 [File → Open Project(Ctrl+O)]를 클릭합니다. 준비파일 경로로 이동하여 '중심점.aep' 애프터 이펙트 프로젝트 파일을 불러옵니다. 인터넷의 지도에서 자주 볼 수 있는 디자인입니다. 위치를 표시하는 '위치.png' 레이어에 중심점을 활용한 애니메이션을 만듭니다.

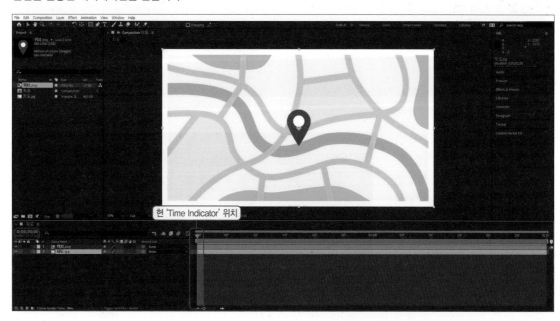

02 [Composition] 패널의 화면에 있는 '위치.png' 레이어를 선택하여 중심점을 확인합니다. 중심점은 'Anchor Point'라고 애니메이션이 기준이 됩니다. [Timeline] 패널에서 '지도.jpg' 레이어의 'Video' 아이콘(◉)을 클릭하여 '지도.jpg' 레이어가 [Composition] 패널의 화면에 나타나지 않게 설정하고, '위치.png' 레이어만 화면에서 볼 수 있게 설정합니다.

03 [Composition] 패널의 화면에 있는 '위치.png' 레이어를 선택하여 중심점을 확인합니다. 중심점은 'Anchor Point' 로 애니메이션이 기준이 됩니다. [Timeline] 패널의 '위치.png' 레이어를 선택하고 'Transform → Scale'을 선택합니다. 또 는 단축키 ⑤를 눌러 옵션을 확인합니다. '위치.png' 레이어의 중심점을 확인합니다. '위치.png' 레이어의 'Scale' 옵션값은 '53.0%' 크기로 입력되어 있습니다. 미리 입력된 값입니다. 'Scale' 옵션값은 '100%' 크기가 기본설정입니다.

04 '위치.png' 레이어의 현재 중심점이 중앙에 배치되어 있을 때, 'Scale' 옵션값을 크게 또는 작게 변화를 주면 '위치.png' 레이어의 중심점을 기준으로 크기가 조절됩니다. 우리는 '위치.png' 레이어 하단의 뾰족한 부분을 기준으로 애니메이션이 되게 중심점을 이동합니다.

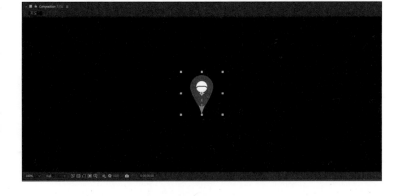

05 [Tools] 패널에서 'Pan Behind (Anchor Point) Tool(ⓨ)' 아이콘(🔲) 을 선택합니다.

'Pan Behind(Anchor Point) Tool' 아이콘

06 '위치.png' 레이어의 중심점을 선택한 후 Ctrl + 클릭 드래그합니다. 레이어 아래쪽으로 이동시킵니다. 이동할 때에 지금처럼 마우스로 클릭 드래그할 수 있으며, '위치.png' 레이어의 'Transform → Anchor Point'에서 가로값과 세로값을 변화시켜 이동할 수도 있습니다. 단축키 A를 눌러 옵션설정을 확인할 수 있습니다.

중심점을 이동할 때 Ctrl + 마우스 드래그를 하면 스냅(Snap)이 적용되며 편리하게 중심점을 이동할 수 있습니다.

07 '위치.png' 레이어의 하단으로 중심점을 이동한 다음, 크기 애니메이션을 진행합니다. [Timeline] 패널의 'Time Indicator'를 '0;00;00;00' 프레임에 배치합니다. '0;00;00;00' 프레임에서 'Scale' 옵션값을 '0.0%, 0.0%'로 수정합니다. '위치.png' 레이어의 'Time-Vary stop watch' 아이콘(🕐)을 클릭합니다. 'Scale'에 키프레임이 생성됩니다.

08 'Time Indicator'를 '0;00;01;00' 프레임에 배치합니다. '0;00;01;00' 프레임에 'Scale' 옵션값을 '100.0%, 100.0%'로 입력합니다. 'Scale'에 키프레임이 추가되었습니다.

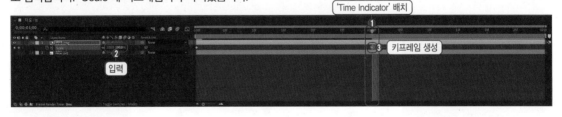

09 [Timeline] 패널에서 '지도.jpg' 레이어의 'Video' 아이콘(◉)을 클릭하여 '지도.jpg' 레이어가 [Composition] 패널의 화면에서 나타나게 설정합니다.

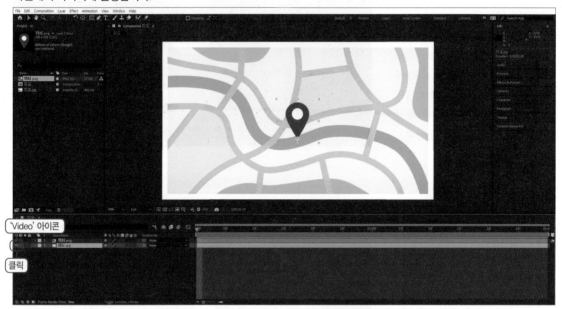

10 '위치.png' 레이어를 선택하여 복사(Ctrl+C)한 후 붙여 넣기(Ctrl+V)로 여러 위치에 배치합니다. 여기에서는 붙여 넣기를 네 번 반복한 후 새롭게 생성한 레이어들의 중심점을 이동했습니다.

11 Space Bar를 눌러 영상을 재생해서 확인합니다. '위치.png' 레이어의 중심점인 하단에서 기준이 되어 크기가 변화되는 애니메이션을 확인할 수 있습니다.

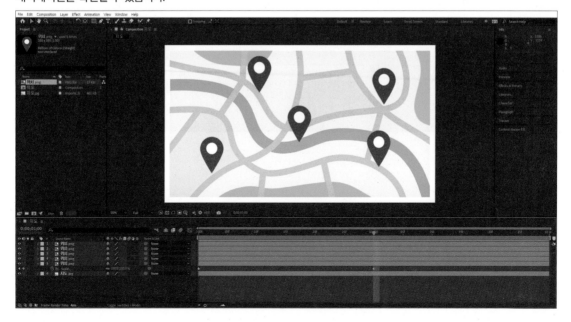

CHAPTER

06

키프레임 어시스턴트 활용하여 우주선 애니메이션 속도조절 하기

애프터 이펙트의 기본 애니메이션은 등속의 형태로 제작됩니다. 애니메이션은 속도조절을 통하여 완성도가 높아지고, 사실감 있는 애니메이션이 완성됩니다. 애프터 이펙트에서는 다양한 방식으로 키프레임 애니메이션의 속도를 조절할 수 있습니다. 'Keyframe Assistant'의 'Easy Ease', 'Easy In', 'Easy Out'을 선택하여 가속 애니메이션, 감속 애니메이션의 속도를 제어합니다.

● 준비파일: 애프터 이펙트\파트02\06\속도조절.aep

01 상단메뉴에서 [File → Open Project(Ctrl+O)]를 클릭합니다. 준비파일 경로로 이동하여 '속도조절.aep' 애프터 이펙트의 프로젝트 파일을 불러옵니다. 우주선 레이어가 4개가 있습니다. 4개의 우주선을 활용하여 속도조절이 되는 애니메이션을 만듭니다.

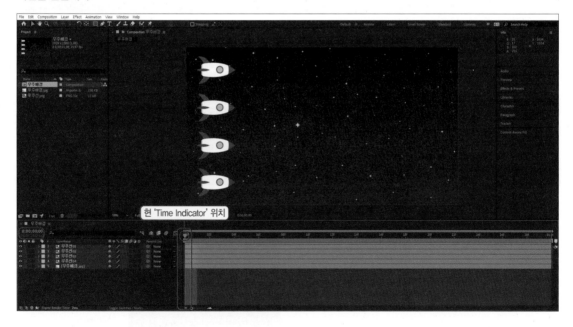

PART 1. 시작

PART 2. 키프레임

PART 3. 레이어

PART 4. 마스크

PART 5. 3D 레이어

PART 6. 이펙트

PART 7. 트래킹

PART 8. 영상출력·연동

PART 9. 영상합성

02 Space Bar 를 눌러 영상을 재생해서 확인합니다. 4개의 우주선이 일정하게 등속으로 움직이는 것을 확인할 수 있습니다. 'Position'을 이용한 위치 이동 애니메이션입니다.

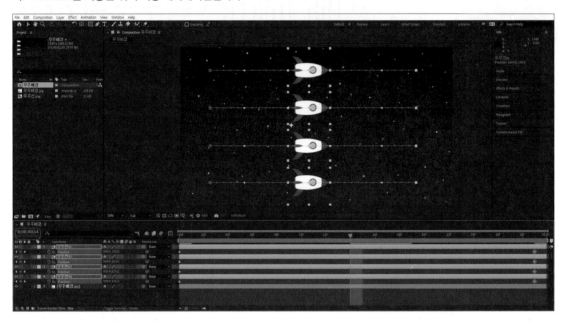

03 [Timeline] 패널에서 '우주선02' 레이어를 선택합니다. '0;00;00;00' 프레임에 키프레임이 있고, '0;00;00;29' 프레임에 키프레임이 있습니다.

04 끝나는 지점의 '0;00;00;29' 프레임에 키프레임을 선택합니다. 마우스 오른쪽 버튼을 눌러 [Keyframe Assistant → Easy Ease In(Shift + F9)] 메뉴를 클릭합니다.

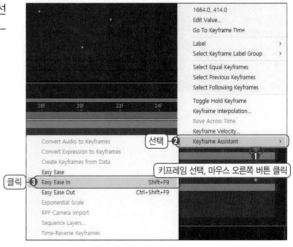

05 Space Bar 를 눌러 영상을 재생해서 확인합니다. 'Easy Ease In'이 적용된 '우주선02' 레이어는 속도가 감소하면서 애니메이션이 종료합니다.

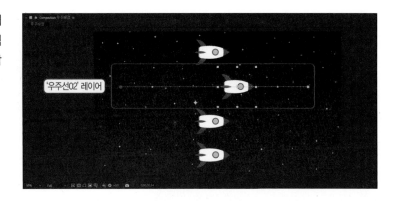

06 '0;00;00;29' 프레임의 키프레임을 확인합니다. 키프레임의 모양(▶)이 변경되었습니다. 'Easy Ease In'의 감속하는 애니메이션을 나타내는 키프레임 모양입니다.

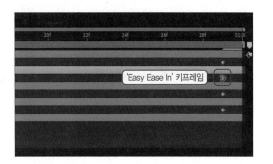

07 'Easy Ease Out'을 적용합니다. 'Out'은 애니메이션이 시작되는 부분을 의미합니다. '우주선03' 레이어를 선택합니다. '0;00;00;00' 프레임에 키프레임이 있고, '0;00;00;29' 프레임에 키프레임이 있습니다.

08 시작되는 지점의 '0;00;00;00' 프레임에 키프레임을 선택합니다. 마우스 오른쪽 버튼을 눌러 [Keyframe Assistant → Easy Ease Out(Ctrl + Shift + F9)]을 클릭합니다.

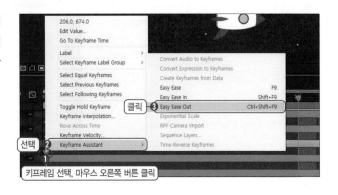

09 Space Bar 를 눌러 영상을 재생
해서 확인합니다. 'Easy Ease Out'
이 적용된 '우주선03' 레이어는 속도
가 가속하면서 애니메이션이 종료합
니다.

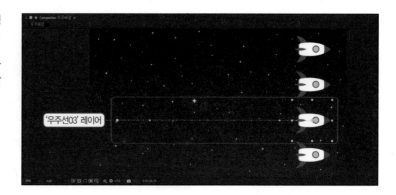

'우주선03' 레이어

10 '0;00;00;00' 프레임의 키프레임을 확
인합니다. 키프레임의 모양( )이 변경되었습
니다. 'Easy Ease Out'의 가속하는 애니메이
션을 나타내는 키프레임 모양입니다.

'Easy Ease Out' 키프레임

11 '우주선04' 레이어를 선택하여 'Easy Ease'를 적용하겠습니다. 'Easy Ease'는 애니메이션의 시작부분과 끝부분을
의미합니다. '우주선04' 레이어를 선택합니다. '0;00;00;00' 프레임의 키프레임과 '0;00;00;29' 프레임의 키프레임을 모
두 드래그해서 선택합니다.

선택   키프레임 선택

12 시작 또는 끝점의 키프레임을 선택하고 마우
스 오른쪽 버튼을 눌러 [Keyframe Assistant →
Easy Ease (F9)] 메뉴를 클릭합니다.

키프레임 선택, 마우스 오른쪽 버튼 클릭

13 Space Bar 를 눌러 영상을 재생해서 확인합니다. 'Easy Ease'가 적용된 '우주선04' 레이어는 속도가 가속, 감속을 동시에 적용한 애니메이션입니다.

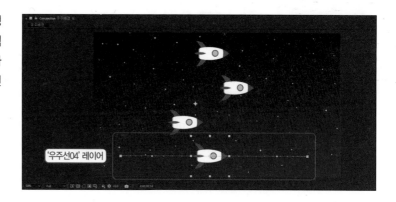

'우주선04' 레이어

14 '우주선04' 레이어의 '0;00;00;00' 프레임의 키프레임을 확인합니다. 키프레임의 모양(⧖)이 변경되었습니다. 'Easy Ease'의 애니메이션이 시작, 끝나는 지점의 가속, 감속하는 애니메이션을 나타내는 키프레임 모양입니다.

'Easy Ease' 키프레임 　　　　　　　'Easy Ease' 키프레임

15 1번은 등속, 2번은 감속, 3번은 가속, 4번은 가속과 감속이 적용되었습니다.

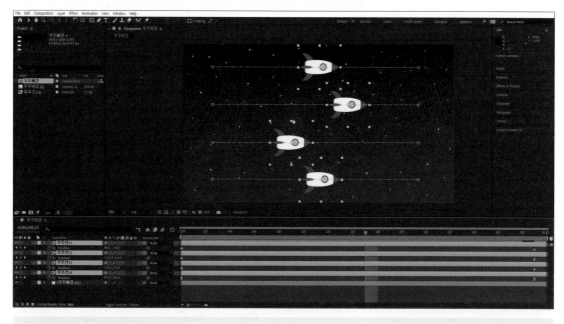

■ [Keyframe Assistant]

❶ **Easy Ease In**(Shift + F9): 속도가 감속하여 끝나는 지점의 키프레임으로 들어오는 감속 애니메이션

❷ **Easy Ease Out**(Ctrl + Shift + F9): 속도가 가속하여 시작되는 지점의 키프레임으로 나가는 가속 애니메이션

❸ **Easy Ease**(F9): 키프레임 애니메이션이 시작, 끝나는 지점의 가속, 감속 애니메이션

키프레임 보간법 활용하여 애니메이션 동선조절 하기

키프레임 보간법(Interpolation)은 두 가지로 나눌 수 있습니다. 'Temporal Interpolation' (시간보간법)과 'Spatial Interpolation'(공간보간법)이 있습니다. 키프레임 보간법을 사용하면 가속, 감속의 애니메이션과 컴포지션 화면에서 애니메이션의 동작형태를 확인하고 수정할 수 있습니다.

● 준비파일: 애프터 이펙트\파트02\07\보간법.aep

01 상단메뉴에서 [File → Open Project(Ctrl+O)]를 클릭합니다. 준비파일 경로로 이동하여 '보간법.aep' 애프터 이펙트의 프로젝트 파일을 불러옵니다. [Composition] 패널에 '배관.jpg' 이미지 레이어와 '물방울.png' 이미지 레이어가 있습니다. 배관을 따라서 '물방울.png' 이미지 레이어가 이동하는 애니메이션을 만듭니다.

다음의 따라 하기를 실행하기 전에 확인해야 할 것이 있습니다. 상단메뉴에서 [Edit → Preferences → General(Ctrl+Alt +;)]을 클릭합니다. [Preferences] 대화상자가 나타납니다. 여러 세부옵션 중 'Default Spatial Interpolation to Linear' 의 체크박스를 확인합니다. 체크되어 있다면 애니메이션 동선이 직선으로 나타납니다. 체크해제되어 있어야 동선이 곡선으로 나타납니다. 이번 챕터에서는 곡선의 형태를 기준으로 진행하므로 체크해제된 상태여야 합니다.

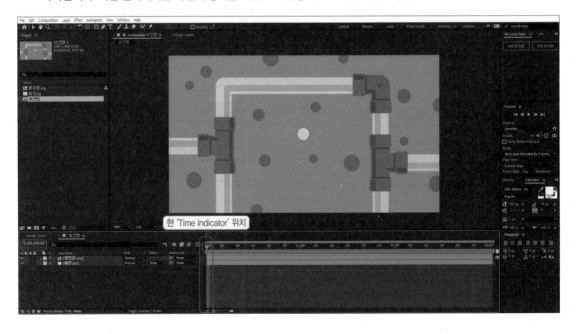

02 [Timeline] 패널의 'Time Indicator'를 '0;00;00;00' 프레임에 배치합니다. '0;00;00;00' 프레임에서 '물방울.png' 이미지 레이어를 배관의 왼쪽 부분으로 위치를 이동합니다. 'Position' 옵션값을 '48.0, 620.0'으로 수정합니다. 'Time-Vary stop watch' 아이콘(◎)을 클릭합니다. 'Position'에 키프레임이 생성됩니다.

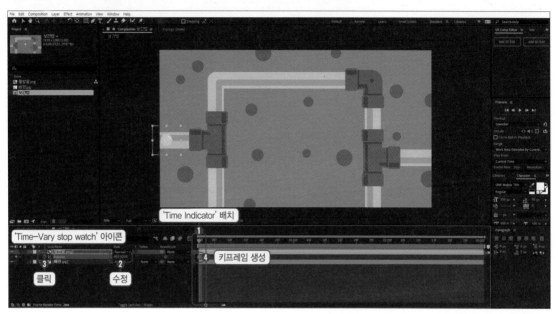

03 [Timeline] 패널의 'Time Indicator'를 '0;00;00;15' 프레임에 배치합니다. '물방울.png' 레이어의 'Position' 옵션값을 '390.0, 620.0'으로 수정하여 이동합니다. 'Position'에 키프레임이 생성됩니다.

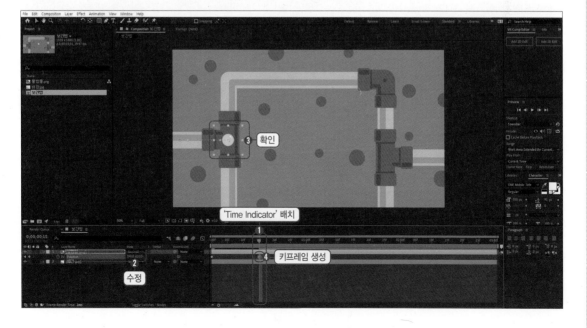

PART 1. 시작

PART 2. 키프레임

PART 3. 쉐이어

PART 4. 마스크

PART 5. 3D 레이어

PART 6. 이펙트

PART 7. 트래킹

PART 8. 영상출력 · 연동

PART 9. 영상촬영

04 [Timeline] 패널의 'Time Indicator'를 '0;00;01;00' 프레임에 배치합니다. '물방울.png' 레이어의 'Position' 옵션값을 '390.0, 220.0'으로 수정하여 이동합니다. 'Position'에 키프레임이 생성됩니다.

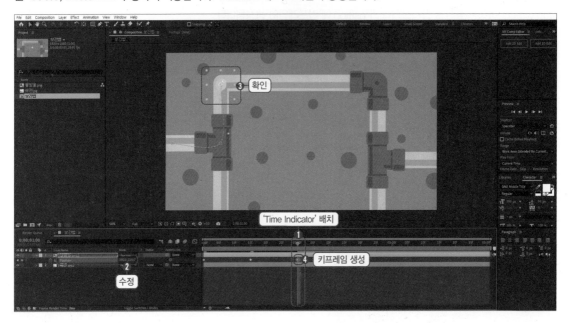

05 [Timeline] 패널의 'Time Indicator'를 '0;00;02;00' 프레임에 배치합니다. '물방울.png' 레이어의 'Position' 옵션값을 '1500.0, 220.0'으로 수정하여 이동합니다. 'Position'에 키프레임이 생성됩니다.

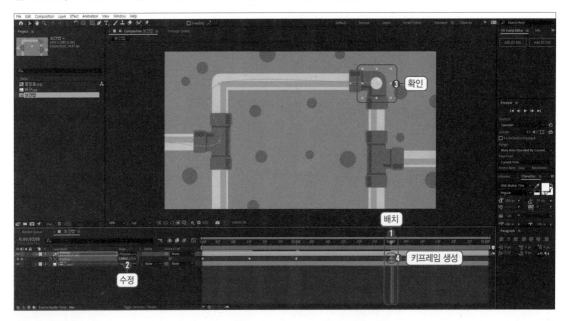

06 [Timeline] 패널의 'Time Indicator'를 '0;00;02;15' 프레임에 배치합니다. '물방울.png' 레이어의 'Position' 옵션값을 '1500.0, 730.0'으로 수정하여 이동합니다. 'Position'에 키프레임이 생성됩니다.

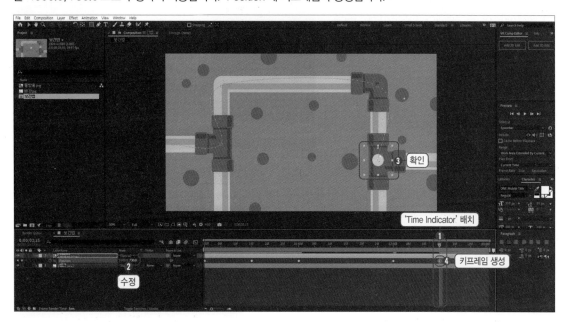

07 [Timeline] 패널의 'Time Indicator'를 '0;00;03;00' 프레임에 배치합니다. '물방울.png' 레이어의 'Position' 옵션값을 '1800.0, 730.0'으로 수정하여 이동합니다. 'Position'에 키프레임이 생성됩니다.

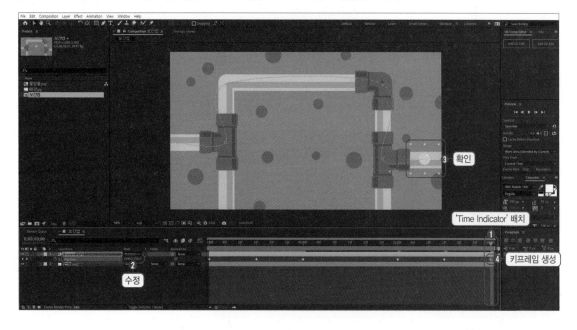

08 'Spatial Interpolation'을 활용하여 애니메이션의 동선을 수정하겠습니다. [Timeline] 패널의 '0;00;00;15' 프레임에서 'Position'의 키프레임을 선택하고 마우스 오른쪽 버튼을 클릭합니다. [Keyframe Interpolation] 메뉴를 클릭합니다.

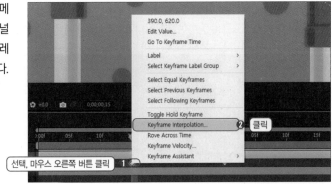

09 [Keyframe Interpolation] 대화상자가 나타납니다. 'Spatial Interpolation'의 'Auto Bezier'를 클릭합니다.

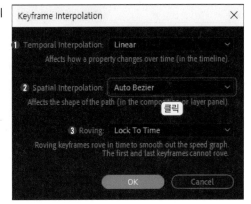

■ [Keyframe Interpolation] 대화상자 세부옵션

❶ **Temporal Interpolation:** 시간보간법은 동작의 변화인 속도를 가속, 감속으로 설정합니다.

❷ **Spatial Interpolation:** 공간보간법은 애니메이션의 동작에서 변화인 애니메이션 동선의 직선, 곡선을 설정합니다.

❸ **Roving:** 로빙은 키프레임 구간들의 부자연스러운 속도를 자동으로 균일하게 맞춰줍니다.

10 'Spatial Interpolation'의 세부항목 메뉴들이 나타납니다. 'Linear', 'Bezier', 'Continuous Bezier', 'Auto Bezier' 항목들이 있습니다.

■ 'Spatial Interpolation' 세부항목

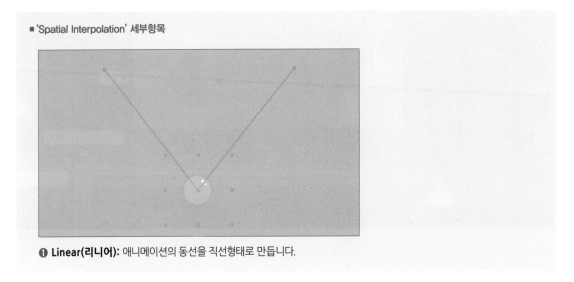

❶ **Linear(리니어):** 애니메이션의 동선을 직선형태로 만듭니다.

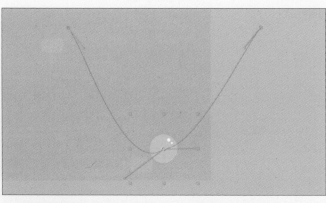

❷ **Bezier(베지어):** 애니메이션의 동선을 곡선형태로 만듭니다. 키프레임의 양쪽 핸들을 조절할 수 있고, 양쪽 핸들을 각각 별도로 조절합니다.

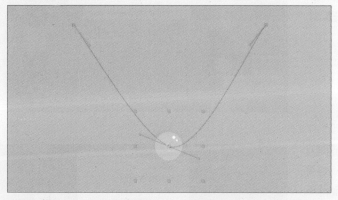

❸ **Continuous Bezier(연속 베지어):** 애니메이션의 동선을 곡선형태로 만듭니다. 키프레임의 한쪽 핸들을 조절하면 반대 편 핸들이 같이 반응하여 한번에 조절됩니다.

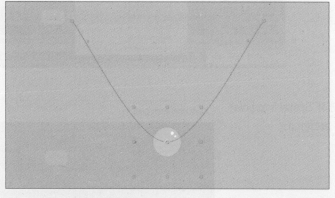

❹ **Auto Bezier(자동 베지어):** 애니메이션의 동선을 곡선형태로 만듭니다. 키프레임의 한쪽 핸들을 조절하면 반대편 핸들이 같이 반응하여 한번에 조절됩니다. 조절하면 'Continuous Bezier'로 변경됩니다.

11 [Keyframe Interpolation] 대화상자에서 'Spatial Interpola-tion'을 'Linear'로 선택합니다. [OK] 버튼을 클릭합니다.

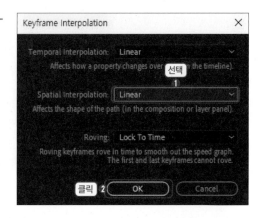

12 '물방울.png' 레이어의 'Motion Path'(애니메이션 경로)의 모양이 직선형태로 변경되었습니다. 핸들은 생성되지 않고 직선으로만 변경됩니다.

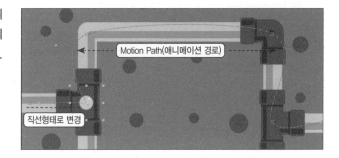

13 [Timeline] 패널의 '0;00;01;00' 프레임에서 'Position'의 키프레임을 선택하고 마우스 오른쪽 버튼을 클릭합니다. [Keyframe Interpolation] 메뉴를 클릭합니다.

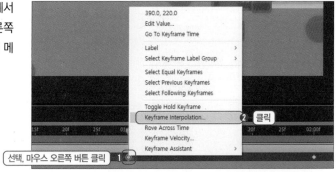

14 [Keyframe Interpolation] 대화상자에서 'Spatial Interpola-tion'을 'Bezier'로 선택합니다. [OK] 버튼을 클릭합니다.

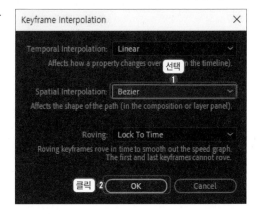

15 [Composition] 패널의 화면에서 '물방울.
png' 레이어의 'Motion Path'(애니메이션 경로)에
서 핸들이 생성되었습니다. 각각의 핸들을 조절하
여 'Motion Path'의 경로를 조절할 수 있습니다.

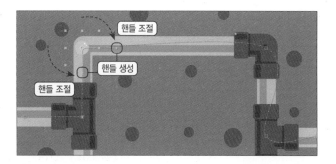

16 [Timeline] 패널의 '0;00;02;00' 프레임에서
'Position'의 키프레임을 선택하고 마우스 오른쪽
버튼을 클릭합니다. [Keyframe Interpolation] 메
뉴를 클릭합니다.

17 [Keyframe Interpolation] 대화상자에서 'Spatial Interpola-
tion'을 'Linear'로 선택합니다. [OK] 버튼을 클릭합니다.

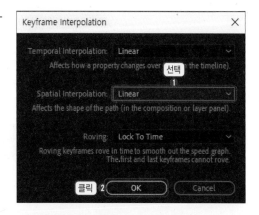

18 [Timeline] 패널의 '0;00;02;15' 프레임에서
'Position'의 키프레임을 선택하고 마우스 오른쪽
버튼을 클릭합니다. [Keyframe Interpolation] 메
뉴를 클릭합니다.

19 [Keyframe Interpolation] 대화상자에서 'Spatial Interpolation'을 'Bezier'로 선택합니다. [OK] 버튼을 클릭합니다.

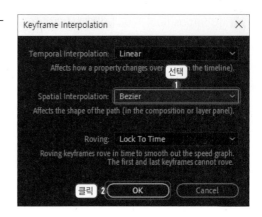

20 [Composition] 패널의 화면에서 '물방울.png' 레이어의 'Motion Path'(애니메이션 경로)에서 핸들이 생성되었습니다. 각각의 핸들을 조절하여 'Motion Path'의 경로를 조절할 수 있습니다.

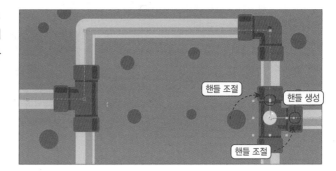

21 [Keyframe Interpolation] 대화상자에서 'Spatial Interpolation'을 'Bezier'로 선택할 경우 핸들로 'Motion Path'를 조절하여 경로를 수정할 수 있습니다. 그리고 'Spatial Interpolation'을 'Linear'로 선택할 경우 핸들은 없지만, 직선형태의 'Motion Path'를 수정할 수 있습니다.

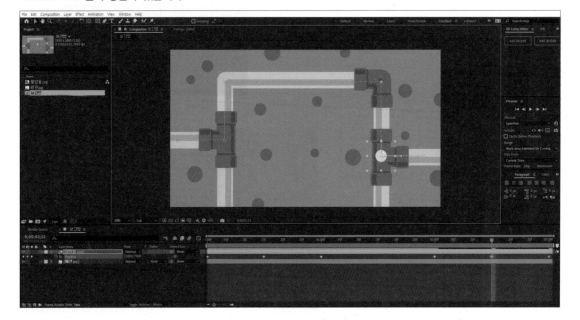

CHAPTER

08

그래프 에디터 활용하여 공 튀기는 애니메이션 만들기

그래프 에디터(Graph Editor)는 애니메이션의 수치를 그래프로 만든 형태입니다. 그래프 에디터에서도 애니메이션의 속도 그래프(Speed Graph)와 밸류 그래프(Value Graph)로 조절할 수 있습니다. 속도 그래프는 말 그대로 애니메이션 간의 속도를 조절하는 방법이고, 밸류 그래프는 수치, 양을 조절하여 애니메이션을 조절하는 그래프입니다. 그래프 에디터의 스피드 그래프를 알아보고 스피드 그래프를 활용하여 공 튀기는 애니메이션을 만듭니다.

스피드 그래프를 활용하여 속도조절 하기

● 준비파일: 애프터 이펙트\파트02\08\01\스피드 그래프.aep

01 상단메뉴에서 [File → Open Project(Ctrl+O)]를 클릭합니다. 준비파일 경로로 이동하여 '스피드 그래프.aep' 애프터 이펙트의 프로젝트 파일을 불러옵니다. '화살표' 레이어가 2가지 있습니다. 'Position'에 키프레임 애니메이션이 적용되어 있습니다.

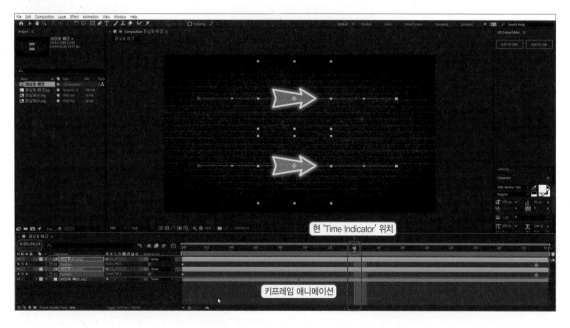

02 [Timeline] 패널에서 '화살표
01.png' 레이어의 'Position'을 선
택하고 'Graph Editor' 아이콘(■)
을 클릭합니다.

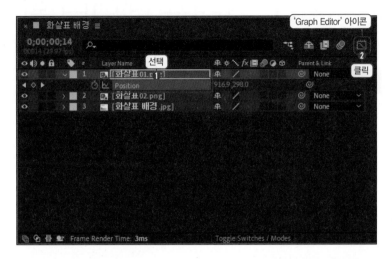

03 [Timeline] 패널의 빈 공간에
마우스 오른쪽 버튼을 클릭하면 [Edit
Speed Graph] 메뉴를 클릭합니다.

> 키프레임 애니메이션이 적용된
> 그래프가 화면에 나타나지 않는
> 다면, [Timeline] 패널의 레이어를
> 직접 선택하고 키프레임 애니메
> 이션이 적용된 'Position'을 선택
> 하여 확인합니다.

04 'Speed Graph'는 움직이는 속도를 기준으로 그래프의 형태로 작업할 수 있습니다. 여기서 속도는 초당 이동한 픽셀
을 말합니다. 그래프에서 'px/sec' 메뉴를 확인할 수 있습니다. 가로는 시간을 의미하고 세로는 속도변화를 의미합니다. 그
래프 모양은 가로로 평행한 모습입니다. 위치가 이동하는 동안 속도가 일정하다는 의미입니다. 'Speed Graph'의 형태로 속
도가 가속인지 감속인지 확인할 수 있습니다. '0;00;00;00' 프레임에서 '0;00;01;59' 프레임 구간까지의 그래프가 일정합
니다. 속도에 변화가 없다는 것이며, 속도가 현재 일정하다는 의미입니다.

05 그래프의 포인트는 키프레임입니다. 왼쪽, 오른쪽으로 움직일 경우 키프레임 애니메이션의 타이밍(시간)을 바꿀 수 있습니다. 위아래로 움직이면 속도를 조절할 수 있습니다.

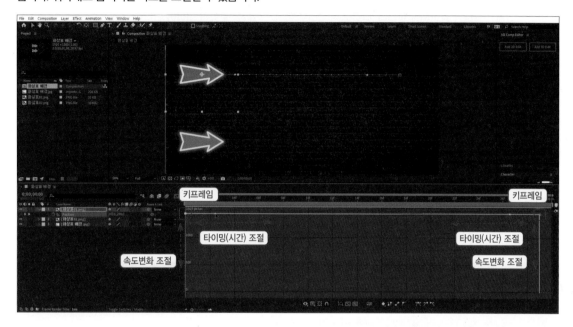

06 키프레임의 핸들은 위아래, 왼쪽 오른쪽으로 움직여 그래프의 형태를 조절할 수 있습니다.

07 '0;00;00;00' 프레임에서 '0;00;00;29' 프레임 구간까지의 속도가 첫 번째 키프레임에서는 느리다가 점점 빨라지게 가속 애니메이션의 그래프를 조절하겠습니다.

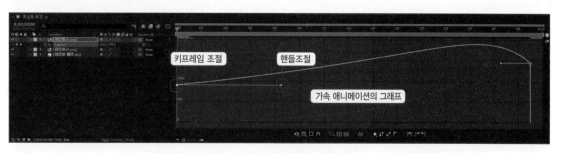

08 '0;00;00;00' 프레임에서 키프레임을 아래로 내려 속도를 '0'으로 맞춥니다. 아래로 마우스로 드래그하여 내릴 때 왼쪽 오른쪽으로 움직일 수 있습니다. Shift 를 누른 상태에서 적용하면 수직으로 움직일 수 있습니다. 처음에는 느리게 움직이게 하려면 그래프 형태가 완만해야 합니다. 나중에는 그래프 형태가 가파른 모양이 되어야 합니다.

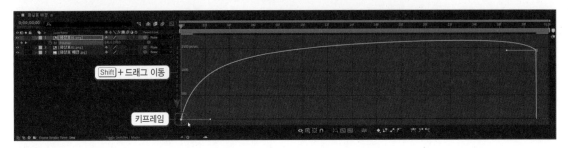

09 '0;00;00;00' 프레임의 키프레임에서 핸들을 왼쪽 오른쪽으로 당길 수 있습니다. 오른쪽으로 최대한 당기면 그래프 모양이 완만해지는 모양이 됩니다. 그리고 '0;00;00;29' 프레임에서는 그래프 모양이 가파른 모양입니다. 가속의 애니메이션이 완성되었습니다.

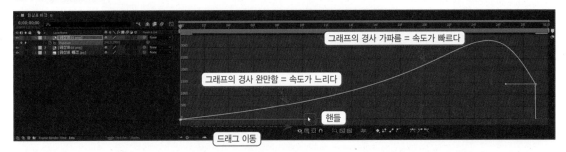

10 '화살표02.png' 레이어를 '0;00;00;00' 프레임에서 '0;00;00;29' 프레임 구간까지는 속도가 점점 줄어드는 감속 애니메이션으로 수정합니다. '0;00;00;29' 프레임 구간에서 속도가 '0'이 되도록 속도를 조절합니다.

11 '0;00;00;29' 프레임에서 키프레임을 아래로 내려 속도를 '0'으로 맞춥니다.

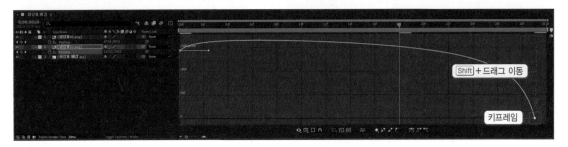

12 '0;00;00;29' 프레임에서 키프레임의 핸들을 마우스 왼쪽 버튼을 누른 채 왼쪽으로 드래그하여 이동하면 그래프가 서서히 완만해지는 모양이 됩니다.

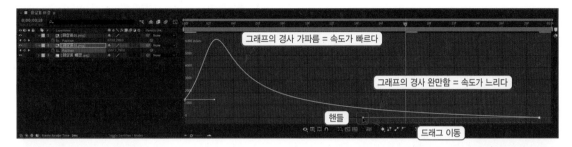

13 Space Bar 를 눌러 영상을 재생해서 확인합니다. '화살표01.png' 레이어는 가속 애니메이션이고, '화살표02.png' 레이어는 감속 애니메이션입니다.

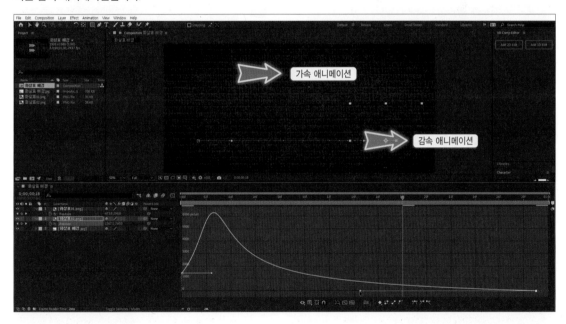

스피드 그래프를 활용하여 공 튀기는 애니메이션 만들기

● 준비파일: 애프터 이펙트\파트02\08\02\공 튕김.aep

01 상단메뉴에서 [File → Open Project(Ctrl+O)]를 클릭합니다. 준비파일 경로로 이동하여 '공 튕김.aep' 애프터 이펙트의 프로젝트 파일을 불러옵니다. '잔디배경.jpg' 배경 레이어와 '축구공.png' 공 레이어가 있습니다. 공 레이어를 활용하여 공이 튕기는 애니메이션을 만듭니다.

02 [Timeline] 패널의 'Time Indicator'를 '0;00;00;00' 프레임에 배치합니다. '축구공.png' 레이어의 'Position' 옵션값을 '960.0, 350.0'으로 수정합니다. 'Time-Vary stop watch' 아이콘(🕐)을 클릭합니다. 'Position'에 키프레임이 생성됩니다.

03 [Timeline] 패널의 'Time Indicator'를 '0;00;00;05' 프레임에 배치합니다. '축구공.png' 레이어의 'Position' 세로값을 '800.0'으로 수정하여 '축구공.png' 레이어가 [Composition] 패널의 화면에서 아래로 내려오게 합니다. 'Position'에 키프레임이 생성됩니다.

04 [Timeline] 패널의 'Time Indicator'를 '0;00;00;10' 프레임에 배치합니다. '축구공.png' 레이어의 'Position' 세로값을 다시 '350.0'으로 수정하여 '축구공.png' 레이어가 [Composition] 패널의 화면에서 위로 공이 튀어 오르게 합니다. 'Position'에 키프레임이 생성됩니다.

05 [Timeline] 패널에서 '축구공.png' 레이어의 'Position'을 선택하고 'Graph Editor' 아이콘을 클릭합니다.

06 [Timeline] 패널에서 'Graph Editor'의 빈 공간을 마우스 오른쪽 버튼으로 클릭합니다. [Edit Speed Graph] 메뉴를 클릭합니다.

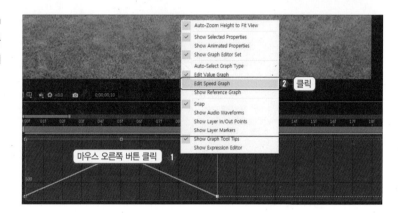

07 'Speed Graph'를 확인합니다. 현재는 구간에서 속도가 일정하게 설정된 것을 확인할 수 있습니다.

08 '0;00;00;00' 프레임에서 공이 위에서 아래로, 정점에서 멈춰있는 상태에서 떨어지는 지점입니다. 그래서 속도가 '0' 인 상태입니다. '0;00;00;00' 프레임의 키프레임을 아래로 드래그하면서 이동하여 '0'으로 설정합니다.

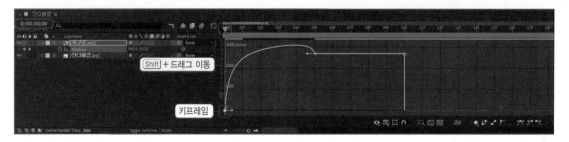

09 '0;00;00;10' 프레임에서도 동일하게 튕겨 정점에 올라간 상태이기 때문에 속도를 '0'으로 수정합니다. '0;00;00;00' 프레임에서 '0;00;00;05' 프레임 구간까지의 공의 속도는 처음에는 느리다가 점점 가속도가 붙어서 바닥까지 빠르게 내려오게 설정해야 합니다. 그래프 모양을 처음에는 완만하게 하고, 나중에는 가파른 모양으로 수정합니다.

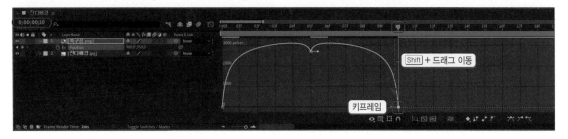

10 '0;00;00;00' 프레임에서 '0;00;00;05' 프레임 구간까지 공의 속도는 느리다가 점점 가속도가 붙어서 바닥까지 빠르게 내려오게 설정합니다. 그래프 모양을 처음에는 완만하게 하고, 나중에는 가파른 모양으로 수정합니다.

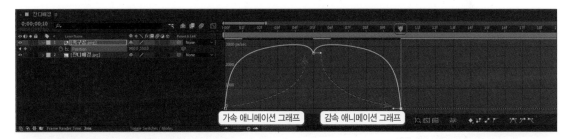

11 '0;00;00;00' 프레임에서 키프레임의 핸들을 오른쪽으로 당겨줍니다. 스피드 그래프의 곡선이 처음에는 완만하고 나중에는 가파른 모양을 하고 있습니다. '0;00;00;05' 프레임에서 '0;00;00;10' 프레임 구간까지 공의 속도는 처음에는 빠르다가 점점 감속하여 정점에 도달하면 공의 속도를 멈추게 해야 합니다. 그래프 모양을 처음에는 가파른 모양에서 나중에는 완만한 모양으로 수정합니다.

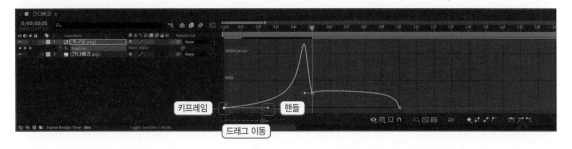

12 '0;00;00;10' 프레임에서 키프레임의 핸들을 왼쪽으로 당겨줍니다. 스피드 그래프의 곡선이 처음에는 가파른 모양에서 나중에는 완만한 모양을 하고 있습니다.

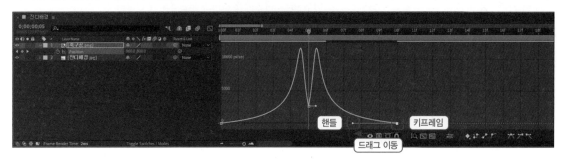

13 '0;00;00;05' 프레임에서 속도가 가장 빠를 때입니다. 속도를 더 빠르게 조절하고 싶으면 '0;00;00;05' 프레임의 포인트를 그래프 위쪽으로 당겨서 조절할 수 있습니다.

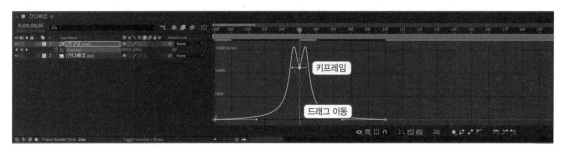

14 공이 튕겨지는 애니메이션을 반복하고 싶으면 동일한 방법으로 키프레임을 생성하여 스피드 그래프를 조절합니다. [Space Bar]를 눌러 영상을 재생하여 공 튀기는 애니메이션을 확인합니다.

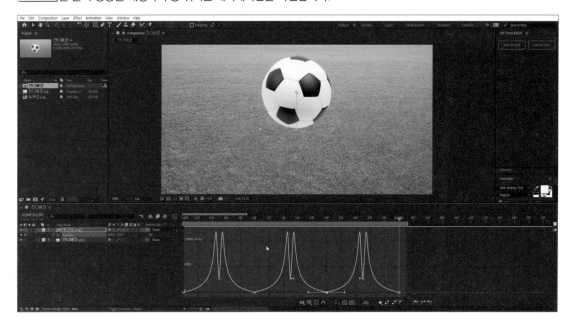

CHAPTER

09

페어런트, 오토 오리엔트 활용하여 애니메이션 만들기

페어런트(Parent)는 부모 레이어라고 합니다. 부모 레이어가 있다면 자식 역할을 하는 레이어도 존재합니다. 부모 레이어의 키프레임 애니메이션을 적용하면 자식 레이어는 부모 레이어의 키프레임 애니메이션을 그대로 물려받아 애니메이션이 적용됩니다. 'Parent' 기능은 레이어 속성인 'Transform'의 키프레임 애니메이션에 대해서 적용됩니다. 물고기 이미지를 활용하여 'Parent'의 기능을 적용한 키프레임 애니메이션을 만듭니다.

● 준비파일: 애프터 이펙트\파트02\09\페어런트.aep

01 '페어런트'를 활용하여 물고기 애니메이션을 만듭니다. 상단메뉴에서 [File → Open Project(Ctrl+O)]를 클릭합니다. 준비파일 경로로 이동하여 '페어런트.aep' 애프터 이펙트의 프로젝트 파일을 불러옵니다. '부모 물고기' 레이어가 있고 '자식 물고기' 레이어가 있습니다.

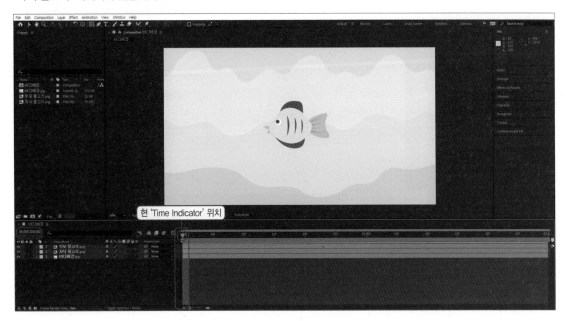

02 [Timeline] 패널의 '부모 물고기.png' 레이어에 'Position'을 활용하여 키프레임 애니메이션을 적용하겠습니다. '부모 물고기.png' 레이어의 'Position' 옵션값은 '960.0', '540.0'으로 지정되어 있습니다.

03 [Timeline] 패널의 'Time Indicator'를 '0;00;00;00' 프레임에 배치합니다. '부모 물고기.png' 레이어의 'Position'에서 가로값을 '1700.0'으로 수정합니다. [Composition] 패널의 화면에서 '부모 물고기.png' 레이어가 화면의 오른쪽으로 이동하였습니다. 'Time-Vary stop watch' 아이콘( )을 클릭합니다. 'Position'에 키프레임이 생성되었습니다.

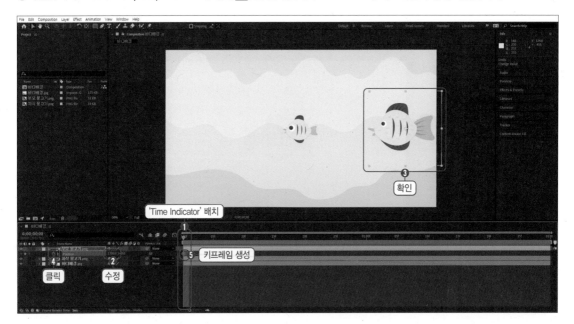

04 [Timeline] 패널의 'Time Indicator'를 '0;00;01;00' 프레임에 배치합니다. '부모 물고기.png' 레이어의 'Position' 옵션값을 '960.0, 300.0'으로 수정합니다. 'Position'에 키프레임이 생성됩니다

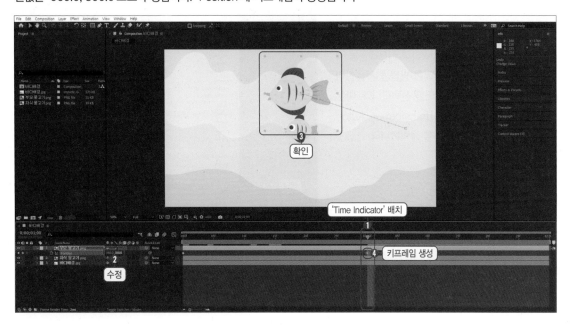

05 [Timeline] 패널의 'Time Indicator'를 '0;00;01;29' 프레임에 배치합니다. '부모 물고기.png' 레이어의 'Position' 옵션값을 '300.0, 540.0'으로 수정합니다. [Composition] 패널의 화면에서 '부모 물고기.png' 레이어가 화면의 오른쪽에서 왼쪽으로 이동하는 애니메이션이 완성되었습니다.

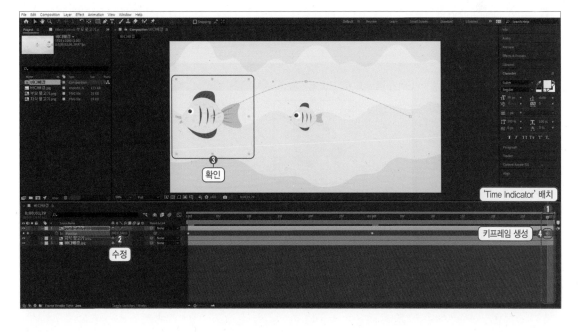

PART 1. 시작

PART 2. 키프레임

PART 3. 셰이프

PART 4. 마스크

PART 5. 3D 레이어

PART 6. 이펙트

PART 7. 트래킹

PART 8. 영상출력·연출

PART 9. 완성형

06 '부모 물고기.png' 레이어가 위치가 이동하면서 바라보는 방향이 바뀌게 설정합니다. 위로 이동할 때는 위쪽을 바라보게 아래로 이동할 때는 아래로 향하게 설정합니다. 위치가 이동할 때마다 'Rotation'의 회전값을 입력하여 키프레임을 적용할 수도 있지만, 좀 더 편리한 방법을 사용합니다. '부모 물고기.png' 레이어를 선택합니다. 마우스 오른쪽 버튼을 클릭하여 [Transform → Auto-Orient(Ctrl + Alt + O)] 메뉴를 클릭합니다.

07 [Auto-Orientation] 대화상자가 활성화됩니다. 'Orient Along Path'를 선택합니다. 그리고 [OK] 버튼을 클릭합니다.

08 'Auto-Orientation'의 적용으로 [Composition] 패널의 '부모 물고기.png' 레이어가 뒤집어집니다. 위치애니메이션 이동경로에 따라서 자동으로 회전이 적용되었습니다.

09 '부모 물고기.png' 레이어가 원하는 방향으로 회전이 적용되어 있지 않습니다. [Timeline] 패널에 '부모 물고기.png' 레이어의 'Rotation' 옵션값을 직접 입력하여 원하는 방향으로 회전각도를 설정합니다. '부모 물고기.png' 레이어는 '0 × -180.0°'로 수정합니다.

10 'Parent' 기능을 적용하여 '자식 물고기.png' 레이어가 '부모 물고기.png' 레이어를 뒤를 따라 움직이게 설정합니다. '부모 물고기.png' 레이어의 위치를 기준으로 'Parent' 기능이 적용됩니다. '자식 물고기.png' 레이어를 선택하여 '부모 물고기.png' 레이어의 뒤를 따라가게 설정합니다.

[Timeline] 패널의 'Time Indicator'를 '0;00;01;00' 프레임에 배치합니다. '자식 물고기.png' 레이어의 'Position' 옵션값을 '1300.0, 300.0'으로 수정합니다.

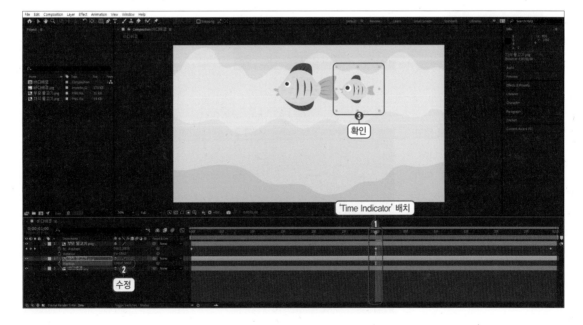

11 [Timeline] 패널에 '자식 물고기.png' 레이어의 'Parent & Link' 메뉴에서 'Parent pick whip' 아이콘(◎)을 클릭 후 'Parent'(부모)가 되고자 하는 '부모 물고기.png' 레이어에 드래그앤드롭합니다.

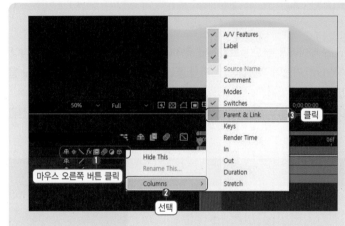

[Timeline] 패널에 'Parent & Link'가 없다면, 아이콘들에 마우스 오른쪽 버튼을 클릭하면 [Columns → Parent & Link] 메뉴를 클릭하여 활성화하면 됩니다.

12 연결이 완료되면 '자식 물고 기.png' 레이어의 'Parent & Link' 메뉴에서 '부모 물고기.png' 레이 어가 연결된 것이 확인됩니다.

13 [Space Bar]를 눌러 영상을 재생해서 확인합니다. '자식 물고기.png' 레이어가 '부모 물고기.png' 레이어를 따라서 이동하는 애니메이션이 적용되었습니다. 'Parent' 기능은 자식 레이어에 키프레임을 생성하지 않고 자식 레이어가 부모 레이어를 따라서 애니메이션을 적용하게 해줍니다.

PART 1. 시작

PART 2. 기프레임

PART 3. 레이어

PART 4. 마스크

PART 5. 3D 레이어

PART 6. 이펙트

PART 7. 트래킹

PART 8. 영상출력 · 연동

PART 9. 영상합성

AFTER EFFECTS

Ae

PART 3.
애프터 이펙트
다양한 레이어 익히기

애프터 이펙트에는 다양한 레이어들이 있습니다. 어도비에서 제공하는 소프트웨어는 기본적으로 레이어를 사용한 제작방식을 갖추고 있습니다. 널리 사용하는 포토샵과 일러스트레이터도 마찬가지입니다. 이런 소프트웨어를 사용하려면 레이어 개념에 대해서 확실히 알아야 합니다. 레이어를 활용하여 이미지, 도형, 텍스트, 색보정, 애니메이션 등 다양한 작업을 할 수 있습니다. 여기에서는 다양한 레이어 활용법과 예시를 통하여 레이어 기능들을 익힙니다.

CHAPTER
01

텍스트 레이어 활용하여
애니메이션 만들기

텍스트 레이어(Text Layer)는 글자를 활용하여 다양한 작업을 할 수 있게 합니다. 다양한
메뉴를 활용하여 완성도 높은 텍스트 애니메이션과 효과들을 만듭니다. 기본메뉴를 알아
보고 애니메이션 작업을 합니다.

01 상단메뉴에서 [Composition →
New Composition(Ctrl+N)]을 클릭합
니다. [Composition Settings] 대화상자
가 나타납니다. 'Composition Name'을
'텍스트 레이어'로 입력합니다. 'Preset:
HD 1920×1080 29.97fps' 규격을 선
택하고 'Duration: 0;00;10;00' 프레임
으로 설정합니다. [OK] 버튼을 클릭합
니다.

02 상단메뉴에서 [Layer → New → Text(Ctrl + Alt + Shift + T)]를 클릭해서 텍스트 레이어를 만듭니다.

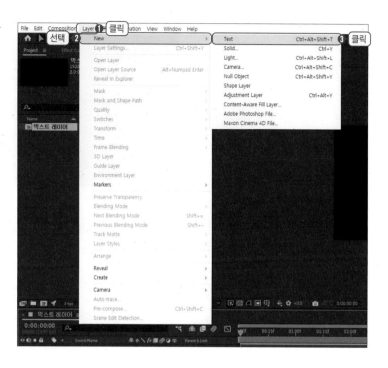

03 [Timeline] 패널에 '⟨empty text layer⟩'란 이름으로 비어있는 상태의 텍스트 레이어가 생성되었습니다. [Composition] 패널에서는 비어 있는 텍스트 레이어의 화면에 아무것도 나타나지 않습니다. 그리고 [Character] 패널에 세부옵션 메뉴가 추가로 생성됩니다.

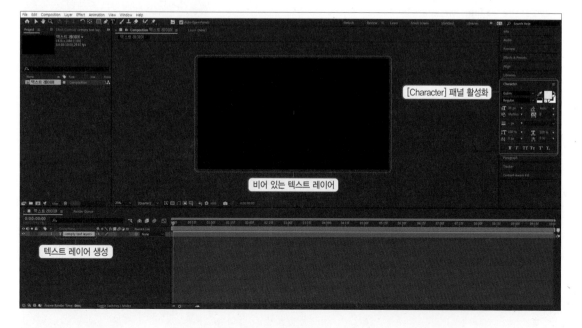

04 [Composition] 패널에서 'After effects Text Layer'라고 입력합니다.

05 [Character] 패널에서 텍스트 스타일을 수정합니다. 화면에 [Character] 패널이 보이지 않는다면 상단메뉴에서 [Window → Character(Ctrl+⑥)]를 클릭합니다.

- ■ [Character] 패널 세부옵션
- ❶ **Set the font Family:** 폰트를 선택합니다.
- ❷ **Set the font style:** 폰트스타일을 선택합니다. 'Regular', 'Bold', 'Italic' 다양한 형태들이 있습니다.
- ❸ **Fill Color:** 폰트색상을 설정합니다.
- ❹ **Stroke Color:** 폰트테두리를 설정합니다.
- ❺ **Set the font Size:** 폰트크기를 설정합니다.
- ❻ **Set the leading:** 행간을 설정합니다.
- ❼ **Set the tracking:** 자간을 설정합니다.

06 텍스트 크기를 조절하겠습니다. [Character] 패널에서 폰트크기를 '80'px로 수정합니다. [Composition] 패널에서 텍스트 크기 변화를 확인합니다.

07 텍스트 색상과 테두리 색상을 지정합니다. [Character] 패널의 'Fill Color' 색상박스를 클릭합니다. [Text color] 대화 상자가 나타납니다. 색상을 'R: 250, G: 115, B: 255'로 수정합니다. 그리고 [OK] 버튼을 클릭합니다.

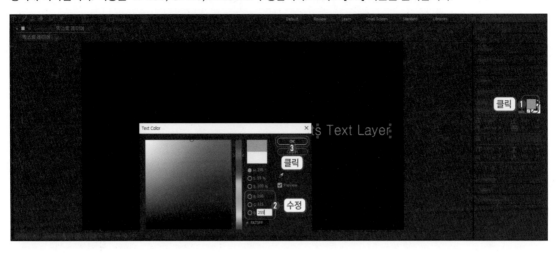

08 텍스트의 테두리 색상을 지정합니다. [Character] 패널의 'Stroke Color' 색상박스를 클릭합니다. [Text color] 대화상 자가 나타납니다. 색상을 'R: 120, G: 115, B: 255'로 수정합니다. 그리고 [OK] 버튼을 클릭합니다.

09 [Composition] 패널에서 결과물 을 확인합니다.

10 [Composition] 패널의 'After effects Text Layer' 텍스트 레이어는 텍스트 기준으로 왼쪽정렬이 되어 있습니다. 텍스트 레이어의 중심점(Anchor Point)이 왼쪽에 있기 때문입니다. 그래서 중앙정렬로 수정합니다. [Paragraph] 패널에서 'Center text'를 클릭합니다. [Composition] 패널의 'After effects Text Layer' 텍스트 레이어가 중앙정렬로 변경되었습니다.

11 텍스트 레이어에 완성도 있는 애니메이션을 실행하기 위해서 'Animate' 메뉴를 실행합니다. 'Animate' 메뉴는 글자 하나하나의 애니메이션을 세부적으로 조절할 수 있습니다. 'Animate' 메뉴는 [Timeline] 패널의 텍스트 레이어 메뉴에서 'Animate' 아이콘(▶)을 클릭하면 확인할 수 있습니다.

■ **'Animate' 메뉴**

텍스트 레이어의 'Animate'는 'Range Selector'를 활용한 애니메이션을 생성하게 해줍니다. 'Range Selector'란? 구간을 선택하여 원하는 구간 또는 원하지 않는 구간에서 'Animate' 메뉴의 선택한 속성을 활용하여 애니메이션을 만듭니다.

❶ **Enable Per-character 3D:** 텍스트의 개별적 3D 레이어를 적용합니다.

❷ **Anchor Point:** 중심점을 활용합니다.

❸ **Position:** 위치를 활용합니다.

❹ **Scale:** 크기를 활용합니다.

❺ **Skew:** 기울기를 활용합니다.

❻ **Rotation:** 회전을 활용합니다.

❼ **Opacity:** 투명도를 활용합니다.

❽ **All Transform Properties:** 중심점, 위치, 크기, 기울기, 회전, 투명도를 활용합니다.

❾ **Fill Color:** 색상을 활용합니다.

⑩ **Stroke Color:** 테두리 색상을 활용합니다.

⑪ **Stroke Width:** 테두리 두께를 활용합니다.

⑫ **Tracking:** 자간을 활용합니다.

⑬ **Line Anchor:** 문장의 중심점을 활용합니다.

⑭ **Line Spacing:** 문장의 줄 간격을 활용합니다.

⑮ **Character Offset:** 문자, 숫자를 다음 순서대로 바꿔줍니다.

⑯ **Character Value:** 문자, 숫자, 기호를 바꿔줍니다.

⑰ **Blur:** 블러를 활용합니다.

12 텍스트 레이어의 위치 애니메이션을 실행하기 위해 'Animate' 메뉴 중에서 [Position] 메뉴를 클릭합니다.

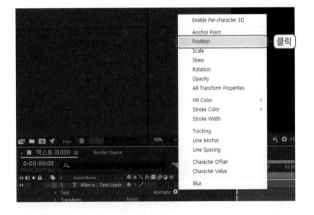

13 [Timeline] 패널에서 'After effects Text Layer' 텍스트 레이어의 세부옵션 메뉴에 'Animator 1' 옵션이 추가되고, 애니메이션의 구간을 설정할 수 있는 'Range Selector 1' 옵션도 추가됩니다.

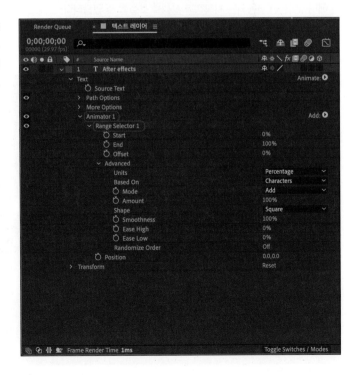

■ 'Range Selector' 세부옵션

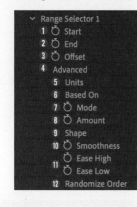

❶ **Start:** 구간의 시작점입니다.

❷ **End:** 구간의 끝점입니다.

❸ **Offset:** 시작점, 끝점을 조절합니다.

❹ **Advanced:** 구간설정의 고급메뉴입니다. 세부옵션을 조절합니다.

❺ **Unit:** 'Start' 구간과 'End' 구간의 단위를 % 단위로 선택하거나 'Index' 단위로 선택합니다. '0~100%'의 구간은 'Range Selector'의 'Start: 0% ~ End: 100%' 구간을 의미합니다. 'Index'는 순차적인 수치의 기준을 의미합니다.

❻ **Based On:** 텍스트 기준, 단어 기준, 문장 기준입니다.

❼ **Mode:** 구간애니메이션이 지정되는 모드입니다. 더하거나 빼거나 반전, 교차 등의 모드를 선택합니다.

❽ **Amount:** 구간애니메이션 적용되는 강도입니다.

❾ **Shape:** 구간에서의 형태를 의미합니다. 'Square'는 일정하게 'Ramp Up', 'Ramp Down'은 오르막, 내리막 형태로 부드럽게, 'Triangle'은 삼각형 모양, 'Round'는 라운드 모양, 'Smooth'는 부드러운 모양 등으로 지정합니다.

❿ **Smoothness:** 구간애니메이션의 부드러운 정도입니다.

⓫ **Ease High, Low:** 구간애니메이션 경계부분의 부드러운 정도입니다.

⓬ **Randomize Order:** 구간에서의 범위를 랜덤으로 지정합니다.

14 [Timeline] 패널의 'After effects Text Layer' 텍스트 레이어의 'Range Selector 1' 옵션의 'Start', 'End'를 활용하면 애니메이션이 적용되는 시작점과 끝점을 조절할 수 있습니다. 그리고 [Composition] 패널의 'After effects Text Layer' 텍스트 레이어의 왼쪽과 오른쪽에 시작점과 끝점이 있습니다. 마우스로 직접 왼쪽, 오른쪽으로 끌어서 조절할 수 있습니다. 'Start', 'End'와 동일한 역할을 합니다.

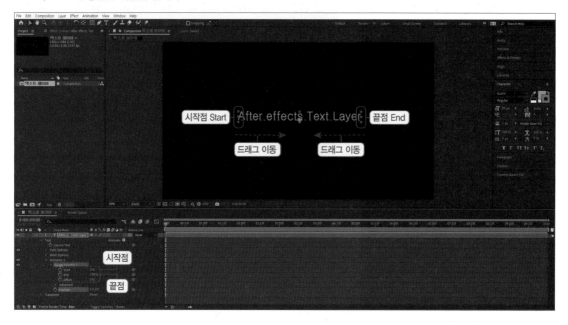

15 [Timeline] 패널에서 'After effects Text Layer' 텍스트 레이어의 'Range Selector 1'에서 'End' 옵션값을 '30%'로 수정합니다.

16 'Position' 세로값을 '-100.0'으로 입력합니다. 구간에 속해있는 텍스트가 -100픽셀만큼 세로(Y축), 즉 [Composition] 패널의 화면에서 위로 이동합니다.

> Y축을 '-100'으로 수정하면 위치가 위로 올라갑니다. 마이너스로 변경하면 화면 위로 올라가는 이유는, 현재 기준값에서 마이너스가 되면 값을 100만큼 뺀 것이기 때문에 위로 올라갑니다. Y축의 위쪽부터 0픽셀로 시작하여 아래쪽으로 1080픽셀이 됩니다.(1920×1080 사이즈 경우)

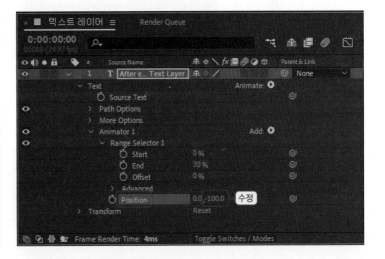

17 'Range Selector 1'의 'Offset'는 'Start' 구간과 'End' 구간 전체를 조절할 수 있습니다. 'Offset' 옵션값을 '0~100%'로 마우스 커서로 좌우로 드래그하여 조절해봅니다. 'Offset' 옵션값에 따라서 'Start' 구간과 'End' 구간 전체가 이동하는 것을 확인할 수 있습니다.

18 [Timeline] 패널의 'Time Indicator'를 '0;00;0 0;00' 프레임에 배치합니다. 'Offset' 옵션값을 '-30%' 로 수정합니다. 그리고 'Time-Vary stop watch' 아이 콘(⏱)을 클릭합니다. 'Offset'에 키프레임이 생성되었 습니다.

19 [Timeline] 패널의 'Time Indicator'를 '0;00;03;00' 프 레임에 배치합니다. 'Offset' 옵션값을 '100%'로 입력합니 다. 'Offset'에 키프레임이 생 성되었습니다.

20 Space Bar 를 눌러 영상을 재생해서 확인합니다. 텍스트 구간이 움직이면서 구간에 해당하는 텍스트는 위치 애니메이 션이 실행됩니다.

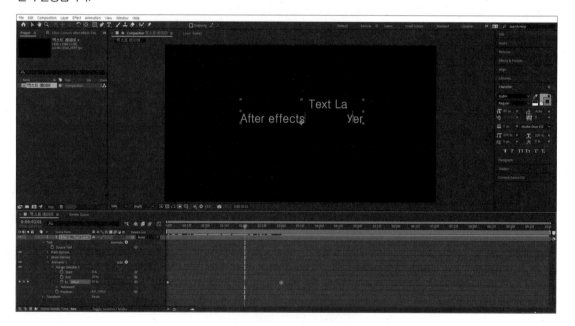

CHAPTER

02

셰이프 레이어 활용하여 도형, 애니메이션 만들기

셰이프 레이어(Shape Layer)는 도형을 만들거나 선을 그릴 때 사용하는 레이어입니다. 일러스트레이터를 거치지 않고 직접 도형을 만들어서 제작할 수 있습니다. 애프터 이펙트의 애니메이션에 특화되어 있기 때문에 모션그래픽 작업을 할 때 굉장히 간편하고 빠르게 작업할 수 있습니다.

01 상단메뉴에서 [Composition → New Composition(Ctrl+N)]을 클릭해서 '컴포지션'을 생성합니다. [Composition Settings] 대화상자가 나타납니다. 'Composition Name'을 '셰이프 레이어'로 입력합니다. 'Preset: HD 1920 × 1080 29.97fps' 규격을 선택하고, 'Duration: 0;00;03;00' 프레임으로 수정합니다.

Composition Settings ×

Composition Name: 셰이프 레이어 **1** 입력

Basic   Advanced   3D Renderer

Preset: HD • 1920x1080 • 29.97 fps   **2** 선택

Width: 1920 px

☑ Lock Aspect Ratio to 16:9 (1.78)

Height: 1080 px

Pixel Aspect Ratio: Square Pixels   Frame Aspect Ratio: 16:9 (1.78)

Frame Rate: 29.97   ∨   frames per second   Drop Frame

Resolution: Full   1920 x 1080, 7.9 MB per 8bpc frame

Start Timecode: 0;00;00;00   is 0;00;00;00 Base 30 drop

수정   **3** Duration: 0;00;03;00   is 0;00;03;00 Base 30 drop

Background Color: Black

OK   Cancel
4
클릭

02 [Layer → New → Shape Layer] 메뉴를 클릭합니다.

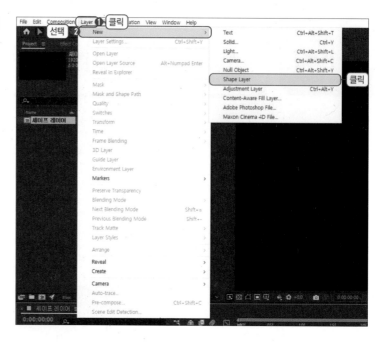

03 [Timeline] 패널에 'Shape Layer 1'이 생성되었습니다. [Composition] 패널의 화면은 비어 있습니다.

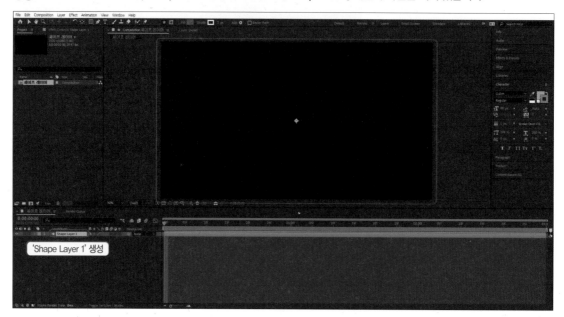

'Shape Layer 1' 생성

04 [Tools] 패널에서 'Rectangle Tool'(사각형 도형 툴)과 'Pen Tool'(펜 툴)을 활용하여 'Shape Layer'에 도형을 생성할 수 있습니다. 'Rectangle Tool'(사각형 도형 툴)을 선택합니다.

'Rectangle Tool' 아이콘   'Pen Tool' 아이콘

05 [Composition] 패널에서 마우스로 드래그하여 네모모양의 도형을 생성합니다.

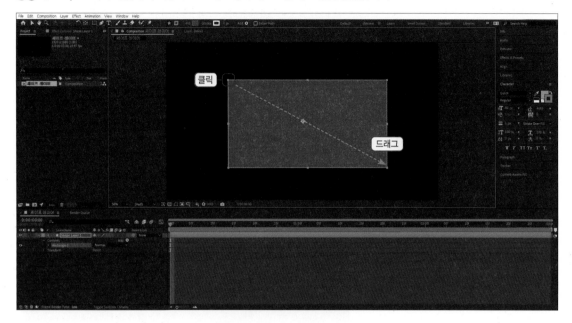

06 [Tools] 패널에서 'Fill Options'를 클릭합니다. [Fill Options] 대화상자가 나타납니다. 여기서는 색상을 빼거나 단색, 직선형태의 그러데이션, 원형형태의 그러데이션 등을 선택하여 색상이 적용되는 방식을 선택할 수 있습니다. 옵션만 확인한 다음 [OK] 버튼을 클릭합니다.

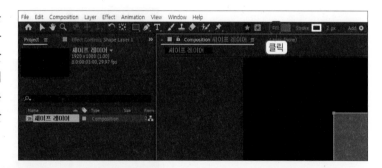

■ [Fill Options] 세부옵션

❶ **None:** 셰이프 레이어에 색상을 적용하지 않습니다.

❷ **Solid Color:** 셰이프 레이어에 단색의 색상을 적용합니다.

❸ **Linear Gradient:** 셰이프 레이어에 직선형의 그러데이션을 적용합니다.

❹ **Radial Gradient:** 셰이프 레이어에 원형의 그러데이션을 적용합니다.

❺ **Blend Mode:** 셰이프 레이어와 다른 레이어의 블렌드 모드 합성을 적용합니다.

❻ **Opacity:** 셰이프 레이어에 투명도를 적용합니다. 수치를 직접 입력 또는 마우스 커서로 드래그하여 조절합니다.

❼ **Preview:** 체크는 미리 보기를 지원합니다. 체크 해제는 미리 보기를 지원하지 않습니다.

07 'Shape Layer'의 색상을 선택합니다. 'Fill Color' 색상박스를 클릭합니다. [Shape Fill Color] 대화상자가 나타나면 'R: 250, G: 115, B: 255'로 수정 후 [OK] 버튼을 클릭합니다.

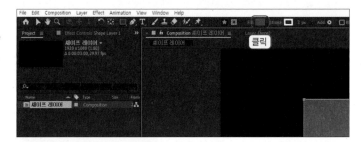

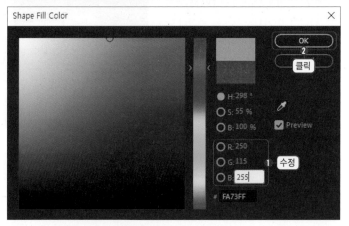

08 [Tools] 패널에서 'Stroke Options'를 클릭합니다. [Stroke Options] 대화상자가 나타납니다. 여기서도 마찬가지로 색상을 빼거나 단색, 직선형태의 그러데이션, 원형형태의 그러데이션 등을 선택하여 색상이 적용되는 방식을 선택할 수 있습니다. 옵션만 확인한 다음 [OK] 버튼을 클릭합니다.

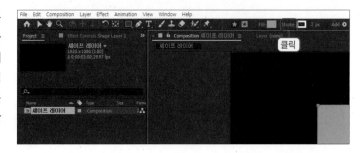

09 'Stroke Color'를 클릭하여 'Stroke'의 색상을 지정합니다. [Shape Stroke Color] 대화상자가 나타나면 'R: 120, G: 0, B: 255' 로 수정한 다음 [OK] 버튼을 클릭합니다. 'Shape Layer'의 색상과 테두리의 색상이 선택되었습니다.

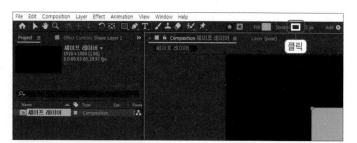

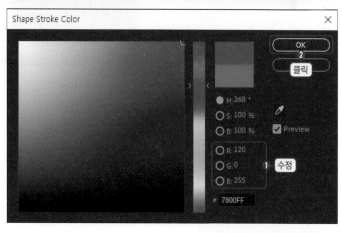

10 'Stroke Width'를 '10px'로 수정합니다.

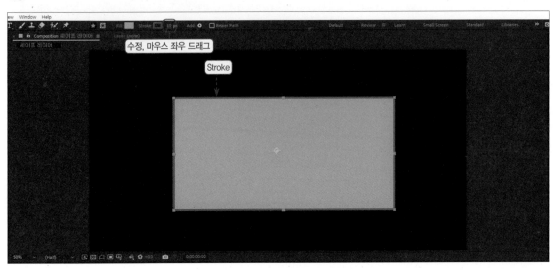

11 [Timeline] 패널의 'Shape Layer 1' 레이어를 확인합니다. 'Contents → Rectangle 1'에서 아이콘(▶)을 클릭합니다. 그리고 'Rectangle Path 1'에서 아이콘(▶)을 또 클릭하여 하위옵션을 펼칩니다.

■ 'Rectangle' 세부옵션

❶ **Rectangle Path 1:** 네모도형의 마스크 시작점과 끝점의 방향성을 선택합니다.

ⓐ Size: 셰이프 레이어의 크기를 조절합니다.

ⓑ Position: 셰이프 레이어의 위치를 조절합니다.

ⓒ Roundness: 모서리 각진 형태를 둥근 형태로 수정합니다.

❷ **Stroke 1:** 테두리의 색상 관련 메뉴를 조절합니다. 합성모드를 선택합니다.

ⓐ Composite: 라인과 색이 겹쳤을 때 상태를 선택합니다.

ⓑ Color: 테두리 색상을 선택합니다.

ⓒ Opacity: 투명도를 조절합니다.

ⓓ Stroke Width: 테두리 두께를 조절합니다.

ⓔ Line Cap: 라인 시작, 끝지점의 형태를 선택합니다.

ⓕ Line Join: 라인의 변화되는 지점의 형태를 선택합니다.

ⓖ Dashes: 라인을 분리합니다. 단위별로 라인의 분리형태를 길게, 짧게 설정합니다.

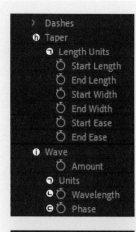

ⓗ Taper: 라인의 시작점, 끝점을 기준으로 두껍게, 얇게 설정합니다.

　　㉠ Length Units: 단위를 선택합니다.

ⓘ Wave: 라인의 두께 형태를 웨이브 형태로 조절합니다.

　　㉠ Unit: 단위를 선택합니다.

　　㉡ Wavelength: 웨이브 형태의 범위, 길이를 조절합니다.

　　㉢ Phase: 변화량을 조절합니다.

❸ **Fill 1**: 셰이프 레이어의 색상 관련 메뉴를 조절합니다. 합성모드를 선택합니다.

ⓐ Composite: 라인과 색이 겹쳤을 때 상태를 선택합니다.

ⓑ Fill Rule: 색상의 채우는 방식을 선택합니다.

ⓒ Color: 색상을 선택합니다.

ⓓ Opacity: 투명도를 조절합니다.

❹ **Transform Rectangle 1**: 'Rectangle' 셰이프의 트랜스폼 메뉴입니다.

ⓐ Anchor Point: 셰이프 레이어의 중심점입니다.

ⓑ Position: 셰이프 레이어의 위치입니다.

ⓒ Scale: 셰이프 레이어의 크기입니다.

ⓓ Skew: 셰이프 레이어의 기울어지는 정도입니다.

ⓔ Skew Axis: 기울어지는 기준을 설정합니다.

ⓕ Rotation: 셰이프 레이어의 회전입니다.

ⓖ Opacity: 셰이프 레이어의 투명도입니다.

12 [Timeline] 패널의 'Shape Layer 1' 레이어에서 'Add' 아이콘(▶)을 클릭합니다. 다양한 옵션들을 추가할 수 있는 메뉴들이 있습니다.

13 [Trim Paths] 메뉴를 클릭합니다. 'Trim Paths' 메뉴는 선(Stroke)을 의미하며 선이 생성되거나 사라지게 할 수 있습니다.

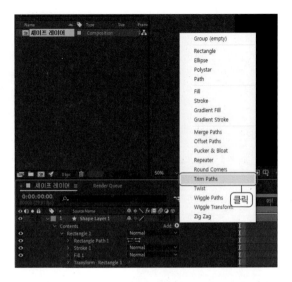

■ 'Trim Paths' 세부옵션

❶ **Start:** Trim Path가 시작되는 지점을 조절합니다.

❷ **End:** Trim Path가 끝나는 지점을 조절합니다.

❸ **Offset:** Trim Path의 시작점, 끝점을 조절합니다.

❹ **Trim Multiple Shapes:** 셰이프 레이어가 여러 개일 경우, 동시에 'Trim Paths'를 적용할지 순차적으로 적용할지 선택합니다.

ⓐ Simultaneously: 'Trim Paths'를 동시에 적용합니다.

ⓑ Individually: 'Trim Paths'를 개별적으로 적용합니다.

14 [Timeline] 패널에 'Time Indicator'를 '0;00;00;00' 프레임에 배치합니다. 'Trim Paths 1'의 'End' 옵션값을 '0.0%'로 수정합니다. 'End'에 'Time-Vary stop watch' 아이콘(◉)을 클릭합니다. 'End'에 키프레임이 생성되었습니다.

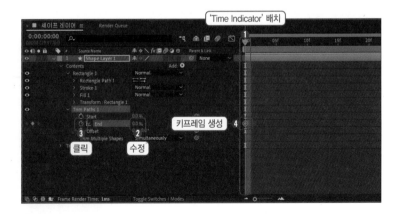

15 [Timeline] 패널에 'Time Indicator'를 '0;00;02;00' 프레임에 배치합니다. 'End' 옵션값을 '100.0%'로 수정합니다. 'End'
에 키프레임이 생성되었습니다.

16 Space Bar 를 눌러 영상을 재생해서 확인합니다. 'Shape Layer 1'에서 라인이 없다가 생성되어 도형이 완성되는 모습
을 확인할 수 있습니다.

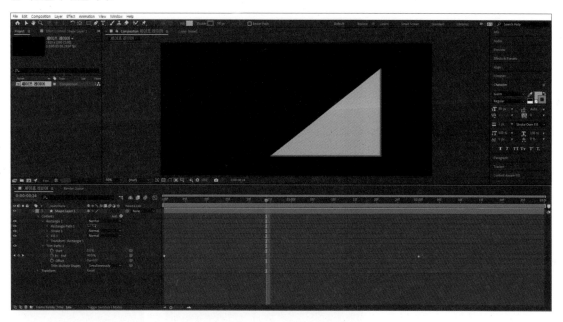

CHAPTER

03

솔리드 레이어 활용하여 화면전환 만들기

솔리드 레이어(Solid Layer)는 단색 레이어입니다. 특별한 기능이 있지는 않습니다. 하지만 다양한 작업에서 사용됩니다. 도형, 색보정, 배경, 알파 등 다양한 작업에 활용됩니다. 여기에서는 솔리드 레이어를 활용하여 화면전환 애니메이션을 만듭니다.

01 상단메뉴에서 [Composition → New Composition(Ctrl+N)]을 클릭해서 컴포지션을 생성합니다. [Composition Settings] 대화상자가 나타납니다. 'Composition Name'을 '솔리드 레이어'로 입력합니다. 'Preset: HD 1920×1080 29.97fps' 규격을 선택하고 'Duration: 0;00;03;00' 프레임으로 수정합니다. [OK] 버튼을 클릭합니다.

02 상단메뉴에서 [Layer → New → Solid(Ctrl+Y)]를 클릭합니다. 'Solid Layer'를 생성합니다.

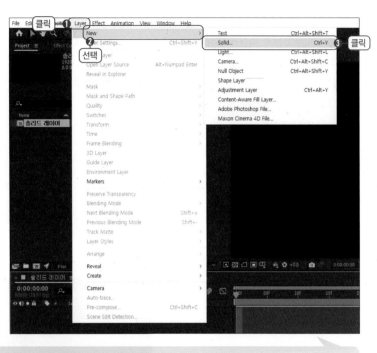

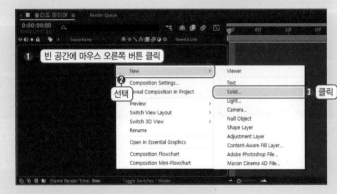

'Solid Layer' 레이어를 생성하는 또 다른 방법은 [Timeline] 패널에서 빈 공간에 마우스 오른쪽 클릭하고 [New → Solid] 메뉴를 클릭하여 생성할 수 있습니다.

03 'Solid Layer' 레이어 생성 메뉴를 클릭하면 [Solid Settings] 대화상자가 나타납니다. 메뉴를 확인합니다.

■ [Solid Settings] 대화상자 세부옵션

❶ **Name:** 솔리드 레이어의 이름을 작성합니다.

❷ **Width:** 가로 넓이를 정합니다.

❸ **Height:** 세로 높이를 정합니다.

❹ **Unit:** 단위를 설정합니다.

❺ **Pixel Aspect Ratio:** 픽셀의 가로, 세로 비율을 설정합니다.

❻ **Make Comp Size:** 컴포지션 사이즈와 동일하게 변경합니다.

❼ **Color:** 솔리드의 색상을 선택합니다.

04 먼저 생성한 [Composition] 패널의 사이즈에 맞춰서 작업을 진행합니다. 컴포지션을 1920×1080으로 설정합니다. 사이즈를 자동으로 현재 [Composition] 패널의 크기에 맞추기 위해서는 [Solid Settings] 대화상자에서 [Make Comp Size] 버튼을 클릭해서 활성화시킵니다. 'Solid Color' 색상박스를 클릭합니다.

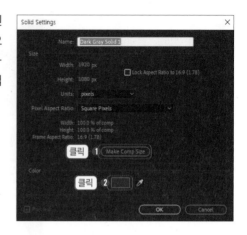

05 [Solid Color] 대화상자가 나타납니다. 'R: 255, G: 120, B: 120' 색상으로 수정합니다. [OK] 버튼을 클릭하여 'Solid Layer'를 생성합니다.

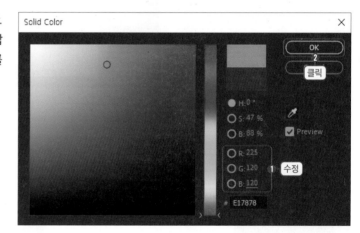

06 [Solid Settings] 대화상자에서 [OK] 버튼을 클릭합니다.

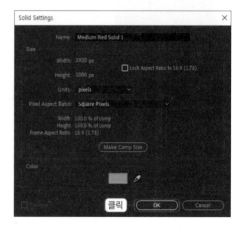

07 단색의 솔리드 레이어가 생성되었습니다.

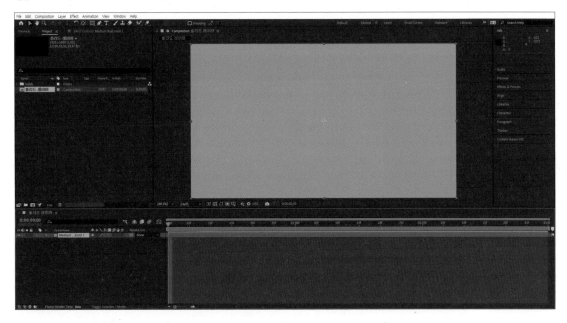

08 [Timeline] 패널의 'Time Indicator'를 '0;00;00;00' 프레임에 배치합니다. 'Medium Red Solid 1' 레이어의 'Position'에 가로값을 '2900.0'으로 수정합니다. 'Time-Vary stop watch' 아이콘(圖)을 클릭합니다. [Composition] 패널의 'Solid Layer' 레이어는 가로값 '2900.0'만큼 화면 오른쪽으로 이동해 배치되었습니다. 'Position'에 키프레임이 생성됩니다.

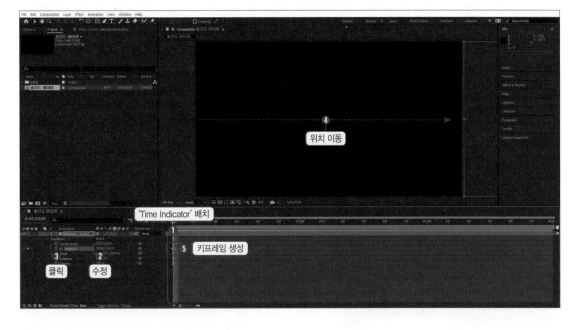

PART 1. 시작

PART 2. 키프레임

PART 3. 레이어

PART 4. 마스크

PART 5. 3D 레이어

PART 6. 이펙트

PART 7. 트래킹

PART 8. 영상출력 · 연동

PART 9. 영상실전

09 [Timeline] 패널의 'Time Indicator'를 '0;00;02;00' 프레임에 배치합니다. 'Medium Red Solid 1' 레이어의 'Position'에 가로값을 '960.0'으로 수정합니다. [Composition] 패널의 'Solid Layer' 레이어는 가로값 '960.0'만큼 화면 왼쪽으로 이동해 배치되었습니다. 'Position'에 키프레임이 생성됩니다.

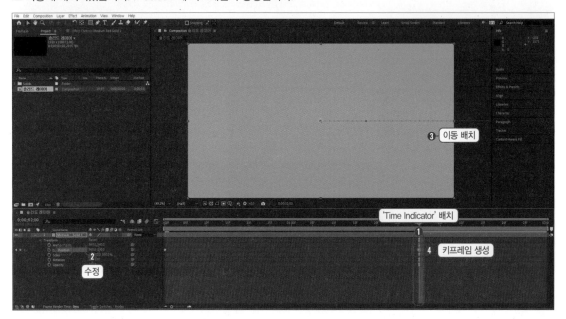

10 [Timeline] 패널의 'Medium Red Solid 1' 레이어의 'Position'에 적용된 키프레임 두 개를 마우스로 드래그하여 모두 선택합니다. 그리고 마우스 오른쪽 클릭합니다. [Keyframe Assistant → Easy Ease(F9)] 메뉴를 클릭합니다. 키프레임 애니메이션의 모양(▨)이 변경됩니다. 위치 애니메이션의 속도가 첫 번째 키프레임에서는 가속 애니메이션이 적용되고 두 번째 키프레임에서는 감속 애니메이션이 적용됩니다.

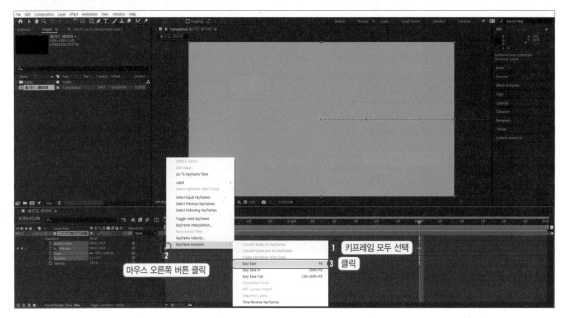

11 [Timeline] 패널의 'Medium Red Sol-
id 1' 레이어를 선택하여 복사(Ctrl+C)하고,
붙여 넣기(Ctrl+V)를 합니다. 동일한 레이
어가 복사, 붙여 넣기 되었습니다.

12 [Timeline] 패널에서 붙여 넣기를 한 'Medium Red Solid 1' 레이어의 '1번 레이어'를 선택하고 상단메뉴에서 [Layer
→ Solid Settings(Ctrl+Shift+Y)]를 클릭합니다. '1번 레이어'의 색상을 변경하기 위해서입니다.

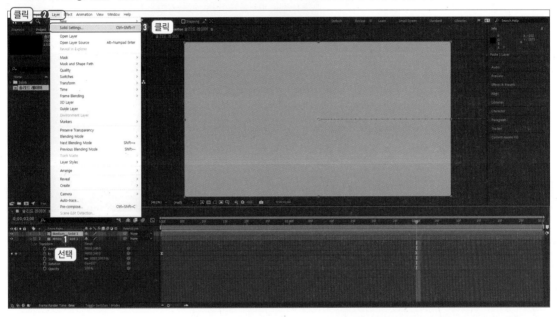

13 [Solid Settings] 대화상자가 나타납니다. 하단 'Color'의 'Solid
Color' 색상박스를 클릭합니다.

14   [Solid Color] 대화상자가 나타납니다. 색상 값을 'R: 200, G: 120, B: 255'로 수정합니다. [OK] 버튼을 클릭합니다.

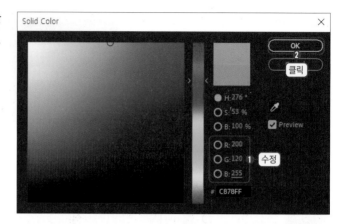

15   [Solid Settings] 대화상자에서 [New] 버튼을 클릭하여 솔리드 레이어의 색상을 수정합니다.

16   [Timeline] 패널에서 1번 레이어인 'Medium Purple Solid 1' 레이어를 선택합니다. 순차적인 위치 애니메이션을 만들기 위해서 타임라인 작업구간에서 레이어의 시작점 부분을 마우스로 클릭한 채 드래그하여 '0;00;00;10' 프레임 위치에 배치합니다.

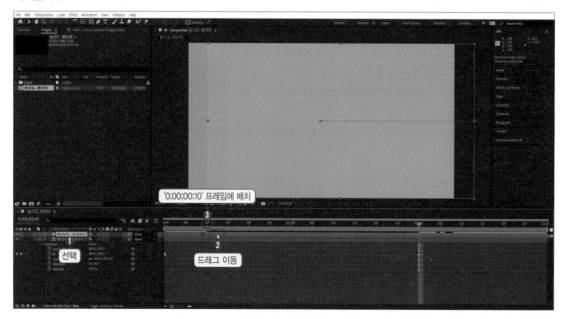

17 [Timeline] 패널의 'Medium Purple Solid 1' 레이어를 선택합니다. 복사(Ctrl+C) 하고, 붙여 넣기(Ctrl+V)를 합니다. 동일한 레이어가 추가 생성됩니다.

18 [Timeline] 패널에서 붙여 넣기를 한 1번 레이어인 'Medium Purple Solid 1' 레이어를 선택한 다음, 색상을 수정합니다. 상단메뉴에서 [Layer → Solid Settings] 메뉴를 클릭합니다.

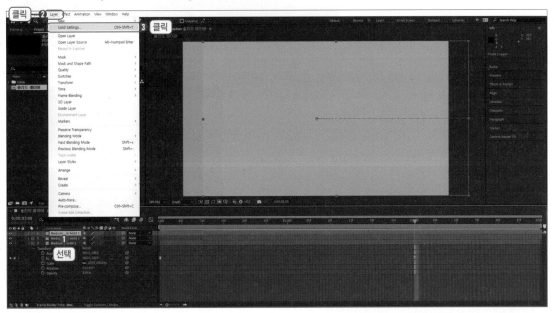

19 [Solid Settings] 대화상자가 나타납니다. 하단 'Color'의 'Solid Color' 색상박스를 클릭합니다.

20 [Solid Color] 대화상자가 나타납니다. 색상값을 'R: 200, G: 255, B: 120'으로 수 정합니다. [OK] 버튼을 클릭합니다.

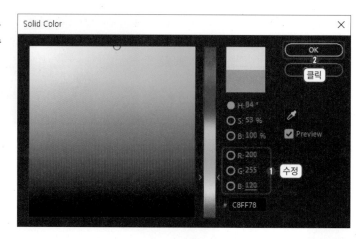

21 [Solid Settings] 대화상자에서 [New] 버튼을 클릭하여 솔리드 레이어의 색상을 수정합니다.

22 'Medium Lime Green Solid 1' 레이어를 선택합니다. 순차적 이동 애니메이션을 만들기 위해서 타임라인 작업구간 에서 레이어를 마우스로 드래그한 채 '0;00;00;20' 프레임의 위치까지 이동시킵니다.

23 Space Bar 를 눌러 영상을 재생해서 확인합니다. 다양한 색상들의 'Solid Layer'가 순차적으로 [Composition] 패널의 화면으로 들어옵니다. 이렇게 해서 화면전환 애니메이션이 완성되었습니다.

널 오브젝트 활용하여 자동차 애니메이션 만들기

널 오브젝트(Null Object)는 영상으로 출력하면 보이지 않습니다. 작업할 때만 확인할 수 있습니다. 주로 애니메이션 작업에 많이 사용되는데 특히 애니메이션의 계층구조 작업에 사용됩니다. 그중에서도 'Parent' 구조로 사용합니다. 부모, 자식의 형태에서 또 다른 계층을 추가하거나 복잡한 구조를 설정할 때 사용할 수 있습니다. 자동차 이미지를 활용하여, 널 오브젝트의 사용법을 알아봅니다.

● 준비파일: 애프터 이펙트\파트03\04\널 오브젝트 자동차.aep

01 상단메뉴에서 [File → Open Project(Ctrl+O)]를 클릭합니다. 준비파일 경로로 이동하여 '널 오브젝트 자동차.aep' 애프터 이펙트의 프로젝트 파일을 불러옵니다. 자동차가 덜컹거리는 애니메이션을 만듭니다. '자동차.png' 레이어에서 'Position'의 Y축인 세로값을 조절하여 애니메이션을 만듭니다.

02 [Timeline] 패널의 'Time Indicator'를 '0;00;00;00' 프레임에 배치합니다. '자동차.png' 레이어의 'Position'에서 'Time-Vary stop watch' 아이콘(◯)을 클릭합니다. 'Position'에 키프레임이 생성됩니다.

03 [Timeline] 패널의 'Time Indicator'를 '0;00;00;05' 프레임에 배치합니다. '자동차.png' 레이어의 'Position'에서 세로값을 '500.0'으로 수정합니다. [Composition] 패널의 화면에서 '자동차.png' 레이어의 세로 위치가 위로 이동합니다. 'Position'에 키프레임이 생성됩니다.

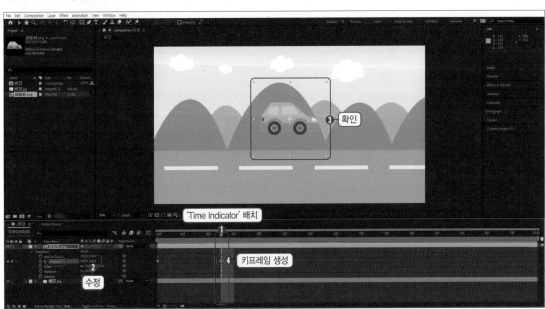

04 [Timeline] 패널의 'Time Indicator'를 '0;00;00;00' 프레임의 키프레임을 선택하여 복사(Ctrl+C)합니다. 그리고 'Time Indicator'를 '0;00;00;10' 프레임에 배치한 다음, 붙여 넣기(Ctrl+V)를 합니다. 'Position'에 키프레임이 생성됩니다.

05 [Timeline] 패널에서 '자동차.png' 레이어의 3번의 키프레임을 계속 반복해서 올라갔다, 내려오는 사이클(Cycle)의 애니메이션이 되게 하겠습니다. 'Position'에 키프레임을 마우스로 드래그해서 모두 선택합니다. 그리고 복사(Ctrl+C)를 합니다.

06 [Timeline] 패널의 'Time Indicator'를 '0;00;00;10' 프레임에 배치합니다. 붙여 넣기(Ctrl+V)를 합니다.

07 [Timeline] 패널의 'Time Indicator'를 '0;00;00;20' 프레임에 배치합니다. 붙여 넣기(Ctrl+V)를 합니다.

08 '자동차.png' 레이어는 위아래로 움직이게 애니메이션이 완료되었습니다. 이제 자동차가 앞으로 달리는 애니메이션을 추가하겠습니다. 그런데 '자동차.png' 레이어의 'Position'에 앞으로 이동하는 키프레임을 추가하면 위아래로 움직이는 애니메이션과 서로 뒤섞여, '덜컹거리며 앞으로 달리는 자동차'의 원하는 움직임을 만들 수 없습니다.

그래서 'Null Object'를 생성하여 '자동차.png' 레이어가 앞으로 이동하는 애니메이션을 별도로 적용하여 완료합니다. 우선 상단 메뉴에서 [Layer → New → Null Object(Ctrl+Alt+Shift+Y)]를 클릭합니다.

09 'Null Object'가 생성됩니다. 'Null Object'는 이미지나 영상의 형태가 아닌 오브젝트 형태로 애니메이션의 계층구조를 작업할 때 사용됩니다. 'Null Object' 단독으로 이미지나 영상을 만들 수 없고, 다른 레이어와 계층구조를 이루는 애니메이션 작업에 사용할 수 있습니다. [Timeline] 패널과 [Composition] 패널에서 'Null Object'를 확인할 수 있습니다.

10 [Timeline] 패널의 'Time Indicator'를 '0;00;00;00' 프레임에 배치합니다. [Timeline] 패널에서 'Parent & Link'란에 있는 '자동차.png' 레이어의 'Parent pick whip' (🔘) 아이콘을 드래그하여 'Null 1' 레이어에 드롭합니다. 'Null 1' 레이어가 부모 레이어가 되었습니다. 'Null 1' 레이어에 위치 키프레임 애니메이션을 적용하면 '자동차.png' 레이어가 따라 움직입니다.

11 [Timeline] 패널의 'Time Indicator'를 '0;00;00;00' 프레임에 배치된 상태에서, 'Null 1' 레이어의 'Position' 옵션값을 '250.0, 900.0'으로 수정합니다. 'Time-Vary stop watch' 아이콘(⏱)을 클릭합니다. 'Position'에 키프레임이 생성됩니다.

12 [Timeline] 패널의 'Time Indicator'를 '0;00;00;29' 프레임에 배치합니다. 'Null 1' 레이어의 'Position'에서 가로값을 '1600.0'으로 수정합니다. 'Position'에 키프레임이 생성됩니다.

13 Space Bar 를 눌러 영상을 재생해서 확인합니다. '자동차.png' 레이어가 위아래로 덜컹거리며 앞으로 이동하는 애니메이션이 완성되었습니다.

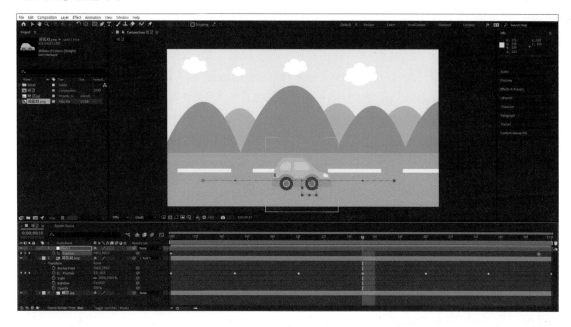

조정 레이어 활용하여
블러효과 적용하기

조정 레이어(Adjustment Layer)는 [Composition] 패널 화면에서는 나타나지 않습니다. [Composition] 패널에서는 보이지 않고 효과를 추가하면 적용된 모습을 볼 수 있습니다. 조정 레이어 하단에 있는 여러 개의 레이어에 모두 효과가 적용됩니다. 색보정 효과를 적용했을 때도 마찬가지입니다. 다른 어도비 소프트웨어와 동일하게 보정하기 위한 레이어입니다.

● 준비파일: 애프터 이펙트\파트03\05\조정 레이어.aep

01 상단메뉴에서 [File → Open Project(Ctrl+O)]를 클릭합니다. 준비파일 경로로 이동하여 '조정 레이어.aep' 애프터 이펙트의 프로젝트 파일을 불러옵니다. [Timeline] 패널에 '조정 영상.mp4' 영상파일과 '문자도.png' 글자 이미지 레이어가 있습니다.

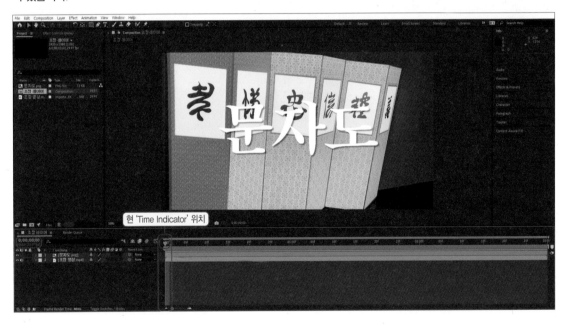

02 상단메뉴에서 [Layer → New → Adjustment Layer(Ctrl+Alt+Y)]를 클릭하여 'Adjustment Layer'를 생성합니다.

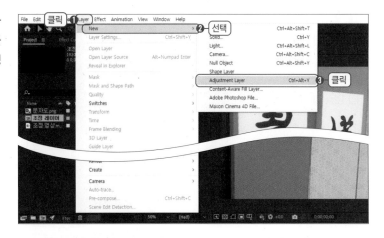

03 'Adjustment Layer'를 생성하는 다른 방법은 [Timeline] 패널의 빈 공간에 마우스 오른쪽 버튼을 클릭하여 [New → Adjustment Layer] 메뉴를 클릭해도 됩니다.

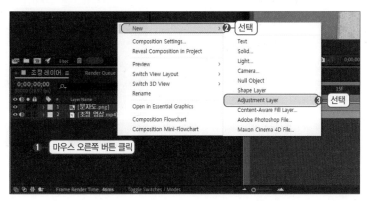

04 [Timeline] 패널의 상위에 'Adjustment Layer 1' 레이어가 생성되었습니다. 하지만 [Composition] 패널의 화면에는 변화가 없습니다. 이펙트를 추가해야만 확인할 수 있습니다.

05 'Adjustment Layer 1' 레이어에 이펙트를 적용합니다. [Timeline] 패널에 'Adjustment Layer 1' 레이어를 선택하고 상단메뉴에서 [Effect → Blur & Sharpen → Fast Box Blur]를 클릭합니다.

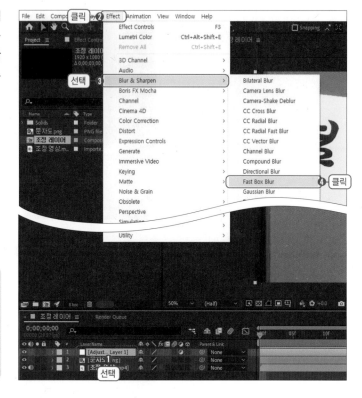

'Effect' 기능은 [Timeline] 패널에서도 실행할 수 있습니다. 'Adjustment Layer 1' 레이어를 선택하고 마우스 오른쪽 버튼을 선택합니다. [Effect → Blur & Sharpen → Fast Box Blur] 메뉴를 클릭하면 [Effect Controls] 패널이 생성됩니다.

06 [Effect Controls] 패널과 [Timeline] 패널에 'Fast Box Blur' 옵션메뉴가 추가되었습니다. [Timeline] 패널에서 'Effects → Fast Box Blur'의 'Blur Radius' 옵션값을 지정하여 블러효과를 적용하겠습니다. 'Time Indicator'를 '0;00;00;00' 프레임으로 배치합니다. 'Blur Radius' 옵션값을 '10.0'으로 수정하고 'Time-Vary stop watch' 아이콘(⏱)을 클릭합니다. 'Blur Radius'에 키프레임이 추가되었습니다.

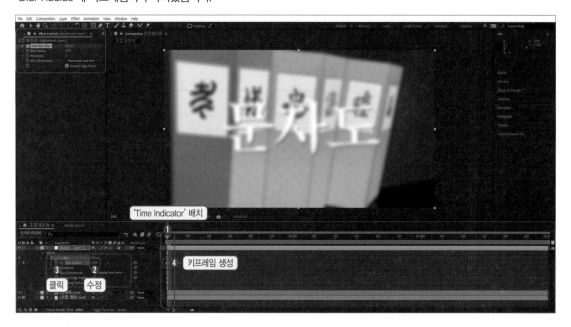

07 'Time Indicator'를 '0;00;02;00' 프레임으로 배치합니다. 'Blur Radius' 옵션값을 '0.0'으로 수정합니다. 'Blur Radius'에 키프레임이 추가되었습니다. [Timeline] 패널에서 'Blur' 효과가 'Adjustment Layer 1' 레이어를 기준으로 모든 레이어에 적용됩니다.

08 [Timeline] 패널에서 'Adjustment Layer 1' 레이어에 색조정 이펙트를 적용합니다. 상단메뉴에서 [Effect → Color Correction → Lumetri Color]를 클릭합니다.

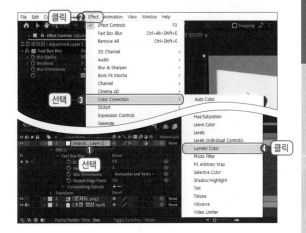

09 [Effect Controls] 패널에 'Lumetri Color' 이펙트 메뉴가 추가되었습니다. 따뜻한 색상으로 색조정을 합니다. 'Lumetri Color' 이펙트의 'Basic Correction → Color → Temperate' 옵션값을 '30.0'으로 수정합니다. 색상온도를 높여주고 따뜻한 색상의 계열인 붉은색의 색상으로 변경됩니다.

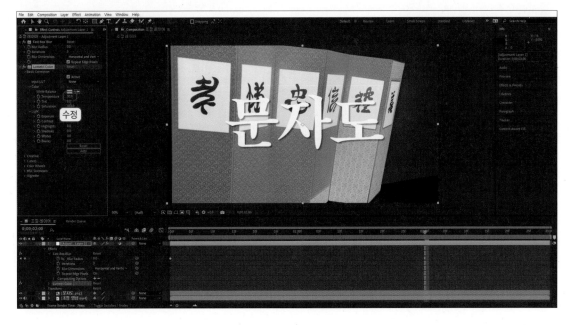

10 'Lumetri Color'의 'Basic Correction → Color → Saturation'의 옵션값을 '160.0'으로 수정합니다. 채도를 높여서 색상이 또렷하게 나타나도록 변경되었습니다.

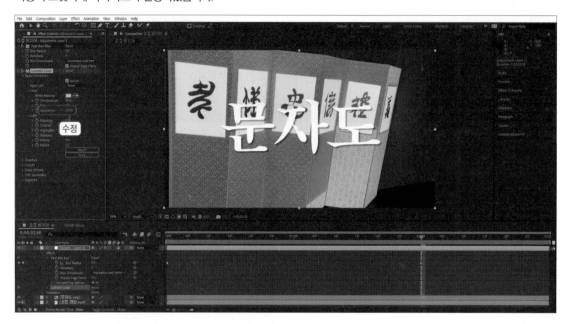

11 [Timeline] 패널에서 'Adjustment Layer 1' 레이어에 적용된 이펙트들은 나머지 하위 레이어에는 실제로 적용되지 않았지만 [Composition] 패널에서 확인하면 모두 적용된 상태입니다. 이렇게 여러 개의 레이어에 한번에 이펙트를 적용하고 싶다면 조정 레이어를 활용하면 됩니다. Space Bar 를 눌러 영상을 재생하여 확인합니다.

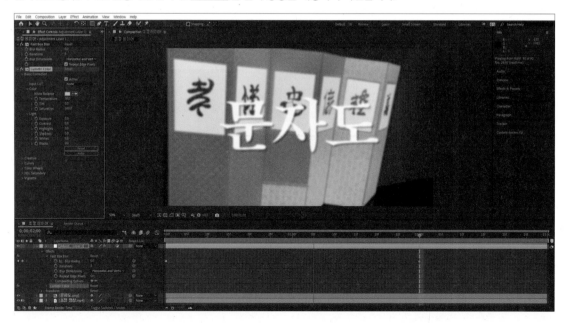

CHAPTER

06

프리 컴포즈
알아보기

프리 컴포즈(Pre-compse)는 컴포지션 내에서 작업 중인 여러 개의 레이어를 하나의 컴포 지션으로 묶습니다. 그룹형태와 유사합니다. 컴포지션 내에서 또 다른 컴포지션이 만들어집 니다. 다양한 이유로 프리 컴포즈를 실행하는데 묶는 주된 이유는 레이어에 하나의 효과를 적용하거나 동일한 애니메이션을 한 번에 적용하기 위함입니다. 여러 가지 레이어를 활용하 여 프리 컴포즈의 옵션메뉴를 확인합니다.

● 준비파일: 애프터 이펙트\파트03\06\프리 컴포즈.aep

01 상단메뉴에서 [File → Open Project(Ctrl+O)]를 클릭합니다. 준비파일 경로로 이동하여 '프리 컴포즈.aep' 애프터 이 펙트의 프로젝트 파일을 불러옵니다. [프리 컴포즈] 컴포지션 패널에 두 개의 레이어가 있습니다. 'TODAY.png' 이미지 레이어 와 '배경.jpg' 이미지 레이어입니다. 'TODAY.png' 이미지 레이어는 키프레임 애니메이션이 적용되어 있고, '배경.jpg' 이미지 레 이어는 현재 컴포지션보다 사이즈가 크고 'Fast Box Blur' 효과가 적용되어 있습니다.

02 [Timeline] 패널에서 '배경.jpg' 이미지 레이어를 선택합니다. 상단메뉴에서 [Layer → Pre-compose (Ctrl + Shift + C)]를 클릭합니다.

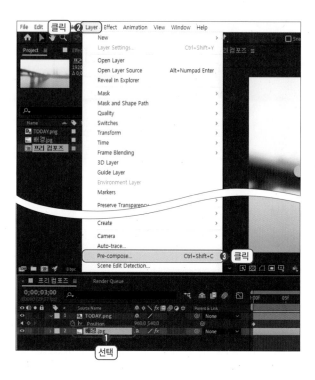

03 [Pre-compose] 대화상자가 나타납니다. 'New composition name'에 'Title'이라고 입력합니다.

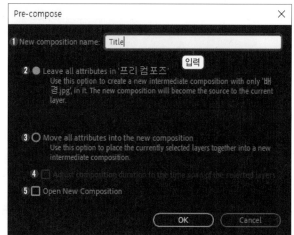

■ [Pre-compose] 대화상자 세부옵션

❶ **New composition name:** 프리 컴포즈로 만들어질 컴포지션 이름을 입력합니다.

❷ **Leave all attributes in '프리 컴포즈':** 선택한 레이어의 속성을 남기고 레이어만 새로운 컴포지션으로 생성합니다. 키프레임 애니메이션, 효과 등을 말합니다. 레이어 사이즈도 유지합니다.

❸ **Move all attributes into the new composition:** 선택한 레이어의 속성을 가지고 이동하여 새로운 컴포지션으로 생성합니다. 키프레임 애니메이션, 효과 등을 말합니다. 레이어 사이즈는 현재 컴포지션 사이즈를 기준으로 잘라내기(Crop) 하여 생성합니다.

❹ **Adjust composition duration to the time span of the selected layers:** 선택한 레이어 길이(Duration)에 맞춰 새로운 컴포지션을 생성합니다.

❺ **Open New Composition:** 프리 컴포즈를 실행하여 새로 만들어진 컴포지션을 불러와 활성화합니다.

04 'Leave all attributes in '프리 컴포즈''를 선택합니다. 'Open New Composition'의 체크박스를 클릭하고 [OK] 버튼을 클릭합니다.

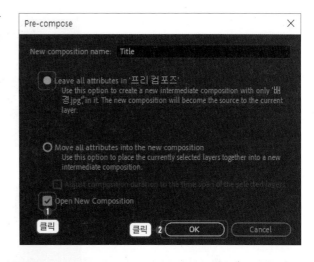

05 [Timeline] 패널에 선택한 '배경.jpg' 이미지 레이어 하나의 [Title] 컴포지션 패널이 자동으로 열리면서 활성화됩니다.

06 [Timeline] 패널의 '배경.jpg' 이미지 레이어를 선택합니다. [Effect Controls] 패널의 메뉴를 확인합니다. 'Fast Box Blur' 효과가 적용되어 있지 않습니다.

07 [Title] 컴포지션 패널 밖으로 이동하겠습니다. [Timeline] 패널에서 Tab을 누른 다음 왼쪽에 있는 [프리 컴포즈] 버튼을 클릭합니다. 그러면 [프리 컴포즈] 컴포지션 패널로 이동합니다.

08 또는 [Timeline] 패널에서 'Composition Mini-Flowchart' 아이콘( )을 클릭한 다음 [프리 컴포즈] 버튼을 클릭해도 됩니다.

09 [Timeline] 패널을 확인합니다. 'Pre-compose' 기능을 실행한 후 'Title' 컴포지션이 레이어 형태로 배치되어 있습니다. 'Title' 컴포지션 레이어를 선택한 후, [Effect Controls] 패널에 'Fast Box Blur' 효과가 남아 있는 것을 확인할 수 있습니다.

10 [Timeline] 패널에서 'Title' 컴포지션 레이어를 선택하여 [Compostion] 패널의 화면을 확인합니다. 'Title' 컴포지션 레이어 내부에 있는 '배경.jpg' 레이어의 사이즈를 그대로 유지하고 있습니다.

11 뒤로 가기(Ctrl+Z)를 실행하여 '프리 컴포즈'를 실행하기 전으로 돌아옵니다.

12 [Timeline] 패널에서 2개의 레이어를 모두 선택한 후, 상단메뉴에 [Layer → Pre-compose]를 클릭합니다.

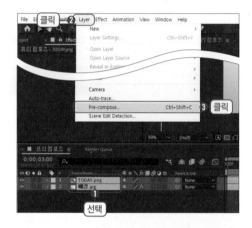

13 [Pre-compose] 대화상자가 나타납니다. 'New composition name' 이름을 'Title'로 입력합니다. 두 개의 레이어가 선택되었기 때문에 'Move all attributes into the new composition' 옵션이 자동 선택되었습니다. [OK] 버튼을 클릭합니다.

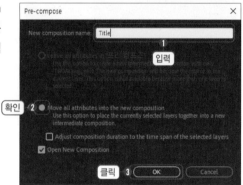

14 [Timeline] 패널에 [Title] 컴포지션 패널이 자동으로 열려 활성화됩니다. '배경.jpg' 레이어의 [Effect Controls] 패널에서 'Fast Box Blur' 효과가 컴포지션 안으로 같이 이동하여 적용된 것을 확인할 수 있습니다. 그리고 'TODAY.png' 이미지 레이어의 애니메이션도 마찬가지로 컴포지션 내부에 있습니다.

15 [Timeline] 패널에서 단축키 Tab'↹을 누릅니다. 나타나는 상자에서 왼쪽의 [프리 컴포즈] 버튼을 클릭하여 이동합니다.

16 프리 컴포즈를 적용한 컴포지션은 하나의 레이어로 있습니다. 2개의 'TODAY.png'와 '배경.jpg' 레이어는 'Title' 컴포지션 레이어의 내부에 있습니다. 'Title' 컴포지션 레이어의 내부에 있는 'TODAY.png'와 '배경.jpg' 레이어의 원본의 사이즈, 애니메이션, 효과 등은 변형되지 않고 그대로 유지되어 있습니다.

이렇게 프리 컴포즈는 하나 또는 두 개 이상의 레이어를 묶어서 사용할 때 유용하게 사용할 수 있습니다.

AFTER EFFECTS

PART 4.
애프터 이펙트
마스크, 매트 익히기

마스크 작업은 선택한 부분을 화면에 나타나게 하거나 사라지게 합니다. 도형으로 영역을 선택할 수 있고, 펜 툴을 활용하여 선으로 만듭니다. 그래서 마스크는 합성작업에 많이 사용됩니다. 애니메이션에서도 활용할 수 있습니다. 펜 툴로 선을 그릴 수 있어서 선을 활용한 애니메이션 작업도 가능합니다. 매트도 선택한 부분은 나타나게 하거나 사라지게 하는 역할을 합니다. 같은 결과물이지만 다른 상황에 사용됩니다. 합성작업 외에도 애니메이션, 효과 등 다양한 작업에서 활용할 수 있습니다.

마스크 도형, 펜 툴 활용하여 메뉴 익히기

마스크(Mask)는 선택한 영역을 나타나게 하고, 사라지게 합니다. 마스크 영역은 기본도형 으로 만들 수 있고, 펜 툴을 사용하여 만듭니다. 마스크 세부옵션에서는 마스크의 애니메 이션, 부드러운 정도, 합성모드 등을 사용할 수 있습니다. 마스크의 세부옵션 메뉴에 대해 서 알아봅니다.

● 준비파일: 애프터 이펙트\파트04\01\마스크 익히기.aep

01 상단메뉴에서 [File → Open Project(Ctrl+O)]를 클릭합니다. 준비파일 경로로 이동하여 '마스크 익히기.aep' 애 프터 이펙트 프로젝트 파일을 불러옵니다. '마스크.jpg' 이미지파일을 활용하여 마스크 세부메뉴에 대해서 알아봅니다.

02 [Timeline] 패널에서 '마스크. jpg' 레이어를 선택하고 [Tools] 패널 에서 'Rectangle Tool' 아이콘(▢) 을 클릭합니다.

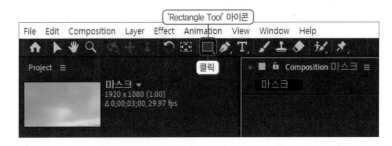

03 [Tools] 패널에서 'Rectangle Tool' 아이콘을 마우스로 클릭한 채 누르고 있으면, 추가도구가 나타납니다. 다양한 도구를 선택할 수 있습니다.

04 [Tools] 패널에서 'Rectangle Tool' 아이콘을 선택한 다음 마스크(Mask)를 생성합니다. [Composition] 패널에서 '마스크.jpg' 레이어에 그림처럼 마우스를 클릭한 채 우측 아래로 드래그합니다. '마스크.jpg' 레이어는 'Rectangle Tool'로 선택한 마스크 영역만 보이고, 선택하지 않은 부분은 사라진 채 검은 화면만 보입니다. 검은 화면은 비어있는 상태입니다.

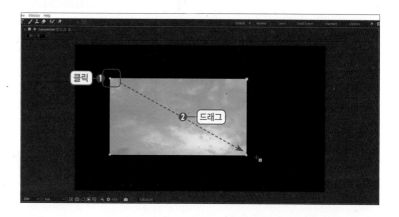

05 [Composition] 패널에서 'Toggle Transparency Grid' 아이콘(⊠)을 클릭합니다. 'Rectangle Tool'로 선택하지 않은 마스크 영역 외 부분은 사라졌지만, 마스크는 이미지를 삭제하지는 않습니다. 단지 일시적으로 보이지 않게 숨길 뿐입니다.

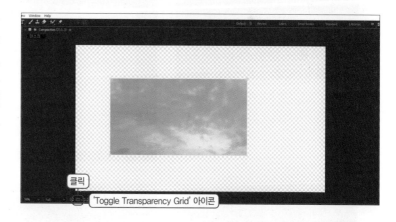

06 [Timeline] 패널에서 '마스크.jpg' 레이어를 선택합니다. 속성 메뉴에 'Masks' 그리고 하위 옵션 메뉴에 'Mask 1'이 추가되었습니다. 옵션메뉴를 살펴보겠습니다.

■ 'Masks' 세부옵션

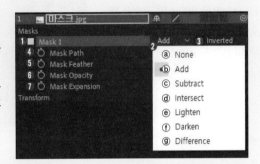

❶ **Mask 1:** 마스크 이름입니다.

❷ **Mask Mode:** 마스크의 합성모드입니다. 2가지 이상의 마스크를 활용하여 확인할 수 있습니다.

'None, Add, Subtract, Intersect, Lighten, Darken, Difference' 등의 모드를 선택할 수 있으며, 각각 모드를 적용한 효과는 다음과 같습니다.

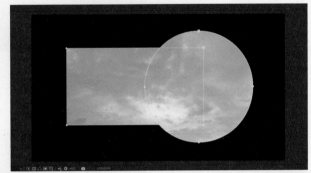

ⓐ Add: 마스크로 선택한 영역만 표시됩니다. 기본모드입니다.

ⓑ None: 마스크 영역이 적용되지 않습니다.

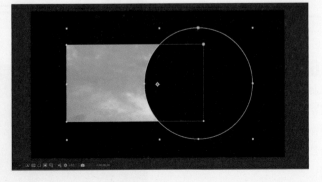

ⓒ Subtract: 마스크로 선택한 영역이 사라집니다. 'Add'의 반대개념입니다.

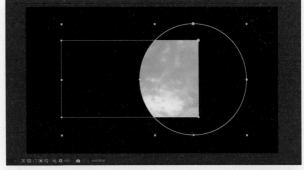

ⓓ Intersect: 두 개 이상 마스크에서 선택된 영역이 겹치는 부분이 나타납니다.

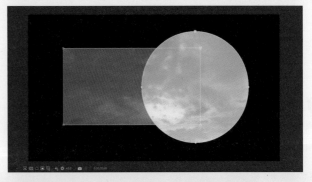

ⓔ Lighten: 두 개 이상의 마스크 중 투명도가 높은 마스크의 투명도가 나타납니다.

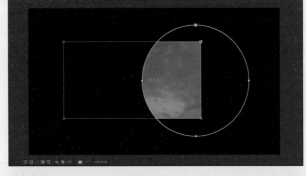

ⓕ Darken: 두 개 이상의 마스크 중 투명도가 낮은 마스크의 투명도가 나타납니다.

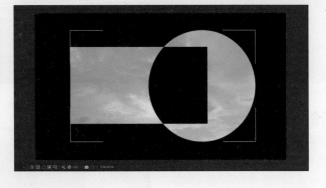

ⓖ Difference: 두 개 이상의 마스크가 서로 겹친 부분을 제외한 나머지 부분이 나타납니다.

PART 1. 시작

PART 2. 키프레임

PART 3. 페이어

PART 4. 마스크

PART 5. 3D 페이어

PART 6. 이펙트

PART 7. 트래킹

PART 8. 영상출력 · 연동

PART 9. 영상합성

❸ **Inverted:** 마스크 선택영역의 반전입니다.

❹ **Mask Path:** 마스크 형태입니다.

❺ **Mask Feather:** 마스크 영역 테두리의 부드러운 정도입니다.

❻ **Mask Opacity:** 마스크 투명도를 조절합니다.

❼ **Mask Expansion:** 마스크 영역을 확대하거나 축소합니다.

■ 'Mask' 단축키

❶ **레이어의 'Mask Path' 메뉴 열기:** M

❷ **레이어의 'Mask Feather' 메뉴 열기:** F

❸ **레이어의 'Mask' 전체 메뉴 열기:** M, M

❹ **레이어의 'Mask' 키프레임 생성:** Shift + Alt + M

07 뒤로 가기(Ctrl + Z) 또는 다시 [File → Open Project(Ctrl + O)] 메뉴를 클릭하여 '마스크 익히기.aep' 애프터 이펙트 프로젝트 파일을 불러옵니다. [Timeline] 패널에서 '마스크.jpg' 레이어를 선택합니다. [Tools] 패널에서 'Pen Tool' 아이콘(✐)을 클릭합니다.

08 [Tools] 패널에서 'Pen Tool' 아이콘(✐)을 마우스로 누르고 있으면, 추가도구들이 나타납니다. 'Pen Tool'의 다양한 추가도구를 선택할 수 있습니다.

09 'Pen Tool' 아이콘(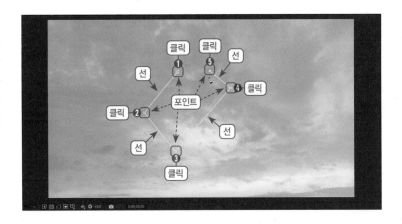)을 선택하고 [Composition] 패널에서 '마스크.jpg' 레이어에 마우스를 연달아 클릭합니다. 마우스 커서를 이동하며 클릭하면 포인트가 생성되고 포인트와 이어져 있는 선(Path)이 함께 만들어집니다.

10 시작 포인트와 마지막 포인트를 연결하기 위해, 마지막 포인트를 클릭하고 나서 마우스 커서를 시작 포인트로 이동하면 마우스 커서에 동그라미 모양()이 'Pen Tool'의 오른쪽 하단에 나타납니다.

11 아이콘(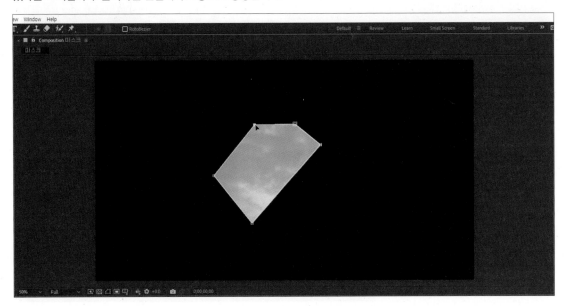)의 우측 하단에 있는 동그라미 모양은 선(Path)으로 그린 마스크를 닫힌 형태의 도형(Shape)으로 만들 수 있다는 표시입니다. 클릭하면 연결되어 도형으로 생성됩니다.

PART 1. 시작
PART 2. 키프레임
PART 3. 레이어
PART 4. 마스크
PART 5. 3D 레이어
PART 6. 이펙트
PART 7. 트래킹
PART 8. 영상출력·연동
PART 9. 영상실전

CHAPTER

02

마스크 패스 활용하여
비행기 합성하기

마스크는 이미지, 영상을 합성하기 위하여 많이 사용합니다. 촬영된 영상을 다른 영상과 합성을 통해서 다른 결과물을 만들 수 있습니다. 마스크 패스 애니메이션을 활용하여 별도로 만들어진 이미지와 영상을 합성할 수 있는 과정에 대해서 알아봅니다.

● 준비파일: 애프터 이펙트\파트04\02\마스크 합성.aep

01 상단메뉴에서 [File → Open Project(Ctrl+O)]를 클릭합니다. 준비파일 경로로 이동하여 '마스크 합성.aep' 애프터 이펙트의 프로젝트 파일을 불러옵니다. [마스크 합성] 컴포지션 패널에 '마스크 배경.mp4' 영상파일과 '비행기.png' 이미지파일이 있습니다. 건물 뒤로 비행기가 날아가는 마스크 합성작업을 하겠습니다.

02 [Timeline] 패널의 '비행기.png' 레이어가 날아가게 'Position' 키프레임 애니메이션을 만듭니다. 우선 '비행기.png' 레이어의 'Scale'을 작게 조절합니다. 'Scale' 옵션값을 '40.0%'로 수정합니다.

03 비행기 이미지가 40% 작아졌습니다.

04 [Timeline] 패널의 '비행기.png' 레이어의 'Position' 가로값을 '300.0'으로 입력합니다.

05 [Composition] 패널의 '비행기.png' 레이어의 위치가 화면의 왼쪽으로 이동하였습니다.

06 [Timeline] 패널의 'Time Indicator'를 '0;00;00;00' 프레임에 배치합니다. 그리고 '비행기.png' 레이어의 'Position'에 'Time-Vary stop watch' 아이콘(⏱)을 클릭하여 키프레임을 생성합니다.

PART 1. 시작
PART 2. 기본제작
PART 3. 레이어
PART 4. 마스크
PART 5. 3D 레이어
PART 6. 이펙트
PART 7. 트래킹
PART 8. 영상제작 · 연출
PART 9. 영상편집

07 [Timeline] 패널의 'Time Indicator'를 '0;00;02;00' 프레임에 배치합니다. '비행기.png' 레이어의 'Position' 옵션값을 '2200.0, 300.0'으로 수정합니다. [Composition] 패널의 '비행기.png' 레이어의 위치가 화면의 오른쪽으로 이동했습니다. 'Position'에 키프레임이 생성되었습니다.

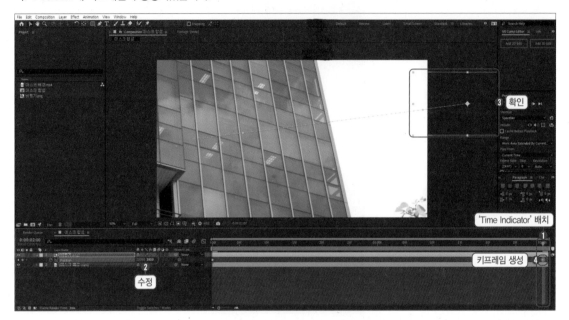

08 Space Bar를 눌러 영상을 재생해서 확인합니다. '비행기.png' 레이어의 위치 애니메이션이 완성되었습니다. 화면의 왼쪽에서 오른쪽 화면 밖으로 이동하는 키프레임 애니메이션을 만들었습니다. 현재는 건물 앞으로 비행기가 날아가는 애니메이션입니다.

09 이젠 화면의 건물 뒤에서 비행기가 나타나게 합니다. 그렇게 하려면 '마스크'(Mask)를 활용합니다. 우선 [Timeline] 패널의 '마스크 배경.mp4' 레이어를 선택하여 복제(Ctrl+D)합니다.

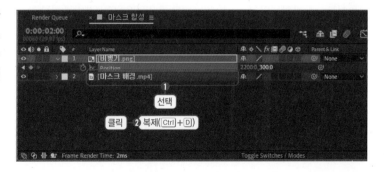

10 [Timeline] 패널의 '마스크 배경. mp4' 레이어가 복제가 되었습니다. 레이어의 이름을 변경하기 위해서 복제된 레이어를 선택하고 [Enter] 를 클릭하여 '마스크' 이름으로 입력합니다. 레이어 이름 변경은 작업을 보기 쉽게 하기 위해서입니다. 그리고 복제된 '마스크' 레이어를 1번 레이어로 드래그하여 이동합니다. 1번 레이어에 '마스크' 레이어가 배치되었습니다.

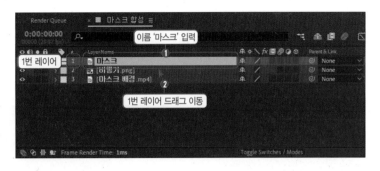

11 [Timeline] 패널의 'Time Indicator'를 '0;00;00;00' 프레임에 배치합니다. 1번 레이어인 '마스크' 레이어를 선택합니다. 그리고 [Tools] 패널에서 'Pen Tool' 아이콘(🖊)을 클릭합니다. [Composition] 패널에서 화면에 나타나는 건물을 클릭하여 도형(Shpae)으로 마스크를 적용합니다.

12 마스크 작업이 제대로 진행되었는지 확인하기 위해 '마스크' 레이어의 'Solo' 아이콘(⬤)을 클릭하여 확인합니다. '마스크' 레이어의 영역을 확인할 수 있습니다. Space Bar 를 눌러 [Composition] 패널의 영상을 재생하여 확인합니다. 영상을 재생하면 영상은 카메라의 움직임 때문에 변화가 생기는데 마스크 영역은 움직이지 않아서 건물의 모습이 잘려나간 것처럼 나타납니다. 마스크의 애니메이션을 적용해야 합니다.

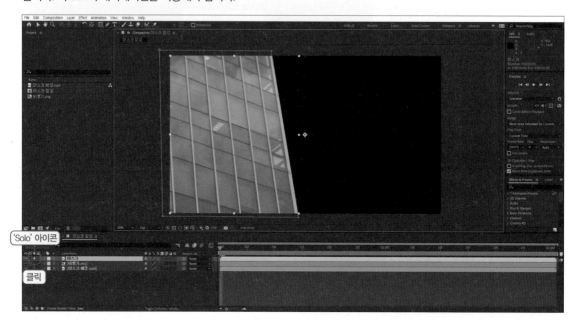

13 [Timeline] 패널의 'Time Indicator'를 '0;00;00;00' 프레임에 배치합니다. '마스크' 레이어에서 'Masks → Mask 1 → Mask Path'의 'Time-Vary stop watch' 아이콘(⬤)을 클릭해서 현재 적용된 마스크의 모양(Shape)을 저장합니다. 'Mask Path'에 키프레임이 생성되었습니다.

14 '마스크' 레이어에서 'Mask 1'의 마스크 합성모드를 [Add]가 아니라 [None] 메뉴를 선택합니다. 마스크 작업이 완료되면 다시 [Add] 합성모드메뉴로 변경합니다.

15 [Timeline] 패널에서 'Time Indicator'를 '0;00;02;00' 프레임에 배치하고 [Timeline] 패널에서 1번 레이어인 '마스크' 레이어를 클릭합니다. 마스크의 모양(Shape)을 수정합니다. 마스크의 포인트를 드래그하면서 이동하여 영상의 건물 경계와 동일하게 맞춥니다.

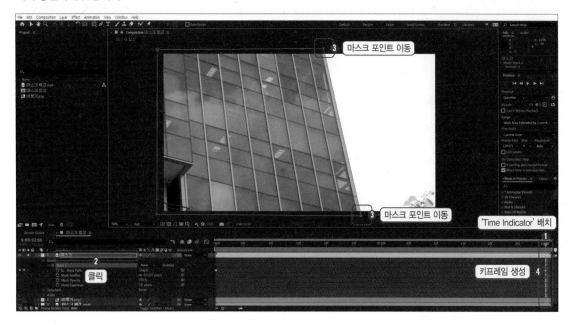

16 Space Bar 를 눌러 영상을 재생하여 확인합니다. 마스크의 형태가 변형되었습니다.

17 [Timeline] 패널의 'Time Indicator'를 '0;00;01;00' 프레임에 배치하고 마스크의 모양(Shape)을 앞서 진행한 것과 동일하게 마스크의 포인트를 드래그하면서 이동하여 영상의 건물 경계와 동일하게 맞춥니다.

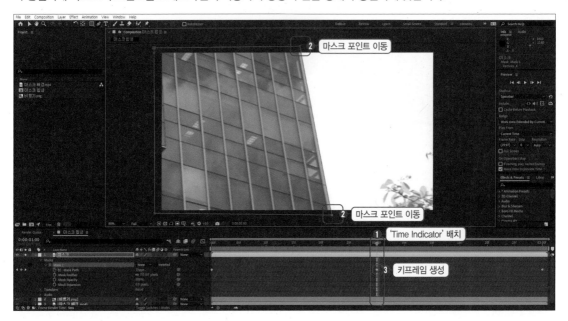

18 [Timeline] 패널의 'Time Indicator'를 '0;00;01;15' 프레임에 배치하고 마스크의 모양을 앞서 진행한 것과 동일하게 마스크의 포인트를 드래그하면서 이동하여 영상의 건물 경계와 동일하게 맞춥니다.

19 '마스크' 레이어의 'Solo' 아이콘(⬛)을 클릭하여 모든 레이어가 화면에 나타나도록 합니다. 'Mask 1'의 마스크 합성모드를 [None]에서 [Add]로 선택합니다.

20 Space Bar 를 눌러 영상을 재생해 확인합니다. 비행기가 건물 뒤에서 날아가는 모습을 확인할 수 있습니다.

트랙매트 활용하여 합성하기

트랙매트(Track Matte)는 마스크와 작업과정이 다르지만, 결과는 같은 형태를 보입니다. 매트는 선택된 부분을 나타나게 할 수 있고 반대로 사라지게 할 수도 있습니다. 트랙매트는 알파매트(Alpha Matte)와 루마매트(Luma Matte) 등 두 종류가 있습니다. 알파매트는 이미지의 알파영역을 활용한 매트작업입니다. 루마매트는 이미지의 밝은 영역과 어두운 영역을 구별한 매트작업입니다. 알파매트와 루마매트를 활용하여 애프터 이펙트의 트랙매트 작업을 살펴봅니다. 트랙매트 기능은 2023 버전부터 메뉴와 방식이 변경되었습니다. 이번 장은 2023 버전을 기준으로 되어 있으며, 이전 버전은 레이어 순서와 메뉴 위치가 다르므로 2023 버전으로 실습하기를 권장합니다.

알파매트를 활용하여 합성하기

● 준비파일: 애프터 이펙트\파트04\03\01\알파매트.aep

01 상단메뉴에서 [File → Open Project(Ctrl+O)]를 클릭합니다. 준비파일 경로로 이동하여 '알파매트.aep' 애프터 이펙트 프로젝트 파일을 불러옵니다. [Timeline] 패널에 2가지 레이어가 있습니다. 1번 레이어에는 '텍스트알파.mov' 영상파일이 있고, 2번 레이어에는 '배경.mp4' 영상파일이 있습니다.

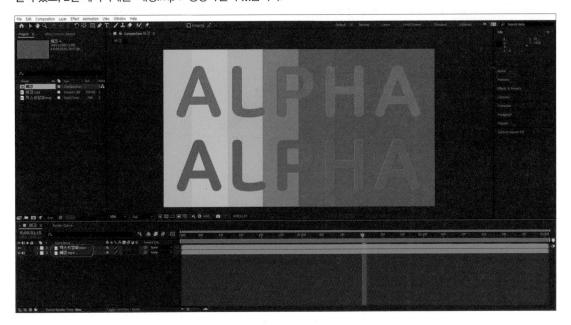

02 [Timeline] 패널의 '텍스트알파.mov' 레이어의 알파(Alpha) 영역을 활용하여 트랙매트(Track Matte)를 실행합니다. 알파영역이 어떻게 형성되어 있는지 확인합니다. [Timeline] 패널의 'Time Indicator'를 '0;00;01;15' 프레임에 배치합니다. '텍스트알파.mov' 레이어의 'Solo' 아이콘(⬤)을 클릭합니다. [Composition] 패널의 화면을 확인합니다. 'Solo'가 적용된 '텍스트알파.mov' 레이어만 화면에 나타납니다. '배경.mp4' 레이어는 나타나지 않습니다.

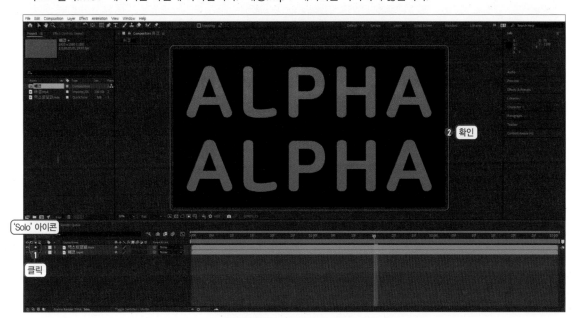

03 [Composition] 패널의 하단메뉴에서 'Toggle Transparency Grid' 아이콘(▣)을 클릭합니다. '텍스트알파.mov' 레이어만 제외하고 나머지는 격자무늬로 변경되었습니다. 격자무늬로 나타난 부분은 알파영역이 없는 부분이고, '텍스트알파.mov' 레이어의 글자 부분은 알파영역이 있는 부분입니다. 'Toggle Transparency Grid'는 알파영역이 없는 부분을 격자무늬로 표현합니다.

04 [Composition] 패널의 알파영역 상태를 확인하려면 하단메뉴에서 'Show Channel and Color Management Settings' 아이콘(▣)을 클릭한 다음, [Alpha] 메뉴를 클릭합니다.

05 [Composition] 패널에서 화이트로 나타난 부분이 알파영역이 있는 부분이고, 블랙으로 나타난 부분이 알파영역이 없는 부분입니다. (만약 회색으로 표시된 부분들이 있다면 알파영역이 반투명하게 적용되어 있다는 표시입니다.) 'Show Channel and Color Management Settings' 아이콘(■)을 클릭합니다. [RGB] 메뉴를 클릭하여 원래 설정으로 돌아옵니다.

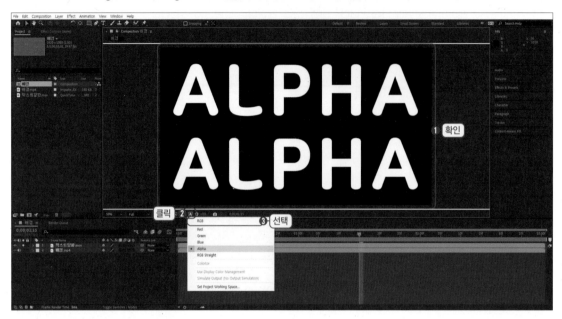

06 [Timeline] 패널의 '텍스트알파.mov' 레이어의 'Solo' 아이콘(■)을 다시 클릭합니다. [Composition] 패널의 화면을 확인합니다. '배경.mp4' 레이어가 다시 화면에 나타납니다. 트랙매트 기능을 실행하기 위해서 [Timeline] 패널에서 'Track Matte' 메뉴를 확인합니다. 메뉴가 없다면 하단의 'Toggle Switches / Modes' 메뉴를 클릭하면 [Timeline] 패널의 레이어 오른쪽에 메뉴가 생성됩니다.

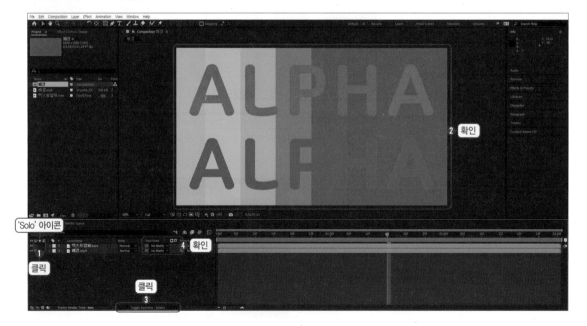

07 트랙매트 기능을 실행합니다. '배경.mp4' 레이어의 'Track Matte pick whip' 아이콘(◉)을 클릭한 채로 드래그하여 '텍스트알파.mov' 레이어에 드롭합니다.

08 트랙매트 기능이 실행되었습니다. 트랙매트는 두 개 이상의 레이어가 있어야 하며, 알파영역을 활용하여 '배경.mp4'의 이미지가 나타나는 과정을 트랙매트라고 합니다. '배경.mp4' 레이어의 'Track Matte' 메뉴에는 '1. 텍스트알파.mov' 레이어가 연결되어 있습니다. 그리고 'Alpha Matte selected' 아이콘(◉)이 생성되었습니다. 알파영역으로 활용된 '텍스트알파.mov' 레이어 이름의 아이콘이 변경되었습니다. 알파영역의 아이콘(◙)이 생성되었고, '배경.mp4' 레이어도 마찬가지로 아이콘(▣)이 생성되었습니다. 그리고 [Timeline] 패널에서 알파영역으로 활용된 '텍스트알파.mov' 레이어의 'Video' 아이콘(◉)이 자동으로 해제되어 [Composition] 패널에서 나타나지 않습니다.

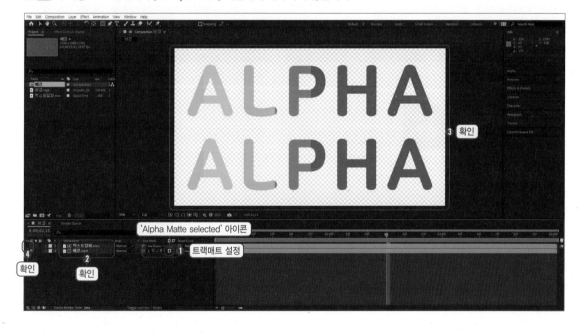

09 나머지 트랙매트 기능을 반전 실행합니다. 트랙매트가 실행된 '배경.mp4' 레이어에서 'Matte is inverted' 아이콘
(■)을 클릭하여 반전시킵니다. '텍스트알파.mov' 레이어의 알파영역이 기존에는 'Alpha'라는 글자영역이 화면에 나타났
지만 반전되어 'Alpha'라는 글자영역은 알파영역이 없어지고 반대로 알파영역이 없던 부분이 알파영역으로 나타났습니다.

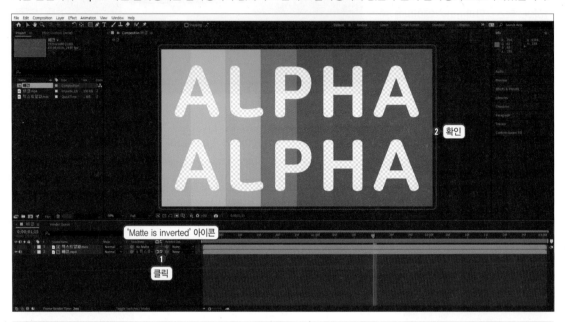

■ 'Track Matte' 메뉴

❶ **Alpha Matte selected:** 알파영역을 활용하여 매트(Matte) 작업을 합니다.

❷ **Matte is inverted:** 알파영역의 반대영역을 활용해 매트(Matte) 작업을 합니다. 알
파영역이 반전됩니다.

10 솔리드 레이어를 생성합니다. 상단메뉴
에서 [Layer → New → Solid(Ctrl+Y)]를 클
릭합니다.

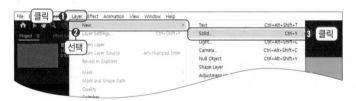

11 [Solid Settings] 대화상자가 나타납니다. 'Color'의 색상박스를 클릭합
니다.

12 [Solid Color] 대화상자가 나타납니다. 색상
값을 'R: 255, G: 255, B: 0'으로 수정합니다. 그리
고 [OK] 버튼을 클릭합니다.

13 [Solid Settings] 대화상자에서 [OK] 버튼을 클릭하여 완료합니다.

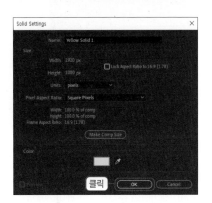

14 [Timeline] 패널에서 'Yellow Solid 1' 레이어가 생성되었습니다. 선택하여 3번 레이어로 드래그하면서 이동하여 가
장 하위로 이동합니다. [Composition] 패널에서도 'Yellow Solid 1' 레이어를 확인할 수 있습니다. 알파영역이 없는 부분에
'Yellow Solid 1' 레이어가 나타납니다.

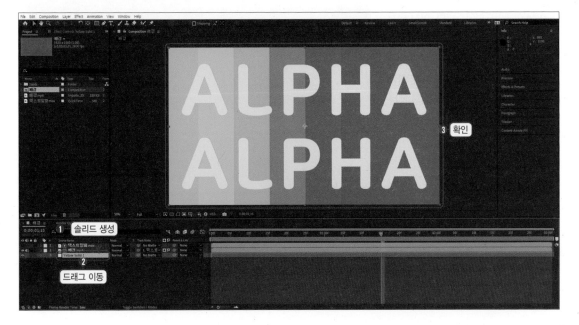

15 [Timeline] 패널의 '배경.mp4' 레이어에서 'Matte is inverted' 아이콘(■)을 클릭하여 반전되었던 알파영역을 원래 상태로 만듭니다.

16 [Timeline] 패널의 '텍스트알파. mov' 레이어의 순서를 1번 레이어에서 2번 레이어로 드래그하면서 이동합니다. 트랙매트 기능이 레이어의 순서를 바꿔도 동일하게 실행됩니다. 2023 버전부터 순서에 상관없이 트랙매트가 적용될 수 있게 업데이트되었습니다. 이전 버전은 매트(Matte) 레이어가 무조건 상위 레이어에 배치되어 있어야 작동합니다. 애프터 이펙트 2023 버전부터 유연하게 사용할 수 있도록 업데이트되었습니다.

17 Space Bar 를 눌러 영상을 재생하여 확인합니다.

루마매트를 활용하여 합성하기

● 준비파일: 애프터 이펙트\파트04\03\02\루마매트.aep

01 상단메뉴에서 [File → Open Project(Ctrl+O)]를 클릭합니다. 준비파일 경로로 이동하여 '루마매트.aep' 애프터 이펙트 프로젝트 파일을 불러옵니다. [Timeline] 패널에 2가지 레이어가 있습니다. 1번 레이어에는 '루마매트.mp4' 영상파일이 있고, 2번 레이어에는 '배경.mp4' 영상파일이 있습니다.

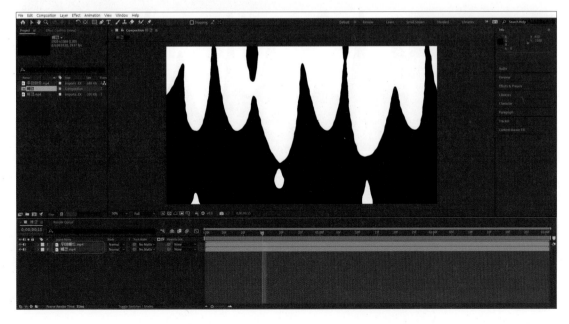

PART 1. 시작

PART 2. 키프레임

PART 3. 레이어

PART 4. 마스크

PART 5. 3D 레이어

PART 6. 이펙트

PART 7. 트래킹

PART 8. 영상출력 · 연동

PART 9. 영상합성

02 [Timeline] 패널의 '배경.mp4' 레이어의 'Solo' 아이콘(■)을 클릭합니다. [Composition] 패널의 화면을 확인합니다. 'Solo'가 적용된 '배경.mp4' 레이어만 화면에 나타납니다. '루마매트.mp4' 레이어는 나타나지 않습니다.

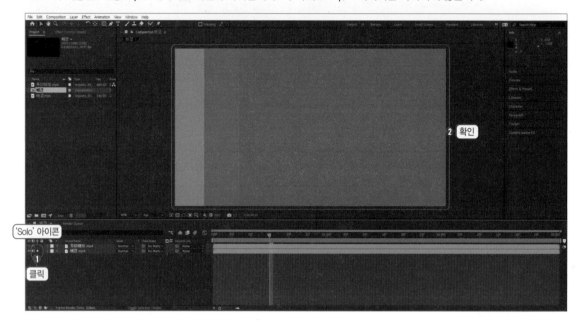

03 [Timeline] 패널의 '배경.mp4' 레이어의 'Solo' 아이콘(■)을 다시 클릭합니다. [Composition] 패널의 화면을 확인합니다. 다시 '루마매트.mp4' 레이어가 화면에 나타납니다.

그리고 [Composition] 패널의 하단메뉴에서 'Toggle Transparency Grid' 아이콘(■)을 클릭합니다. [Composition] 패널의 화면에서는 아무 변화가 없습니다. 격자무늬 배경이 나타나지 않았습니다. 알파영역의 구별을 확인할 수 없습니다.

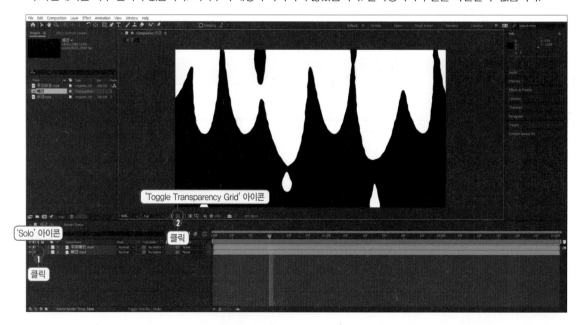

04 [Composition] 패널의 알파영역의 상태를 확인하려면 하단메뉴에서 'Show Channel and Color Management Settings' 아이콘(■)을 클릭 한 다음, [Alpha] 메뉴를 선택합니다.

05 [Composition] 패널에서 화이트로 나타난 부분이 알파영역이 있는 부분이고, 블랙으로 나타난 부분이 알파영역이 없는 부분입니다. (만약 회색으로 표시된 부분들이 있다면 알파영역이 반투명하게 적용되어 있다는 표시입니다.) 현재는 화이트 부분만 나타납니다. 알파영역에 대한 구별이 없습니다.

'Show Channel and Color Management Settings' 아이콘(■)을 클릭합니다. [RGB] 메뉴를 클릭하여 원래 설정으로 돌아옵니다.

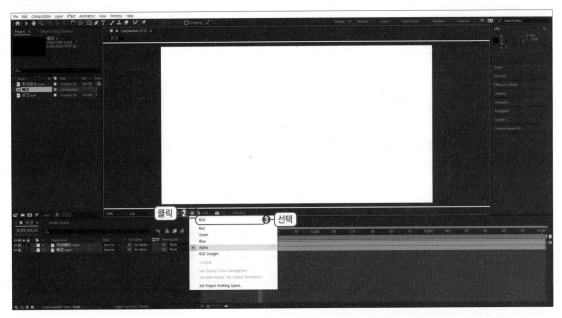

06 트랙매트(Track Matte) 기능을 실행합니다. '배경.mp4' 레이어의 'Track Matte pick whip' 아이콘(◎)을 클릭한 채로 드래그하여 '루마매트.mp4' 레이어에 드롭합니다.

07 트릭매트 기능이 실행되었습니다. 트랙매트는 두 개 이상의 레이어가 있어야 하며, 알파영역을 활용하여 '배경.mp4'의 이미지가 나타나는 과정을 트랙매트라고 합니다. '배경.mp4' 레이어의 'Track Matte' 메뉴에는 '1. 루마매트.mp4' 레이어가 연결되어 있습니다. 그리고 'Alpha Matte selected' 아이콘(◉)이 생성되었습니다.

알파영역으로 활용된 '루마매트.mp4' 레이어 이름의 아이콘이 변경되었습니다. 알파영역의 아이콘(◉)이 생성되었고, 배경.mp4' 레이어도 마찬가지로 아이콘(▣)이 생성되었습니다.

그리고 [Timeline] 패널에서 알파영역으로 활용된 '루마매트.mp4' 레이어의 'Video' 아이콘(◉)이 자동으로 해제되어 [Composition] 패널에서 나타나지 않습니다.

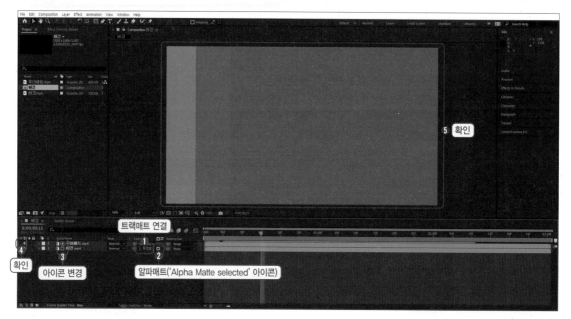

08 트랙매트 기능이 제대로 적용되지 않았습니다. [Timeline] 패널의 '루마매트.mp4' 레이어는 알파영역이 별도로 구별되어 있지 않기 때문에 현재 적용된 트랙매트는 'Alpha Matte selected'가 적용되어 있는데 이번에는 루마매트(Luma Matte)를 적용하기 위한 작업입니다. 그래서 'Alpha Matte selected' 아이콘(◉)을 한 번 더 클릭하면 'Luma Matte selected' 아이콘(▣)으로 변경됩니다. 루마매트로 변경되었습니다. [Composition] 패널에서 화면을 확인하면 '루마매트.mp4' 레이어를 활용하여 루마매트 기능이 적용된 것을 확인할 수 있습니다.

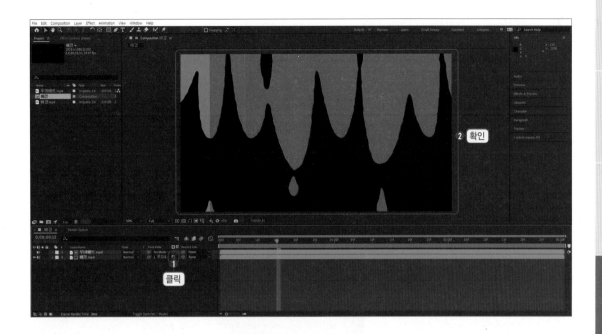

09 [Composition] 패널의 하단메뉴에서 'Toggle Transparency Grid' 아이콘(▣)을 클릭합니다. 트랙매트가 적용된 부분을 확인할 수 있습니다. '루마매트.mp4' 레이어의 화이트 부분을 기준으로 'Luma Matte selected'가 적용되었습니다. 블랙인 부분은 적용되지 않았습니다. 'Luma Matte selected'는 'Alpha Matte selected'와 다르게 매트 (Matte)의 밝은 부분, 어두운 부분 색의 명암을 기준으로 트랙매트가 적용됩니다. 'Toggle Transparency Grid' 아이콘을 클릭해서 트랙매트가 적용된 부분을 확인했으면 다시 아이콘(▣)을 클릭합니다.

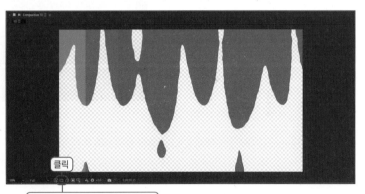

'Toggle Transparency Grid' 아이콘

10 솔리드 레이어를 생성합니다. 상단메뉴에서 [Layer → New → Solid(Ctrl+Y)]를 클릭합니다.

11   [Solid Settings] 대화상자가 나타납니다. 'Color'의 색상박스를 클릭합니다.

12   [Solid Color] 대화상자가 나타납니다. 색상값을 'R: 255, G: 255, B: 0'으로 수정합니다. 그리고 [OK] 버튼을 클릭합니다.

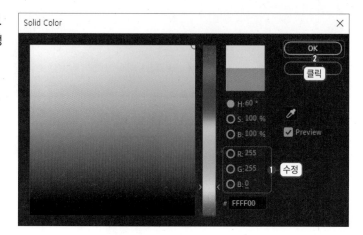

13   [Solid Settings] 대화상자에서 [OK] 버튼을 클릭하여 완료합니다.

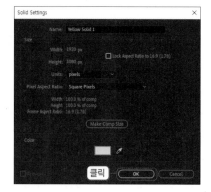

14 [Timeline] 패널에서 'Yellow Solid 1' 레이어가 생성되었습니다. 선택하여 3번 레이어로 드래그하면서 이동하여 가장 하위로 이동합니다. [Composition] 패널에서도 'Yellow Solid 1' 레이어를 확인할 수 있습니다. 블랙의 어두운 부분에 'Yellow Solid 1' 레이어가 나타납니다.

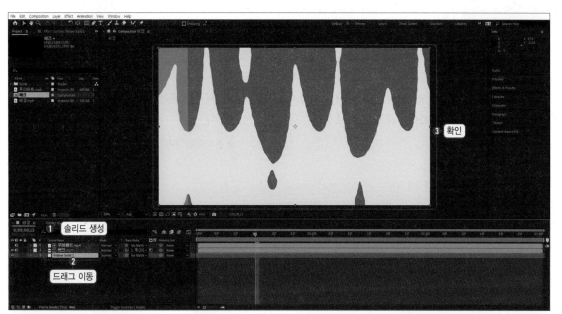

15 트랙매트가 실행된 '배경.mp4' 레이어에서 'Matte is inverted' 아이콘(▨)을 클릭하여 반전시킵니다. '루마매트.mp4' 레이어의 화이트 영역을 기준으로 화면에 나타났지만 반전되어 블랙 영역을 기준으로 트랙매트가 적용됩니다. Space Bar 를 눌러 영상을 재생하여 확인합니다.

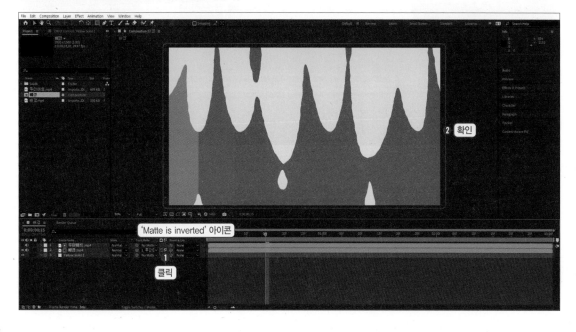

로토 브러시 활용하여
마스크 합성하기

로토 브러시 툴(Roto Brush Tool)은 복잡한 형태의 사물에 대한 마스크 작업을 편리하게 해줍니다. 사람형태를 마스크 작업하기 위해서는 크로마키 스튜디오에서 촬영할 수도 있지만 불가능한 상황에서는 직접 마스크를 지정해서 작업해야 합니다. 더욱 손쉽고 빠르게 작업하려면 로토 브러시 툴을 사용하면 가능합니다.

● 준비파일: 애프터 이펙트\파트04\04\로토 브러시.aep

01 상단메뉴에서 [File → Open Project(Ctrl + O)]를 클릭합니다. 준비파일 경로로 이동하여 '로토 브러시.aep' 애프터 이펙트 프로젝트 파일을 불러옵니다. [Timeline] 패널에 '로토 브러시.mp4' 파일이 배치되어 있습니다.

02 [Tools] 패널에서 'Roto Brush Tool' 아이콘(🖌)을 클릭합니다. 그리고 [Timeline] 패널의 '로토 브러시.mp4' 레이어를 더블클릭합니다.

03 [Composition] 패널의 화면이 '로토 브러시.mp4' [Layer] 패널로 변경되었습니다.

04 '로토 브러시.mp4' [Layer] 패널의 화면에서 'Roto Brush Tool'의 브러시 모양을 조절합니다. Ctrl +마우스 왼쪽 버튼을 누른 채 드래그하면 브러시 크기를 조절할 수 있습니다. 브러시의 색상은 녹색이며 중앙에 플러스(⊕) 모양이 나타납니다.

05 마스크 작업을 할 남자 피사체에 브러시를 이용해 위에서 아래로 드래그 합니다.

06 남자 피사체 위에 자주색 라인이 생성되었습니다. 마스크 영역이 라인으로 표시됩니다.

07 '로토 브러시' [Layer] 패널의 메뉴에서 4가지 타입으로 디스플레이(화면 보기)를 설정할 수 있습니다. 현재 [Layer 로토 브러시.mp4] 패널의 화면은 'Toggle Alpha Boundary' 아이콘이 선택되어 있습니다.

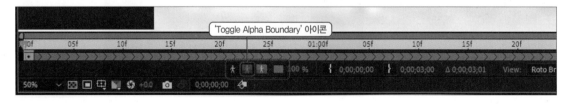

■ 디스플레이 설정 아이콘

❶ **Toggle Alpha(**`Alt`+`4`**):** 알파영역이 화이트, 블랙으로 나타납니다.

❷ **Toggle Alpha Boundary(**`Alt`+`5`**):** 로토 브러시 기본화면의 자주색 라인이 생성됩니다.

❸ **Toggle Alpha Overlay(**`Alt`+`6`**):** 알파채널이 아닌 부분을 오버레이(붉은색)로 표시됩니다.

❹ **Alpha Boundary/Overlay Color:** 색상을 선택합니다.

08 '남자 피사체' 영역 전체를 브러시를 활용하여 추가하고 빼는 작업을 하겠습니다. 화면을 확대하여 마스크 영역에 포함할 부분들을 브러시로 드래그하여 영역을 선택합니다.

[Timeline] 패널의 'Time Indicator'를 '0;00;00;00' 프레임에 배치하고 [Layer 로토 브러시.mp4] 패널에서 남자의 손 부분이 'Alpha Boundary' 영역에 포함되지 않았습니다. 'Roto Brush Tool'로 드래그하여 추가합니다.

09 '로토 브러시.mp4' [Layer] 패널에서 'Alpha Boundary' 영역을 제거하고 싶은 부분이 '남자 손가락'의 사이 부분이 있습니다. Alt 를 누른 상태에서 마우스로 드래그합니다. 브러시의 색상은 빨간색으로 변경되고, 마이너스(⊖) 표시가 중앙에 나타납니다.

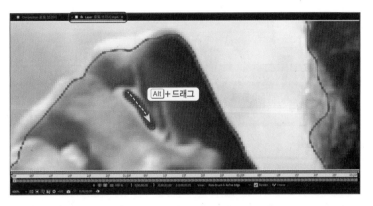

10 남자 머리카락 부분은 'Roto Brush Tool'로 자연스럽게 작업하기 어렵습니다. 그래서 'Refine Edge Tool'(가장자리 다듬기 툴)을 활용합니다. 'Refine Edge Tool'은 선택영역의 가장자리 머리카락 같은 복잡한 형태나 반투명한 영역을 깔끔하게 선택할 수 있게 합니다.

11 'Refine Edge Tool'을 사용해 남자 머리카락 윗부분의 경계부분을 드래그합니다. 브러시 영역은 파란색으로 표시됩니다.

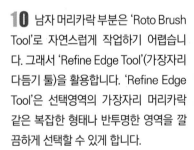

12 드래그가 완료되면 매트형태로 되며 화이트, 블랙으로 표시됩니다.

13 Space Bar 를 활용해 영상을 재생합니다. 영상을 재생하면 'Toggle Refine Edge X-Ray' 영역이 연산되어 마스크작업을 진행합니다. 'Toggle Refine Edge X-Ray' 아이콘(🗷)을 선택하면 머리카락 테두리 작업부분을 확인할 수 있습니다.

'Toggle Refine Edge X-Ray' 아이콘

14 작업을 완료했다면 '로토 브러시' [Composition] 패널을 선택합니다. 그리고 로토 브러시 작업을 확인하려면 'Toggle Transparency Grid' 아이콘(🔲)을 클릭하여 알파영역을 확인합니다.

'Toggle Transparency Grid' 아이콘

15 [Project] 패널에서 '로토 브러시.mp4' 파일을 [Timeline] 패널로 드래그하여 레이어 하위에 배치합니다.

16 상단메뉴에서 [Layer → New → Text (Ctrl + Alt + Shift + T)]를 클릭하여 텍스트 레이어를 생성합니다.

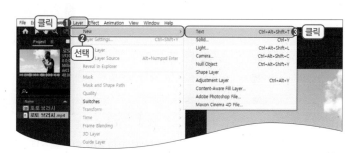

17 텍스트를 'ROTO BRUSH'라고 입력합니다. [Character] 패널이 활성화됩니다.

PART 1. 시작 | PART 2. 키프레임 | PART 3. 레이어 | PART 4. 마스크 | PART 5. 3D 공간 | PART 6. 이펙트 | PART 7. 트래킹 | PART 8. 영상출력·연동 | PART 9. 영상합성

18 [Character] 패널에서 폰트크기를 '460px'로 입력합니다. 폰트는 'CookieRunOTF'를 선택합니다.

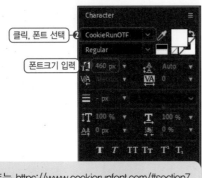

쿠키런 폰트는 https://www.cookierunfont.com/#section7 에서 다운로드받을 수 있습니다.

19 [Character] 패널에서 폰트색상을 선택하겠습니다. 'Fill Color' 색상박스를 클릭합니다.

20 [Text Color] 대화상자가 나타납니다. 색상값을 'R: 255, G: 0, B: 100'으로 수정합니다. [OK] 버튼을 클릭합니다.

21 '로토 브러시' [Composition] 패널에서 'ROTO BRUSH' 텍스트 레이어의 수정을 완료하였습니다. 텍스트 레이어를 선택하여 화면중앙에 배치합니다.

22 [Timeline] 패널에서 1번 레이어에 배치되어 있던 'ROTO BRUSH' 텍스트 레이어를 아래 2번 레이어로 이동 배치합니다.

23 Space Bar 를 눌러 영상을 재생하여 확인합니다. 남자 피사체 뒤에 'ROTO BRUSH' 텍스트 레이어가 합성된 모습을 확인할 수 있습니다.

AFTER EFFECTS

Ae

PART 5.
애프터 이펙트
3D 레이어 활용하기

애프터 이펙트의 3D 레이어 기능은 2D의 평면적인 것에 입체감과 공간감을 훨씬 더 많이 느끼게 해줍니다. 작업의 완성도가 높아집니다. 카메라와 조명을 추가로 사용할 수 있어서 다양한 카메라 애니메이션을 만들 수 있고, 조명으로 빛의 방향 및 강약을 조절하여 레이어의 재질감도 마찬가지로 조절할 수 있습니다.

CHAPTER

01

3D 레이어
적용하기

3D는 기존의 공간개념에 새로운 공간이 추가된 것입니다. 기존방식은 X축 가로방향, Y축 세로방향의 평면적인 두 가지 방향에 대한 공간개념이 있었다면 여기에 Z축 깊이방향이 추가되었습니다. 그만큼 작업할 공간이 더 추가된 것입니다. 애프터 이펙트로 불러올 수 있는 준비파일은 모두 3D 레이어로 변경이 가능합니다. 3D 레이어를 지정하여 공간배치를 만들고 3D 공간작업을 할 때 필요한 레이아웃 설정 등을 알아봅니다.

● **준비파일:** 애프터 이펙트\파트05\01\3D 레이어.aep

01 상단메뉴에서 [File → Open Project(Ctrl+O)]를 클릭합니다. 준비파일 경로로 이동하여 '3D 레이어.aep' 애프터 이펙트의 프로젝트 파일을 불러옵니다. '바닥.jpg', '집.png', '하늘.jpg' 3가지 레이어가 있습니다.

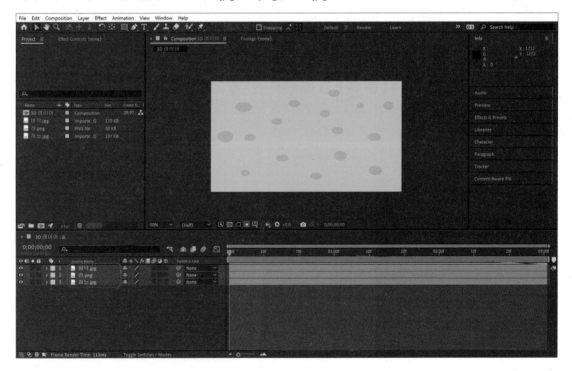

02 [Timeline] 패널에서 레이어는 기본적으로 2D 레이어입니다. 3D 레이어로 변경하려면 [Timeline] 패널에서 각 레이어의 '3D Layer' 아이콘(⬚)을 클릭하여 체크하면 3D 레이어로 변경됩니다. 각 레이어의 '3D Layer' 아이콘들을 클릭합니다.

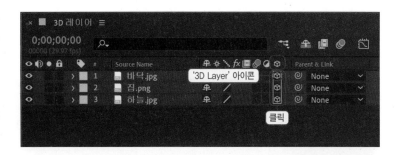

03 [Timeline] 패널에서 '집.png' 레이어를 확인합니다. 레이어의 속성 메뉴 'Transform' 옵션을 확인합니다. 기존의 2D 레이어인 경우에 X축의 가로값과 Y축의 세로값 방향만 설정할 수 있다면, 3D 레이어로 변경되면서 Z축인 앞뒤의 깊이값 방향이 추가되었습니다.

■ '3D Axis Tool' 아이콘

'3D Axis Tool'에서는 작업의 기준축을 선택할 수 있습니다. 기본적으로 [Composition] 패널은 'Local Axis Mode'로 설정되어 있습니다.

❶ **Local Axis Mode:** 레이어의 기준 3D축을 의미합니다. 레이어가 회전하면 축도 같이 회전합니다.

❷ **World Axis Mode:** 작업하는 신(Scene)의 기준 3D축을 의미합니다. 레이어가 회전하더라도 신의 기준축은 변하지 않습니다.

❸ **View Axis Mode:** 바라보면 화면의 기준 3D축을 의미합니다. 화면의 위치가 바뀌어도 화면을 기준으로 축은 변하지 않습니다.

■ '3D Select Tool' 아이콘

❶ **Universal:** 이동하거나 회전을 조절합니다.

❷ **Position:** 위치를 조절합니다.

❸ **Scale:** 크기를 조절합니다.

❹ **Rotation:** 회전을 조절합니다.

PART 1. 시작

PART 2. 기본과정

PART 3. 베이어

PART 4. 마스크

PART 5. 3D 레이어

PART 6. 이펙트

PART 7. 트래킹

PART 8. 영상출력 · 편집

PART 9. 영상제작

04 3D 레이어를 선택할 때 '3D Select Tool' 아이콘들(▶＋□⟲)을 활용하면 기즈모(Gizmo)라는 형태를 [Composition] 패널의 화면에서 볼 수 있습니다. 기즈모는 3D 조절자라고 생각하면 됩니다. 화면에서 3D 레이어를 직접 선택하여 원하는 축으로 변화를 적용하면 직접 확인할 수 있습니다.

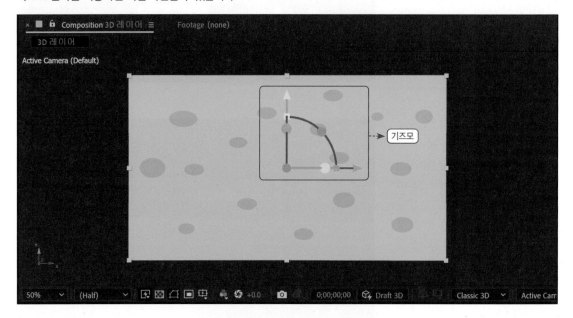

05 [Timeline] 패널의 '집.png' 레이어에서 'Solo' 아이콘(◉)을 클릭하여 '집.png' 레이어만 [Composition] 패널에서 나타나게 합니다.

06 [Timeline] 패널의 '집.png' 레이어에서 'Position'의 Z축 깊이값을 조절합니다. '-256.0'으로 수정합니다. 마이너스 (-) 수치를 설정하면 화면 앞으로 이동하고 플러스(+)를 입력하면 뒤로 이동합니다.

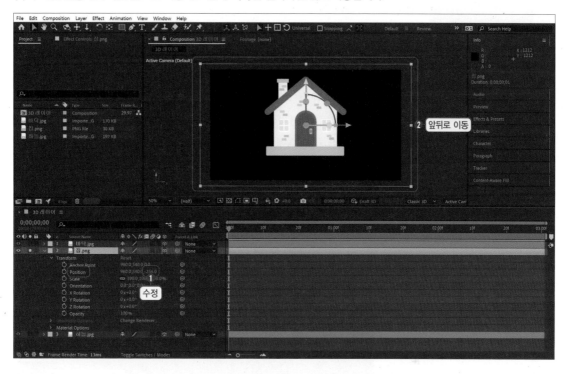

07 3D 공간을 작업하기 위해서 [Composition] 패널의 '3D View Popup'의 메뉴를 확인합니다.

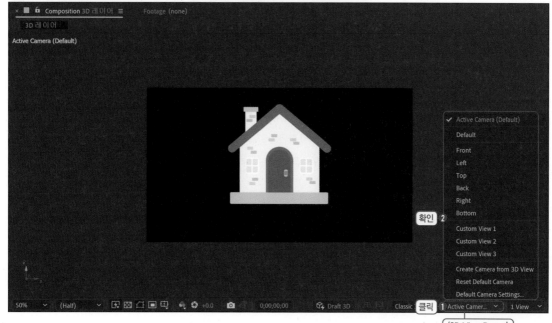

■ '3D View Popup' 세부메뉴

❶ **Active Camera:** 활성화된 카메라, 현재 작업 중인 화면입니다.

❷ **Default:** 기본 카메라 화면입니다.

❸ **Front:** 3D 기준으로 정면에서 바라보는 화면입니다.

❹ **Left:** 3D 기준으로 왼쪽에서 바라보는 화면입니다.

❺ **Top:** 3D 기준으로 위에서 바라보는 화면입니다.

❻ **Back:** 3D 기준으로 뒤에서 바라보는 화면입니다.

❼ **Right:** 3D 기준으로 오른쪽에서 바라보는 화면입니다.

❽ **Bottom:** 3D 기준으로 아래에서 바라보는 화면입니다.

❾ **Custom View:** 가상의 카메라로 바라보는 화면입니다.

❿ **Create Camera from 3D View:** 새로운 카메라 화면을 생성합니다.

⓫ **Reset Default Camera:** 카메라 화면설정을 초기상태로 다시 설정합니다.

⓬ **Default Camera Settings:** 카메라 설정값을 다시 설정합니다.

08 [Composition] 패널의 'Select view layout'의 메뉴를 확인합니다.

■ 'Select view layout' 세부메뉴

❶ **View:** 카메라 화면을 1개로 설정합니다.

❷ **2 Views:** 카메라 화면을 2개로 설정합니다.

❸ **4 Views:** 카메라 화면을 4개로 설정합니다.

09 [Composition] 패널의 'Select view layout' 메뉴에서 화면을 다양하게 설정하여 3D 작업을 좀 더 편리하게 진행합니다. [2 Views]를 선택합니다. [Composition] 패널의 화면이 2개로 설정되었습니다.

10 [Composition] 패널에서 왼쪽 화면의 빈 공간을 마우스로 클릭합니다. 왼쪽 화면이 선택되었습니다. 그리고 '3D View Popup' 메뉴에서 [Left]로 선택합니다. 그리고 오른쪽 화면의 빈 공간을 마우스로 클릭하고 '3D View Popup' 메뉴에서 [Active Camera]로 선택합니다.

PART 1. 시작

PART 2. 키프레임

PART 3. 레이어

PART 4. 마스크

PART 5. 3D 레이어

PART 6. 이펙트

PART 7. 드로잉

PART 8. 영상출력 · 연동

PART 9. 영상합성

11 [Timeline] 패널의 '집.png' 레이어의 'Solo' 아이콘(◉)을 클릭하여 해제합니다. 모든 레이어들이 [Composition] 패널에 나타납니다.

12 3D 레이어들을 공간에 배치합니다. [Timeline] 패널에서 '바닥.jpg' 레이어의 'X Rotation' 가로방향 회전값을 '0 × +90.0°'로 수정합니다. [Composition] 패널의 'Left View'에서 확인하면 가로방향으로 회전되어 있습니다.

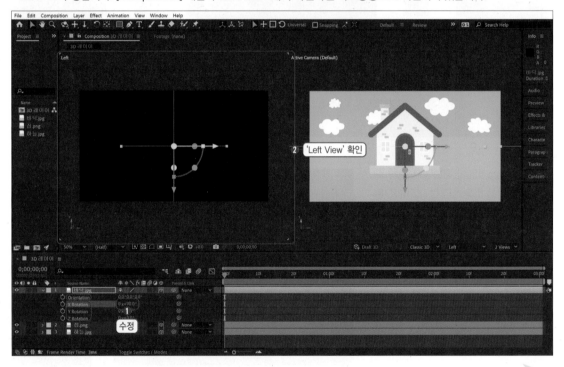

'Orientation'과 'Rotation' 세부메뉴

3D 레이어를 회전하게 해주는 두 가지 옵션메뉴입니다. 'Orientation'은 각 방향으로 회전합니다. 0~360°로 지정되어 있습니다. 회전횟수는 지정할 수 없습니다. [Composition] 패널의 기즈모를 조절하면 'Orientation' 옵션값이 변합니다. 'Rotation'은 축별로 회전합니다. 0~360° 지정하고 360°가 되면 1바퀴로 회전하는 횟수가 지정됩니다.

13 '바닥.jpg' 레이어를 3D 공간에서 Y축 세로방향의 아래로 이동합니다. [Timeline] 패널에서 '바닥.jpg' 레이어의 'Position' Y축 세로값을 '1000.0'을 수정합니다. [Composition] 패널에서 확인할 수 있습니다.

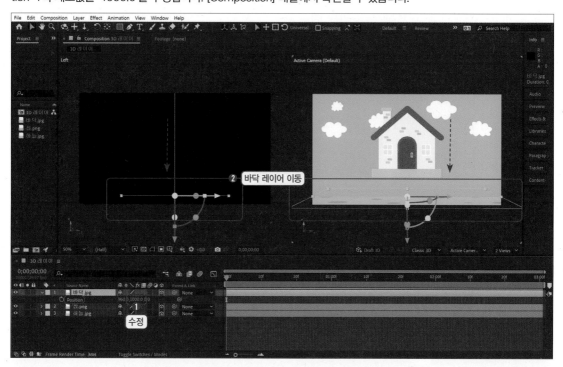

14 '하늘.jpg' 레이어를 3D 공간에서 Z축의 앞뒤 방향으로 이동합니다. [Timeline] 패널에서 'Position'의 Z축 깊이값을 '1000.0'으로 수정합니다. [Composition] 패널에서 확인할 수 있습니다.

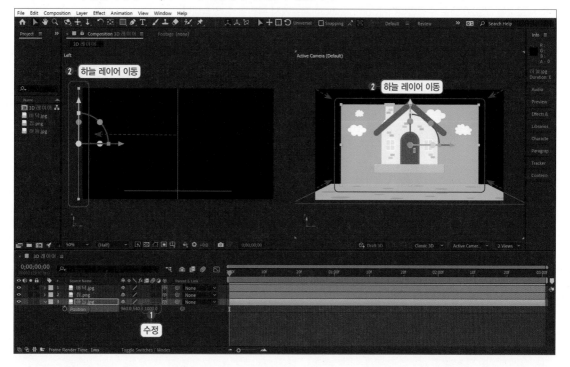

15 [Composition] 패널의 'Active Camera'로 확인할 때 '하늘.jpg' 레이어를 크게 만들어 화면을 가득 채웁니다. [Timeline] 패널에서 '하늘.jpg' 레이어 'Scale'의 옵션값을 '150.0%'로 수정합니다. 'Scale'의 Z축 깊이값으로는 두께를 적용할 수 없습니다. [Composition] 패널에서 확인할 수 있습니다.

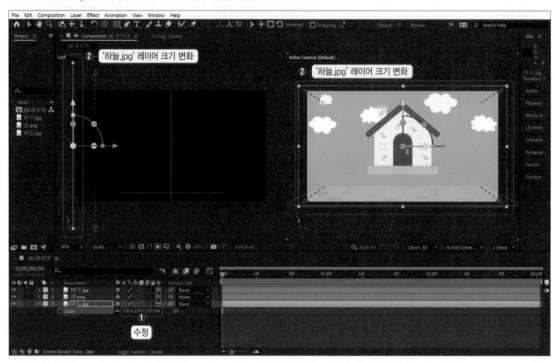

16 '집.png' 레이어를 '바닥.jpg' 레이어 위에 이동하여 배치합니다. [Timeline] 패널의 '집.png' 레이어에서 'Position'의 Y축 세로값을 '750.0'으로 수정합니다. [Composition] 패널에서 확인할 수 있습니다.

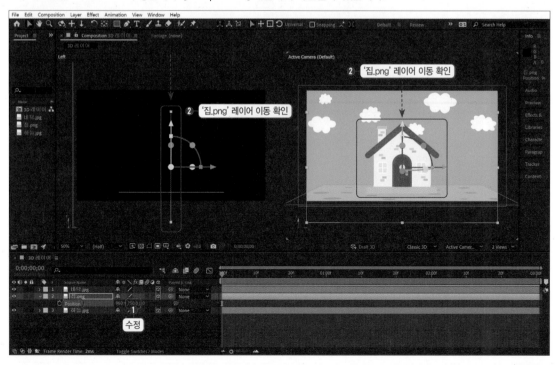

17 [Tools] 패널에서 'Orbit Around Cursor Tool' 아이콘(◎)을 클릭합니다. [Composition] 패널의 'Active Camera' 화면에서 마우스를 드래그하면 화면이 회전합니다. 이렇게 [Composition] 패널의 화면을 조절하면 3D 레이어가 배치된 상태를 쉽게 확인할 수 있습니다.

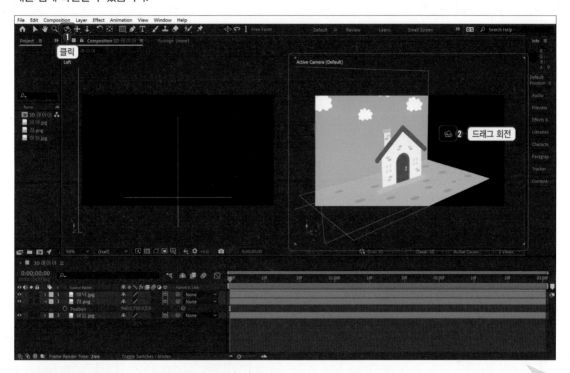

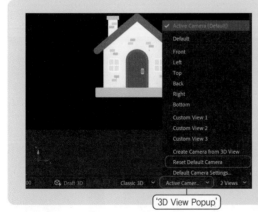

'3D View Popup'의 [Reset Default Camera] 메뉴는 'Orbit Around Cursor Tool'을 활용하여 작업하다가 화면을 원래 기본 위치로 초기화시킵니다.

18 [Tools] 패널에서 'Pen Under Cursor Tool' 아이콘(➕)을 클릭합니다. [Composition] 패널의 'Active Camera' 화면에서 마우스로 드래그하면 화면을 상하좌우로 이동할 수 있습니다.

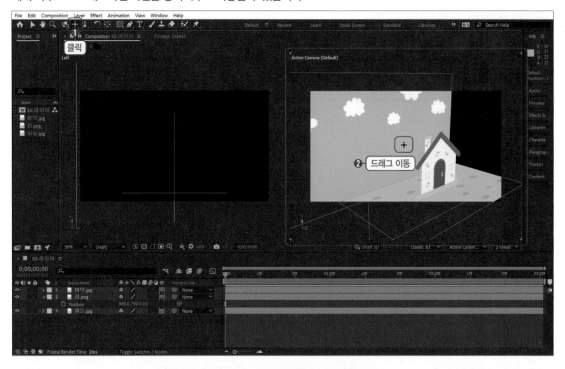

19 [Tools] 패널에서 'Dolly Towards Cursor Tool' 아이콘(⬇)을 클릭합니다. [Composition] 패널의 'Active Camera' 화면에서 마우스로 드래그하면 화면을 앞뒤로 이동할 수 있습니다.

CHAPTER 02

카메라 레이어
실행하기

PART 1. 시작

PART 2. 키프레임

PART 3. 레이어

PART 4. 마스크

PART 5. 3D 레이어

PART 6. 이펙트

PART 7. 트래킹

PART 8. 영상출력 · 인코딩

PART 9. 영상합성

카메라 레이어(Camera Layer)는 기본적으로 3D 형태를 하고 있습니다. 3D 레이어에서 카메라 레이어의 애니메이션을 적용하여 작업하면 다양한 화면구도와 다이내믹한 카메라 애니메이션을 만듭니다. 카메라의 기본메뉴를 익히고, 3D 레이어와 카메라 애니메이션을 활용한 텍스트 애니메이션을 만듭니다.

● 준비파일: 애프터 이펙트\파트05\02\카메라 레이어.aep

01 상단메뉴에서 [File → Open Project(Ctrl+O)]를 클릭합니다. 준비파일 경로로 이동하여 '카메라 레이어.aep' 애프터 이펙트의 프로젝트 파일을 불러옵니다. 'After Effects', 'Design', 'Title' 등 3개의 텍스트 레이어가 있습니다.

빙그레 폰트는 http://www.bingfont.co.kr/bingfont.html에서 다운로드받을 수 있습니다.

02 [Timeline] 패널에서 모든 레이어를 한 번에 3D 레이어로 변경합니다. 모든 레이어를 드래그하여 선택하고 '3D Layer' 아이콘(🎥)을 클릭하여 체크하면 한 번에 3D 레이어로 변경됩니다.

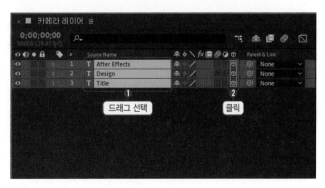

03 상단메뉴에서 [Layer → New → Camera(Ctrl + Alt + Shift + C)]를 클릭하여 카메라 레이어를 생성합니다.

04 [Camera Settings] 대화상자가 나타납니다. 세부옵션을 확인합니다.

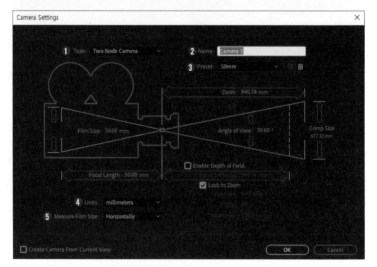

■ [Camera Settings] 대화상자 세부옵션

❶ **Type:** 타입을 선택합니다.

❷ **Name:** 카메라 레이어의 이름을 지정합니다.

❸ **Preset:** 카메라 렌즈종류를 선택합니다.

❹ **Unit:** 단위를 설정합니다.

❺ **Measure Film Size:** 필름사이즈의 기준을 선택합니다.

05 [Camera Settings] 대화상자에서 'Type'에는 두 가지가 있습니다. 'One-Node Camera'는 카메라의 위치만 설정합니다. 'Two-Node Camera'는 카메라의 위치와 바라보는 기준점(Point Of Interest)을 설정합니다. 이번에는 'One-Node Camera'를 선택합니다. [OK] 버튼을 클릭합니다.

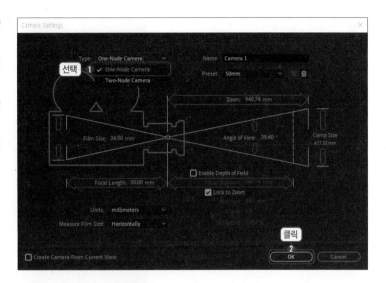

06 [Composition] 패널의 화면입니다. 'Select view layout'에서 [2 View] 메뉴를 실행합니다.

> 'View'의 개수와 방향설정은 각자 작업의 성향에 맞게 설정하면 됩니다. 보기 편리한 'View'가 있다면 선택해서 작업합니다.

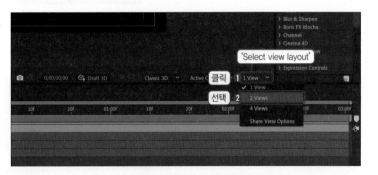

07 'Select view layout'에서 [2 Views] 메뉴를 선택하면 왼쪽 화면은 'Active Camera(Camera 1)', 오른쪽 화면은 'Default'로 설정됩니다.

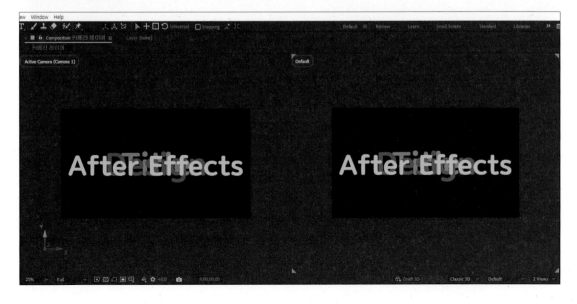

08 왼쪽의 'Active Camera(Camera 1)' 화면을 선택하고 '3D View Popup'에서 [Custom View 1] 메뉴를 선택합니다. 오른쪽의 'Default' 화면을 선택하고 '3D View Popup'에서 [Active Camera(Camera 1)] 메뉴를 선택합니다. 'Custom View 1'은 카메라는 없지만 가상의 카메라 뷰로 화면을 볼 수 있습니다. 'Active Camera(Camera 1)'는 애프터 이펙트가 최종적으로 출력되는 뷰입니다.

09 왼쪽 화면은 'Custom View 1', 오른쪽 화면은 'Active Camera(Camera 1)'로 선택되었습니다.

10 [Timeline] 패널에서 'Camera 1' 레이어를 선택하면 [Composition] 패널에서 카메라의 위치와 카메라가 바라보는 방향을 확인할 수 있습니다. 텍스트 레이어들을 향해서 배치되어 있습니다.

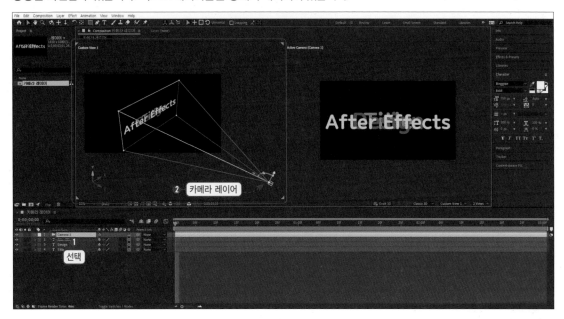

11 3D 공간에서 'Title' 텍스트 레이어를 카메라 가까이 Z축의 앞뒤 방향으로 당겨 배치합니다. [Timeline] 패널에서 'Position'의 Z축 깊이값(앞뒤의 방향값)을 '−1150.0'으로 수정합니다. [Composition] 패널에서 확인할 수 있습니다.

12 'After Effects' 텍스트 레이어를 3D 공간에서 위쪽으로 이동하여 배치합니다. [Timeline] 패널에서 'Position'의 Y축 세로값을 '250.0'으로 수정합니다. [Composition] 패널에서 확인할 수 있습니다.

13 'Design' 텍스트 레이어를 3D 공간에서 앞뒤 방향으로 이동하여 배치합니다. [Timeline] 패널에서 'Position'의 Y축 세로값을 '1000.0'으로, Z축의 깊이값을 '1400.0'으로 수정합니다. [Composition] 패널에서 확인할 수 있습니다.

14 [Timeline] 패널의 'Camera 1' 레이어를 선택하여 속성메뉴를 확인 합니다. 3D 레이어의 메뉴와 동일한 'Transform'과 'Camera Options'의 메뉴가 있습니다.

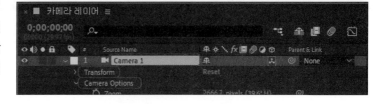

■ 'Camera Options' 세부메뉴

❶ **Zoom:** 카메라 화면을 확대하거나 축소합니다.

❷ **Depth of Field:** 피사계 심도라고 하여 카메라의 초점에 맞는 부분은 선명하게 보이고 초점에서 벗어난 부분은 흐리게 보입니다.

❸ **Focus Distance:** 카메라의 초점거리입니다.

❹ **Aperture:** 카메라의 조리개입니다.

❺ **Blur Level:** 카메라의 블러강도입니다.

❻ **Iris Shape:** 조리개 조절 시 블러가 형성되는데, 아이리스 모양을 선택합니다.

❼ **Iris Rotation:** 아이리스의 회전을 조절합니다.

❽ **Iris Roundness:** 아이리스의 라운드를 조절합니다.

❾ **Iris Aspect Ratio:** 아이리스의 비율을 조절합니다.

❿ **Iris Diffraction Fringe:** 아이리스의 회절무늬를 조절합니다.

⓫ **Highlight Gain:** 밝은 부분의 밝기를 조절합니다.

⓬ **Highlight Threshold:** 밝은 부분의 범위를 조절합니다.

⓭ **Highlight Saturation:** 밝은 부분의 채도를 조절합니다.

15 [Timeline] 패널의 'Camera 1' 레이어에서 'Camera Options'의 'Depth of Field' 옵션값을 클릭하여 'Off'에서 'On'으로 변경합니다. '피사계 심도'를 설정했습니다. '피사계 심도'는 카메라의 초점이 맞지 않은 경우 피사체가 흐려지는 현상을 말합니다. 카메라의 초점은 'Focus Distance' 옵션값을 활용합니다. 'Focus Distance' 옵션값을 '1500.0'으로 수정합니다. 초점을 'Title' 텍스트 레이어에 맞춥니다. [Composition] 패널에서 확인할 수 있습니다.

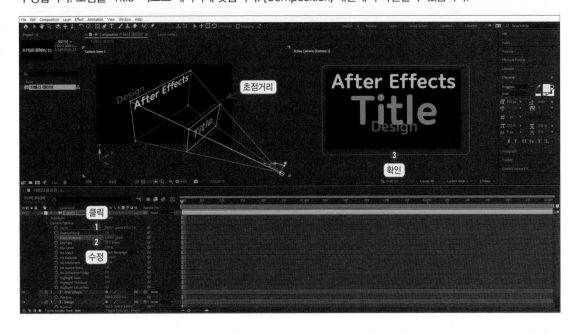

16 [Timeline] 패널의 'Camera 1' 레이어에서 'Camera Options'의 'Aperture' 조리개값을 '150.0'으로 수정합니다. 카메라의 초점에 맞지 않는 부분이 좀 더 흐려집니다. [Composition] 패널에서 확인할 수 있습니다.

17 'Camera 1' 레이어에서 'Position'을 활용하여 Z축의 앞뒤 방향으로 이동합니다. 먼저 [Timeline] 패널의 'Time Indicator'를 '0;00;00;00' 프레임에 배치합니다. 'Camera 1' 레이어에서 'Position'의 'Time-Vary stop watch' 아이콘 (🕐)을 클릭합니다. 'Position'에 키프레임이 생성되었습니다.

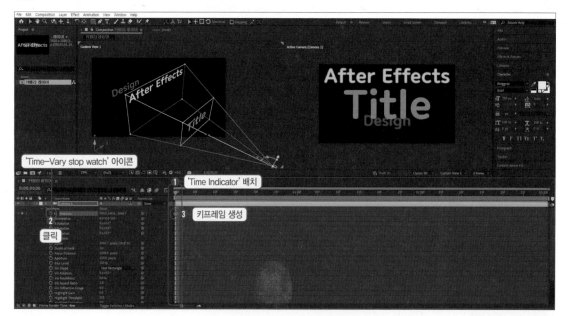

18 [Timeline] 패널에서 'Time Indicator'를 '0;00;02;00' 프레임에 배치합니다. 'Camera 1' 레이어에서 'Position'의 Z축 깊이값(앞뒤 방향값)을 '−700.0'으로 수정합니다. 'Position'에 키프레임이 생성되었습니다.

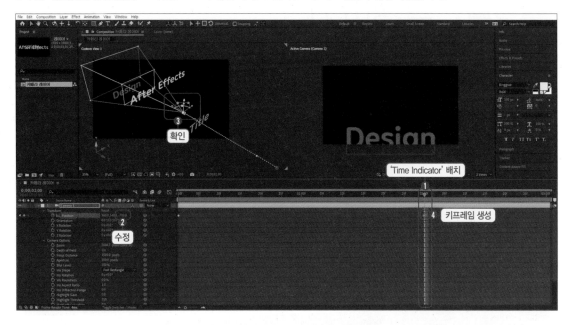

19 Space Bar 를 눌러 영상을 재생해서 확인합니다. 'Camera 1' 레이어의 입체감을 느낄 수 있습니다.

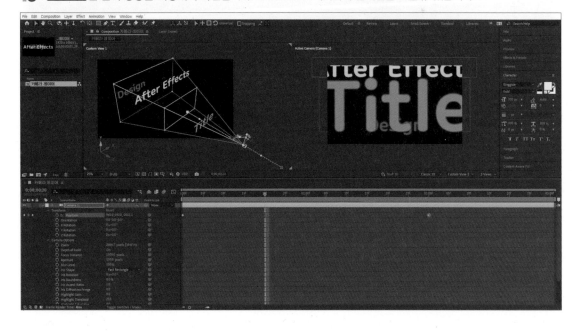

CHAPTER

03

라이트 레이어
실행하기

라이트 레이어(Light Layer)는 애프터 이펙트에서 조명을 다루는 레이어입니다. 3D 레이어들이 있는 작업에서 사용할 수 있습니다. 입체감을 표현하기 위해서는 조명이 필요합니다. 조명의 밝은 부분과 어두운 부분은 레이어의 입체감을 표현해줍니다. 그리고 빛에 의해서 레이어의 질감을 확인할 수 있습니다. 상황에 따라 다양한 조명을 사용할 수 있습니다.

● 준비파일: 애프터 이펙트\파트05\03\라이트 레이어.aep

01 상단메뉴에서 [File → Open Project(Ctrl+O)]를 클릭합니다. 준비파일 경로로 이동하여 '라이트 레이어.aep' 애프터 이펙트의 프로젝트 파일을 불러옵니다. '나무.png', '벽.png', '바닥.png' 3개의 이미지 레이어가 있습니다. 3D 공간에 배치되어 있습니다.

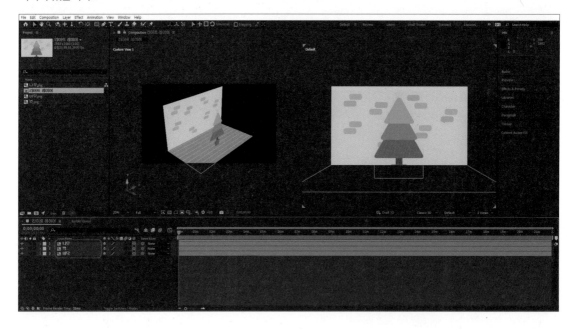

02 상단메뉴에서 [Layer → New → Light (Ctrl + Alt + Shift + L)]를 클릭해 라이트 레이어를 생성합니다.

03 [Light Settings] 대화상자가 나타납니다. 세부메뉴를 확인합니다.

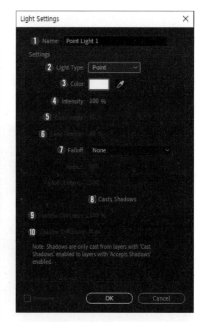

■ **[Camera Settings] 세부옵션**

❶ **Name:** 조명이름을 지정합니다.

❷ **Light Type:** 조명타입을 선택합니다. 조명은 'Parallel', 'Spot', 'Point', 'Ambient'가 있습니다.

　　ⓐ 'Parallel'은 태양빛과 같은 방향성만 있는 조명입니다. 빛의 거리에 따라서 빛의 세기에 변화가 없습니다.

　　ⓑ 'Spot'는 무대조명입니다. 원형의 앵글로 빛의 범위를 조절하고 빛의 거리에 따라서 빛의 세기에 변화가 있습니다.

　　ⓒ 'Point'는 형광등처럼 하나의 포인트에서 빛이 발생합니다. 빛의 거리에 따라서 빛의 세기에 변화가 있습니다.

　　ⓓ 'Ambient'는 레이어가 [Composition] 패널의 화면에 없습니다. 신 (Scene) 전체의 밝기를 조절합니다.

❸ **Color:** 조명색상을 선택합니다.

❹ **Intensity:** 조명 빛의 세기를 설정합니다.

❺ **Cone Angle:** 'Spot' 조명의 앵글, 빛이 비치는 넓이입니다.

❻ **Cone Feather:** 'Spot' 조명 테두리의 부드러운 정도입니다.

❼ **Falloff:** 조명의 가장 밝은 부분과 어두운 부분의 설정방식입니다.

❽ **Casts Shadow:** 그림자를 생성합니다.

❾ **Shadow Darkness:** 그림자의 어두운 정도를 설정합니다.

❿ **Shadow Diffusion:** 그림자의 가깝고 멀리 있는 부분의 흐림정도를 설정합니다.

04 'Light Type'에서 'Spot'을 선택한 다음, [OK] 버튼을 클릭합니다.

'Spot' 메뉴를 가장 많이 사용합니다. 'Spot' 메뉴만 익히면 나머지 조명도 쉽게 다룰 수 있습니다.

05 [Timeline] 패널에서 'Spot Light 1' 레이어를 선택하고 'Transform'에서 'Point of Interest' 옵션을 확인합니다. 'Point of Interest'는 'Spot' 조명이 빛을 비추는 방향입니다. [Composition] 패널의 화면에서도 빛을 비추는 방향을 조절할 수 있습니다.

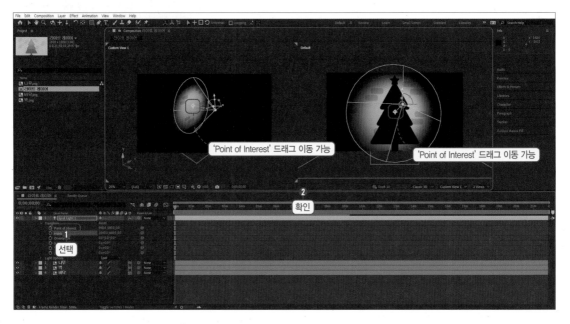

06 [Composition] 패널의 화면에서 보면, 조명이 이미지 레이어들을 향해 조명을 비추고 있습니다. 하지만 배경에는 그림자가 없습니다. 그림자를 생성하기 위해서 'Light Options'에서 'Cast Shadow'를 'Off'에서 'On'으로 클릭합니다.

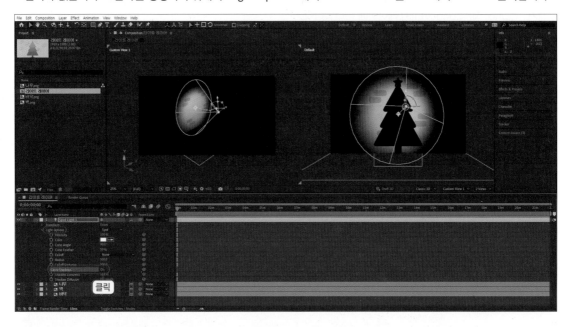

07 [Composition] 패널에서 확인하면 그림자는 아직 생성되지 않았습니다. 그림자를 생성하고 싶은 '나무.png' 이미지 레이어를 선택하고 'Material Options'에서 'Cast Shadows'를 'Off'에서 'On'으로 클릭하여 변경합니다.

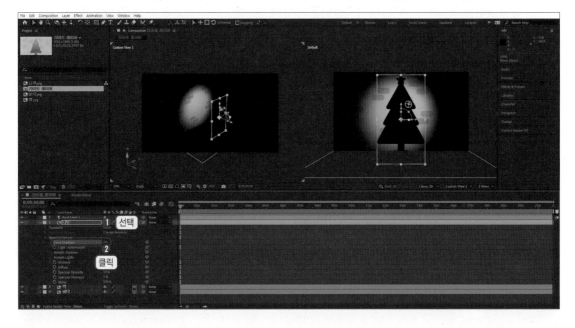

08 '**Spot Light 1**' 레이어가 '**나무.png**' 이미지 레이어에 너무 가까이 배치되어 있어 그림자가 나타나지 않습니다. '**Spot Light 1**'를 선택하고 '**Position**'의 Z축 깊이값(앞뒤 방향값)을 '**−1500.0**'으로 수정합니다. '**나무.png**' 이미지 레이어의 그림자가 '**벽.png**', '**바닥.png**' 이미지 레이어에 나타납니다.

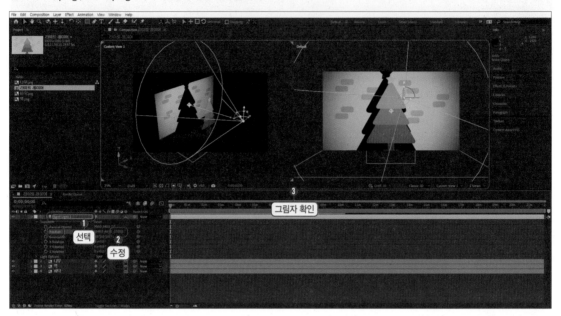

09 '**나무.png**' 이미지 레이어의 그림자가 너무 강해서 짙은 검은색으로 나타납니다. 약하게 수정하기 위해서는 [Timeline] 패널의 '**Spot Light 1**' 레이어에서 '**Light Options**'의 '**Shadow Darkness**'를 '**60%**'로 수정합니다.

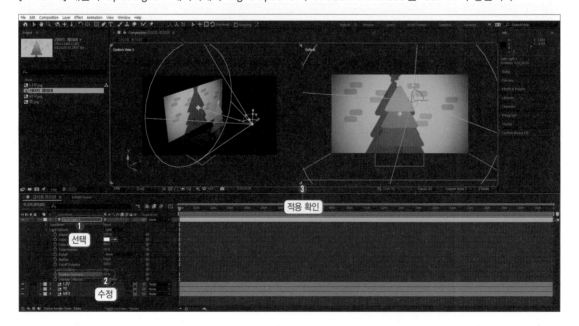

10 그림자가 '나무.png' 이미지 레이어의 거리에서 멀어질수록 점점 흐려지게 조절합니다. 'Spot Light 1' 레이어의 'Light Options'에서 'Shadow Diffusion'의 수치를 '30.0'으로 수정합니다. '벽.png' 이미지 레이어에 나타난 그림자는 '나무.png' 이미지 레이어에서 거리가 가까울수록 그림자는 선명하고 '나무.png' 이미지 레이어에서 멀어질수록 그림자는 비교적 더 흐려집니다.

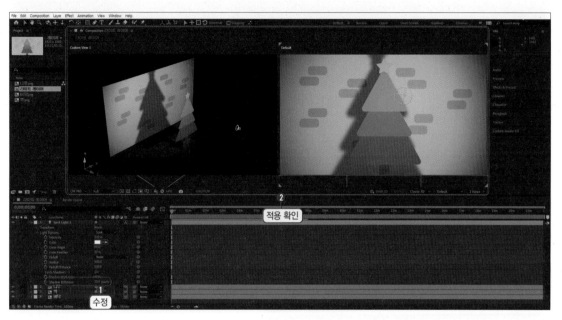

11 [Timeline] 패널에서 '벽.png' 이미지 레이어의 'Material Options' 세부메뉴를 확인합니다.

■ 'Material Options' 세부메뉴

❶ **Casts Shadows:** 레이어 그림자를 생성합니다.

❷ **Light Transmission:** 레이어 그림자가 아닌 마치 반투명한 이미지에 빛을 투과한 것처럼 레이어 모습이 그림자에 비칩니다.

❸ **Accepts Shadows:** 'On'이면 다른 레이어의 그림자가 맺히게 설정합니다. 'Off'이면 다른 레이어의 그림자가 맺히지 않습니다.

❹ **Accepts Lights:** 'On'이면 라이트의 영향을 받는 상태입니다. 'Off'이면 라이트의 영향을 받지 않는 상태입니다.

❺ **Ambient:** 조명을 받았을 때 밝기입니다.

❻ **Diffuse:** 조명을 받았을 때 색상밝기입니다.

❼ **Specular Intensity:** 조명을 받았을 때 하이라이트 세기입니다.

❽ **Specular Shininess:** 조명을 받았을 때 하이라이트의 날카로운, 선명한 정도입니다.

❾ **Metal:** 조명을 받았을 때 금속재질의 질감을 나타냅니다.

12 'Spot Light 1' 레이어를 선택한 후 'Position' 옵션값을 조절해서 애니메이션을 만듭니다. [Timeline] 패널의 'Time Indicator'를 '0;00;00;00' 프레임에 배치합니다. 'Position'의 가로값을 '600.0'으로 수정합니다. [Composition] 패널에서 'Spot Light 1' 레이어가 화면의 왼쪽으로 이동했습니다.

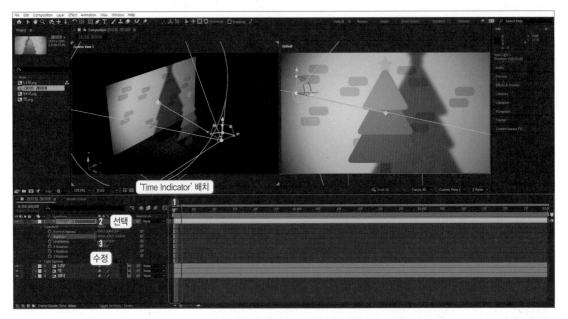

13 [Timeline] 패널의 'Spot Light 1' 레이어에서 'Position'의 'Time-Vary stop watch' 아이콘(◯)을 클릭합니다. 'Position'에 키프레임이 생성되었습니다.

14 [Timeline] 패널에서 'Time Indicator'를 '0;00;02;00' 프레임에 배치합니다. 'Position'의 가로값을 '1200.0'으로 수정합니다. 'Position'에 키프레임이 생성되었습니다.

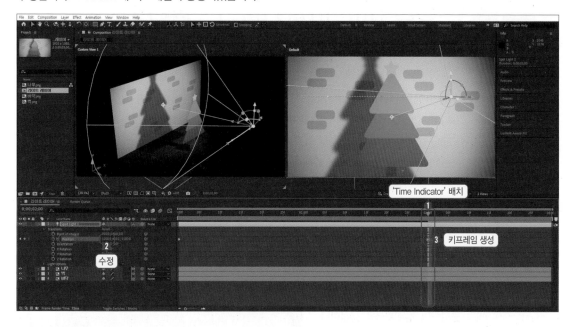

15 Space Bar 를 눌러 재생하여 확인합니다. 'Spot Light 1' 레이어에 애니메이션을 적용하면 'Point of Interest'로 인해서 빛이 비치는 방향은 '나무.png' 이미지 레이어를 항상 비추고 있습니다. 빛의 방향 애니메이션을 수정하려면 'Point of Interest'에 키프레임 애니메이션을 적용하면 됩니다.

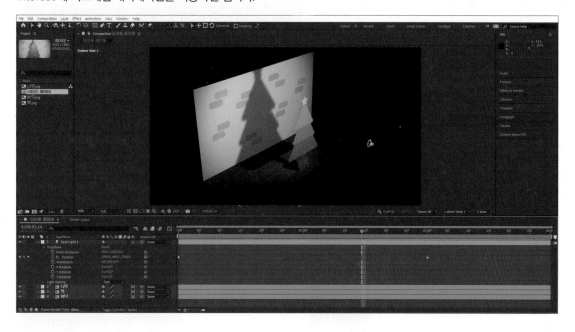

CHAPTER 04

시네마 포디 렌더러 활용하여 3D 애니메이션 만들기

3D 레이어를 실행하면 렌더러를 확인할 수 있습니다. 렌더러는 렌더링 방식을 의미합니다. 화면에서 나타나는 출력방식을 선택하는 것입니다. 기본 렌더링 방식은 'Classic 3D'가 있습니다. 'Cinema 4D'(시네마 포디) 방식도 있는데 'Cinema 4D'는 3D 전문프로그램입니다. 애프터 이펙트에서도 'Cinema 4D' 프로그램처럼 입체형태로 렌더링할 수 있습니다. 'Cinema 4D Renderer'를 활용하여 레이어를 입체형태로 변형하여 작업할 수 있습니다. 다만 렌더링 시간이 컴퓨터 사양과 작업량, 완성도 옵션에 따라서 다릅니다. 'Cinema 4D Renderer'를 활용하여 'Title' 애니메이션을 작업합니다.

● 준비파일: 애프터 이펙트\파트05\04\환경 이미지.jpg

01 상단메뉴에서 [Composition → New Composition(Ctrl+N)]을 클릭하여 컴포지션을 생성합니다. [Composition Settings] 대화상자가 나타납니다. 'Composition Name'에 '타이틀 시네마 포디'라고 입력합니다. 'Preset: HD 1920 × 1080 29.97fps' 규격을 선택하고, 'Duration: 00;00;10;00' 프레임으로 설정합니다. [OK] 버튼을 클릭합니다.

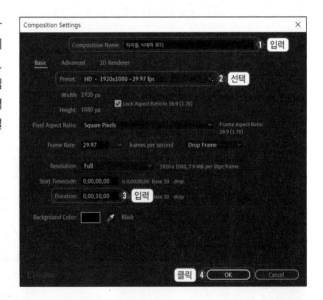

02 상단메뉴에서 [Layer → New → Text(Ctrl+Alt+Shift+T)]를 클릭합니다. 텍스트 레이어를 생성합니다.

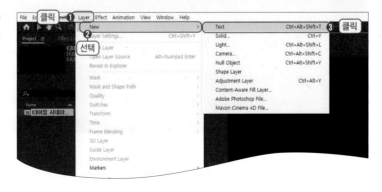

03 [Composition] 패널에 'MASTER'를 입력합니다. 폰트크기를 '350'으로 수정합니다. 폰트는 'ONE Mobile Title'(원 스토어 모바일 글꼴)을 선택합니다.

원스토어 모바일 폰트는 https://www.gg-onestore.com/Font에서 다운로드받을 수 있습니다.

04 [Paragraph] 패널에서 'MASTER' 텍스트 레이어를 중앙정렬로 변경하기 위해서 'Center text'를 선택합니다. [Time-line] 패널에서 'MASTER' 텍스트 레이어의 'Position' Y축 세로값을 '553.8'로 수정합니다.

05 'MASTER' 텍스트 레이어의 'Anchor Point' 위치를 레이어의 중앙으로 이동합니다. [Tools] 패널에서 'Pan Behind Tool(Y)' 아이콘(▦)을 선택합니다.

06 [Composition] 패널에 있는 'MASTER' 텍스트 레이어를 선택합니다. 이미 선택한 'Pen Behind Tool'을 활용하여 'MASTER' 텍스트 레이어의 중심점(Anchor Point)의 위치를 Ctrl+마우스 드래그하여 조정합니다. Ctrl+마우스 드래그하면 자석처럼 붙어서 이동합니다. 드래그로 이동하는 것보다는 편리합니다. 'MASTER' 텍스트 레이어의 중심으로 이동합니다.

07 [Timeline] 패널에서 'MASTER' 텍스트 레이어의 '3D Layer' 아이콘을 클릭하여 2D 레이어를 3D 레이어로 변환합니다.

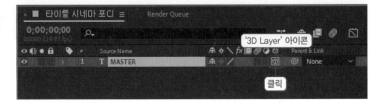

08 [Timeline] 패널에서 'MASTER' 텍스트 레이어의 아이콘( )을 클릭하면 'Animate' 메뉴가 나타납니다. 그리고 'Animate' 메뉴의 아이콘( )을 클릭한 다음 [Enable Per-character 3D] 메뉴를 클릭합니다.

09 [Enable Per-character 3D] 메뉴는 텍스트 글자 하나하나 별도로 3D로 조절할 수 있게 합니다. '3D Layer'의 아이콘( ) 모양이 변경되었습니다.

10 다시 'Animate' 아이콘(▶)을 클릭하여 [Rotation] 메뉴를 선택합니다.

11 'Animator 1' 옵션메뉴가 추가되었고, 'Range Selector 1'에 X축, Y축, Z축의 'Rotation'이 추가로 설정되었습니다. 이 메뉴에서 글자 하나씩 각 축으로 회전할 수 있습니다.

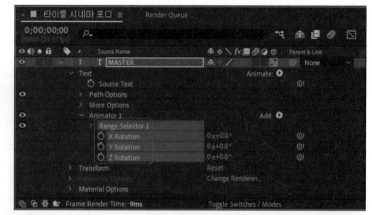

12 'MASTER' 텍스트 레이어의 'Transform'에서 'Position'을 활용하여 애니메이션을 추가합니다. 우선 [Timeline] 패널에서 'Time Indicator'를 '0;00;05;00' 프레임에 배치합니다. 그리고 'Position'의 'Time-Vary stop watch' 아이콘(◷)을 클릭하여 'Position'에 키프레임을 생성합니다.

13 [Timeline] 패널에서 'Time Indicator'를 '0;00;00;00' 프레임에 배치합니다. 'Position'의 Z축 깊이값(앞뒤 방향값)을 '-2700.0'으로 수정합니다. Space Bar 를 눌러 영상을 재생하면 'MASTER' 텍스트 레이어가 앞뒤로 움직이는 것을 확인할 수 있습니다.

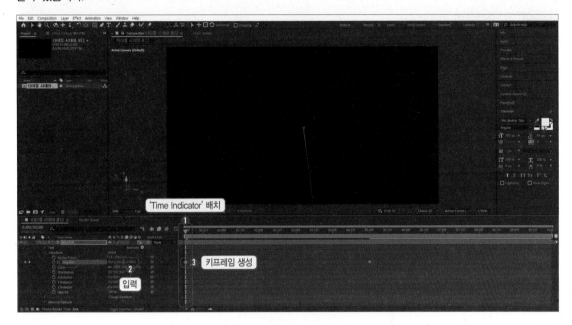

14 'MASTER' 텍스트 레이어를 글자 하나씩 회전하기 위해서 'Animator 1' 메뉴를 확인합니다. 하위메뉴인 'Range Selector 1'의 'Y Rotation'에서 키프레임 애니메이션을 추가합니다. 'Time Indicator'를 '0;00;00;00' 프레임에 배치합니다. 'Y Rotation'의 'Time-Vary stop watch' 아이콘(◎)을 클릭하여 'Y Rotation'에 키프레임을 생성합니다.

15 [Timeline] 패널에서 'Time Indicator'를 '0;00;05;00' 프레임에 배치합니다. 'Y Rotation'의 옵션값을 '1 × 0.0°'로 수정합니다. 키프레임이 생성되었습니다.

16 Space Bar 를 눌러 영상을 재생하여 확인합니다. 글자 하나씩 회전하며 중앙으로 배치된 애니메이션을 확인할 수 있습니다.

17 [Composition] 패널에서 '3D Renderer'를 클릭합니다. 현재는 [Classic 3D] 클릭되어 있습니다. [Cinema 4D] 렌더러를 선택합니다.

18 [Timeline] 패널의 'MASTER' 텍스트 레이어에서 'Geometry Options'를 선택합니다. 'Extrusion Depth'를 '30.0'으로 수정합니다.

■ 'Geometry Options' 세부옵션

[Cinema 4D] 렌더러를 선택하면 활성화됩니다. 레이어를 두께가 있는 3D로 변경됩니다. 3D로 변경되었을 때 3D 형태의 세부설정 메뉴입니다.

❶ **Bevel Style:** 글자 모서리 부분의 형태를 선택합니다.

ⓐ Angular: 모서리 부분에 한 면이 추가됩니다.

ⓑ Concave: 모서리 부분이 움푹하게 패인 형태가 됩니다.

ⓒ Convex: 모서리 부분이 부드럽게 각진 형태가 됩니다.

❷ **Bevel Depth:** 'Bevel'의 두께값, 깊이값을 설정합니다.

❸ **Hole Bevel Depth:** 구멍 난 부분의 'Bevel' 깊이값을 설정합니다.

❹ **Extrusion Depth:** 레이어의 두께값, 깊이값을 설정합니다.

19 상단메뉴에서 [Layer → New
→ Light(Ctrl)+(Alt)+(Shift)+(L))]를 클릭
합니다.

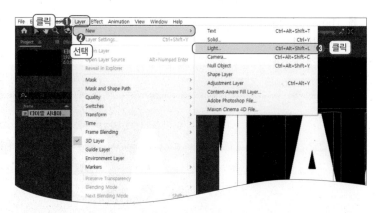

20 [Light Settings] 대화상자가 나타납니다. 'Light Type: Point'를 선택합니다. 글자의 두께를 제대로 확인하려면 조
명을 생성해야 합니다. [OK] 버튼을 클릭합니다.

21 [Timeline] 패널에서 'Point Light 1'을 복제(Ctrl)+(D))합니다. 라이트 레이어가 추가되었습니다.

22 [Composition] 패널에서 화면을 두 개로 나타나게 합니다. 오른쪽 하단의 'Select view layout'에서 [2 Views] 메뉴를 선택합니다. 그리고 오른쪽 화면의 빈 공간을 클릭합니다. 하단의 '3D View Popup'에서 [Top] 메뉴를 선택합니다. 오른쪽 화면이 'Top'으로 변경되었습니다. 'Top'은 입체공간을 바라볼 때 위에서 텍스트 레이어를 바라보는 화면입니다.

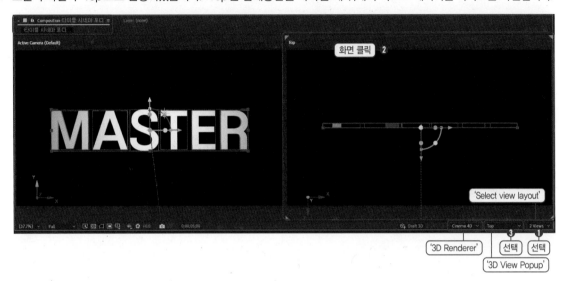

23 [Timeline] 패널에서 복제한 라이트 레이어 두 개를 [Composition] 패널에서 직접 마우스로 드래그하면서 이동하여 'Top'에서 봤을 때 'MASTER' 텍스트 레이어를 기준으로 양쪽에 배치하겠습니다. 이동한 거리에 따라서 라이트에 영향을 받는 'MASTER' 텍스트 레이어의 느낌이 달라지는 것을 확인할 수 있습니다.

24 [Timeline] 패널에서 'Point Light 1'을 더블클릭합니다. 'Point Light 1'의 [Light Settings] 대화상자가 나타납니다. 'Color' 색상박스를 클릭합니다.

25 [Light Color] 대화상자가 나타납니다. 라이트의 색상을 양쪽의 두 개를 다르게 설정합니다. 색상값을 'R: 253, G: 246, B: 205'로 수정하고 [OK] 버튼을 클릭합니다.

26 [Timeline] 패널에서 'Point Light 2'를 더블클릭합니다. 'Point Light 2'의 [Light Settings] 대화상자가 나타납니다. 'Color' 색상박스를 클릭합니다.

27 [Light Color] 대화상자가 나타납니다. 'Point Light 1' 색상과 반대되는 보색의 색상을 설정합니다. 색상값을 'R: 209, G: 250. B: 255'로 수정하고 [OK] 버튼을 클릭합니다.

보색은 서로 반대되는 색상을 의미합니다. 비슷한 색으로 라이트 색상을 설정하는 것보다 보색으로 라이트의 색상을 설정하면 'MASTER' 텍스트 레이어의 3D 느낌을 훨씬 입체감 있게 표현할 수 있습니다.

28 'MASTER' 텍스트 레이어에서 'Ge-ometry Options'의 'Bevel Style'을 [An-gular] 메뉴로 선택합니다.

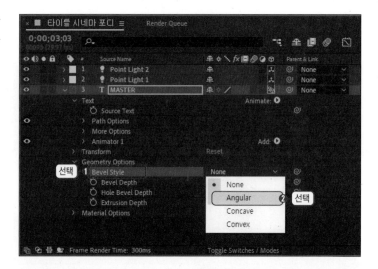

29 모서리 부분의 각진 면이 추가되었습니다.

30 상단메뉴에서 [File → Import → File(Ctrl+I)]을 클릭합니다. [Import File] 대화상자가 나타나면 준비파일이 저장된 경로로 이동해 '환경 이미지.jpg' 이미지를 선택하여 [Import] 버튼을 클릭하여 불러옵니다.

31 [Project] 패널에 있는 '환경 이미지.jpg' 레이어를 드래그하여 [Timeline] 패널의 레이어 하위에 배치합니다.

32 [Timeline] 패널의 '환경 이미지.jpg' 레이어를 선택 후 마우스 오른쪽 버튼을 클릭합니다. [Environment Layer] 메뉴를 클릭합니다.

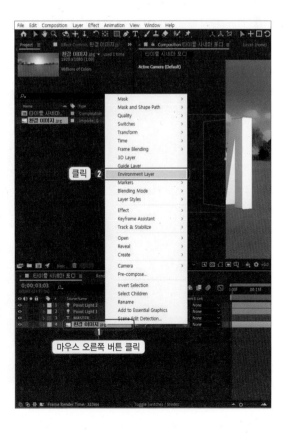

[Environment Layer] 메뉴는 환경 레이어입니다. 3D인 'MASTER' 텍스트 레이어를 좀 더 사실감 있는 3D로 표현하기 위해서 [Environment Layer]를 활용합니다. [Environment Layer]를 적용하면 '환경 이미지.jpg' 레이어의 사진이 'MASTER' 텍스트 레이어에 반사되게 설정할 수 있습니다. [Environment Layer]를 설정한 '환경 이미지.jpg' 레이어는 화면에 나타나지 않습니다. 보조적인 역할로 사용됩니다.

33 'MASTER' 텍스트 레이어에 비치는 환경 레이어로 설정되었습니다. '환경 이미지' 레이어는 화면에 보이지 않습니다.

34 [Timeline] 패널의 'MASTER' 텍스트 레이어에서 'Material Options'의 'Reflection Intensity'를 '20%'로 수정합니다. [Composition] 패널에서 'MASTER' 텍스트 레이어를 확인하면 '환경 이미지.jpg' 레이어의 사진이 'MASTER' 텍스트 레이어에 반사되는 것을 확인할 수 있습니다.

35 [Composition] 패널의 '3D Renderer'에서 [Renderer Options] 메뉴를 선택합니다.

36 [Cinema 4D Renderer Options] 대화상자가 나타납니다. 'Quality' 옵션값을 높이면 완성도가 올라갑니다. 값을 '60'으로 수정합니다. 대신 렌더링이 굉장히 느려집니다. 렌더링 속도는 컴퓨터 사양에 맞춰서 상대적입니다. [OK] 버튼을 클릭합니다.

37 Space Bar 를 눌러 영상을 재생해서 확인합니다. 3D 텍스트 애니메이션을 확인할 수 있습니다.

PART 1. 시작

PART 2. 키프레임

PART 3. 레이어

PART 4. 마스크

PART 5. 3D 레이어

PART 6. 이펙트

PART 7. 트래킹

PART 8. 영상출력 · 연동

PART 9. 완성하기

AFTER EFFECTS

PART 6.
애프터 이펙트
다양한 효과 익히기

애프터 이펙트 프로그램은 효과(Effects)들이 많이 들어 있습니다. 이 이펙트(Effects, 효과)를 조합해서 원하는 형태로 쉽게 만들 수 있습니다. 그리고 기본 이펙트에는 없는 좀 더 높은 완성도와 편리하게 작업할 수 있는 플러그인(Plug-in)도 있습니다. 대부분 플러그인은 유료로 결제해야 사용할 수 있습니다. 애프터 이펙트를 설치할 때 함께 포함되는 이펙트들은 기본적으로 사용하는 무료 이펙트들입니다. 활용도가 높은 이펙트들을 위주로 영상을 만듭니다.

스트로크 이펙트 활용하여 글씨 쓰기

스트로크(Stroke) 이펙트는 선의 형태를 만드는 이펙트입니다. 글자 획을 따라서 선을 만들어 글자에 맞게 순차적으로 직접 쓰는 애니메이션을 만듭니다.

● 준비파일: 애프터 이펙트\파트06\01\스트로크.aep

01 상단메뉴에서 [File → Open Project(Ctrl+O)]를 클릭합니다. 준비파일 경로로 이동하여 '스트로크.aep' 애프터 이펙트의 프로젝트 파일을 불러옵니다. '안녕.png' 레이어와 '편지용지.jpg' 레이어가 있습니다. 텍스트 레이어에는 [Composition] 패널의 화면에서 확인하면 '안녕'이라는 글자가 적혀있습니다.

02 '안녕' 글씨를 쓰는 애니메이션을 만들기 위해서 [Timeline] 패널의 '안녕.png' 레이어를 선택하고 [Tools] 패널의 'Pen Tool' 아이콘(🖊)을 클릭합니다.

> 글자가 없다가 글자의 획 순서로 나타나는 글자는 먼저 글자를 만들어두고 글자의 획 순서로 마스크를 생성합니다. 그 다음 마스크 애니메이션에 의해서 글자의 획 순서로 글자가 나타납니다.

03 [Timeline] 패널에서 '편지용지.jpg' 레이어의 'Video' 아이콘(◉)을 클릭하여 [Composition] 패널에서 나타나지 않게 설정합니다. 선택한 'Pen Tool'로 [Composition] 패널의 화면에서 'ㅇ' 획을 쓰는 순서대로 클릭한 상태를 유지한 채 드래그하여 패스(Path)를 생성합니다.

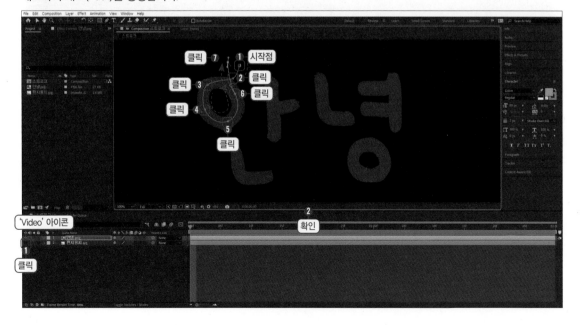

04 이어서 'ㅏ' 획을 쓰는 순서대로 클릭 드래그하여 패스를 생성합니다.

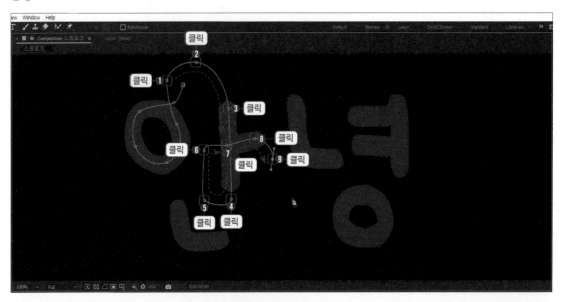

05 '안' 글자를 모양대로 패스를 생성했습니다.

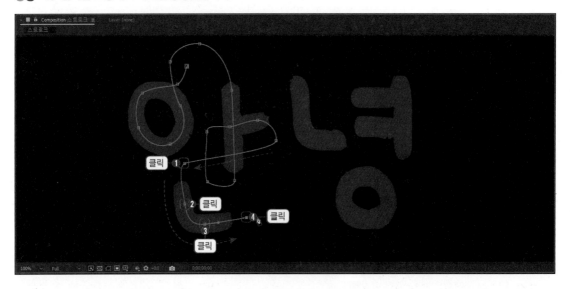

06 '안녕.png' 레이어를 선택하고 상단메뉴에서 [Effect → Generate → Stroke]를 클릭해서 'Stroke' 이 펙트를 적용합니다.

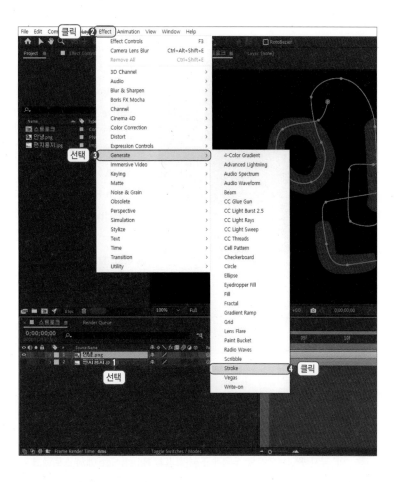

07 [Effect Controls] 패널에 'Stroke' 이펙트가 생성되었습니다. 메뉴를 확인합니다.

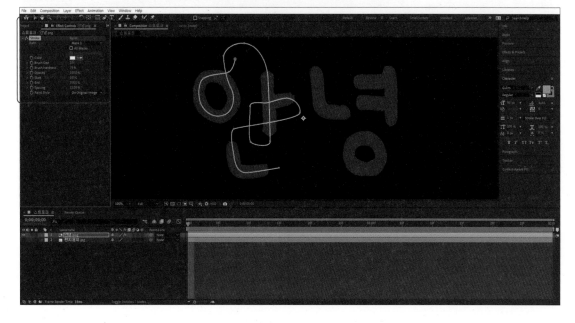

■ 'Stroke' 세부옵션

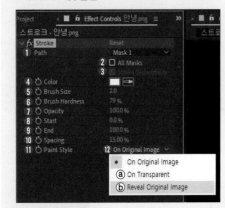

❶ **Path:** 'Mask Path'를 선택합니다. 여러 개를 사용할 수도 있습니다.

❷ **All Masks:** 여러 개의 'Mask'에 'Stroke' 이펙트를 적용합니다.

❸ **Stroke Sequentially:** 여러 개의 'Mask'가 있다면 'Stroke' 이펙트를 'Masks' 순서대로 적용합니다.

❹ **Color:** 'Stroke' 색상을 선택합니다.

❺ **Brush Size:** 'Stroke' 두께를 조절합니다.

❻ **Brush Hardness:** 'Stroke' 테두리를 조절합니다.

❼ **Opacity:** 'Stroke' 투명도를 조절합니다.

❽ **Start:** 'Stroke' 애니메이션 시작점을 조절합니다.

❾ **End:** 'Stroke' 애니메이션 끝점을 조절합니다.

❿ **Spacing:** 'Stroke' 간격을 조절합니다.

⓫ **Paint Style:** 'Stroke'가 적용되는 스타일을 선택합니다.

⓬ **On Original Image:** 원본이미지가 노출된 상태로 이펙트가 같이 나타납니다.

ⓐ On Transparent: 원본이미지가 투명한 상태로 이펙트가 나타납니다.

ⓑ Reveal Original Image: 이펙트는 사라지고 원본이미지만 나타납니다.

08 '안' 글자를 덮을 정도로 두껍게 조절합니다. 'Brush Size'에서 스트로크 두께를 '33.0'으로 수정합니다.

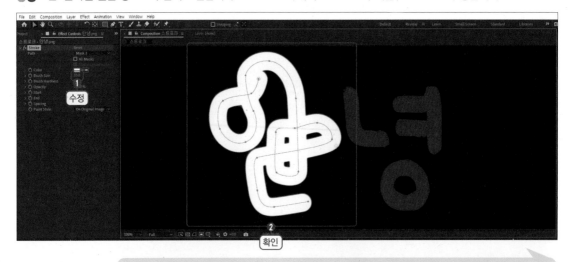

스트로크 두께가 매트의 역할을 합니다. 스트로크 이펙트가 적용된 부분만 '안' 글자가 나타나게 할 수 있습니다.

09 'Paint Style'을 활용하여 이펙트가 제대로 적용되었는지 확인합니다. [Reveal Original Image]를 선택합니다.

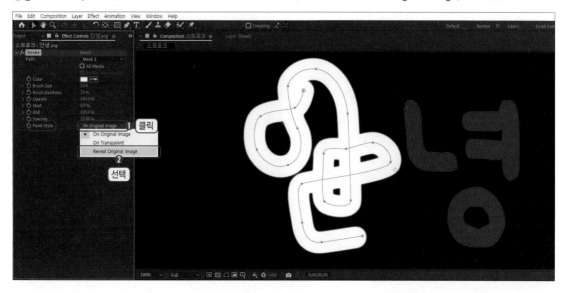

10 'Reveal Original Image'에서 스트로크는 화면에서 사라지고 글자만 나타납니다. 스트로크가 적용된 부분만 화면에 나타납니다. 만약 글자가 제대로 보이지 않는다면 마스크의 패스가 글자 획의 중앙에 제대로 배치되지 않았거나 패스와 패스 간에 겹쳐서 글자가 제대로 보이지 않을 수 있습니다.

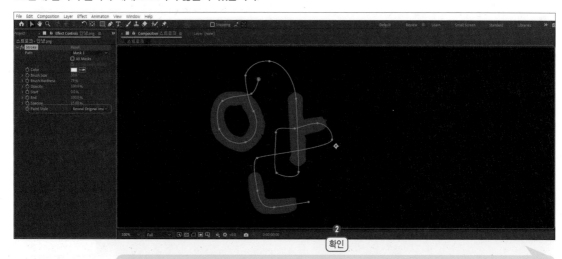

폰트에 따라서 작업이 힘들 수도 있습니다. 스트로크 이펙트가 잘 적용되려면 글자 획의 두께가 일정해야 합니다. 그런데 글자 획에 차이가 있다면 스트로크를 적용하기가 힘들어집니다. 스트로크 이펙트의 기능에서 두께를 부분적으로 조절하는 기능은 없습니다.

11 'Stroke' 이펙트의 'End'를 활용하여 글자가 없다가 나타나게 작업하겠습니다. 'Time Indicator'를 '0;00;00;00' 프레임으로 배치합니다. 'End'를 '0.0%'로 수정합니다. 'End'의 'Time-Vary stop watch' 아이콘(◌)을 클릭합니다. 'End'에 키프레임이 추가되었습니다.

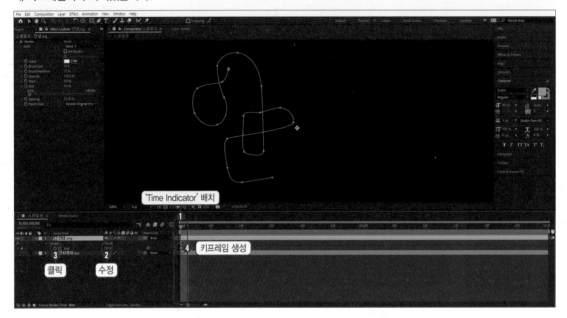

12 'Time Indicator'를 '0;00;02;29' 프레임으로 배치합니다. 'End'를 '100.0%'로 수정합니다. 'End'에 키프레임이 추가되었습니다.

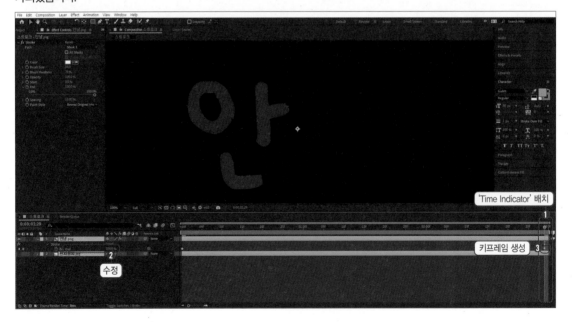

13 같은 방법으로 '녕' 글자에도 마스크의 'Pen Tool'을 활용하여 패스를 생성합니다. 먼저 [Effect Controls] 패널에서 'Stroke' 이펙트의 바로 왼쪽에 있는 'Fx' 아이콘(*fx*)을 클릭하여 비활성화시키면 효과가 일시적으로 나타나지 않습니다.

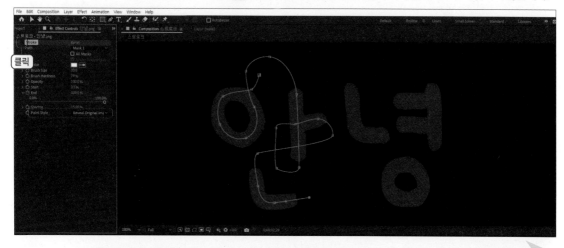

'녕' 글자에 'Path'를 생성하려면 글자가 보여야 하는데 보이지 않습니다. [Effect Controls] 패널에서 'Stroke' 옵션의 'Paint Style'에 'Reveal Original Image'가 활성화되어 있기 때문입니다. 'Stroke' 이펙트를 삭제하지 않고서 적용되지 않게 하려면 'Fx' 아이콘(*fx*)을 클릭해서 체크해제하면 편리하게 작업할 수 있습니다. 패스를 완성하고 다시 메뉴를 활성화시킵니다.

14 기존에 'Pen Tool'로 만든 마스크를 그대로 이어서 진행하려면 [Tools] 패널에서 'Pen Tool' 아이콘(*펜*)을 선택합니다. 그리고 '안' 글자에서 'Pen Tool'로 마지막에 생성된 포인트를 다시 클릭합니다.

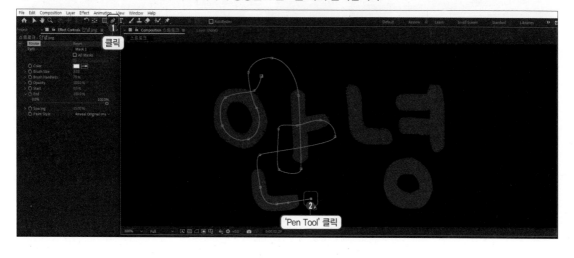

15 이어서 '녕' 글자 중 'ㄴ' 패스를 그려줍니다.

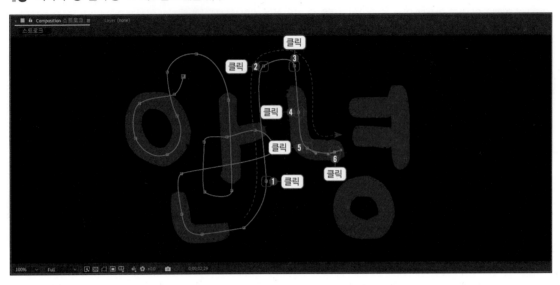

16 'ㅕ' 패스를 그려줍니다.

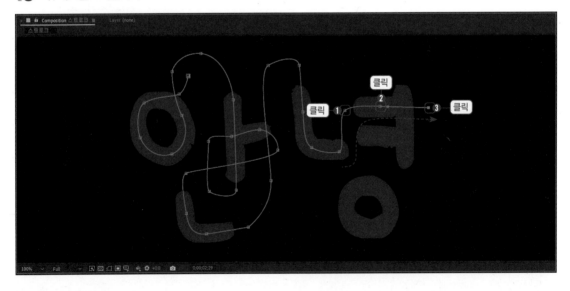

17 이어서 '녕' 글자 패스를 완성합니다.

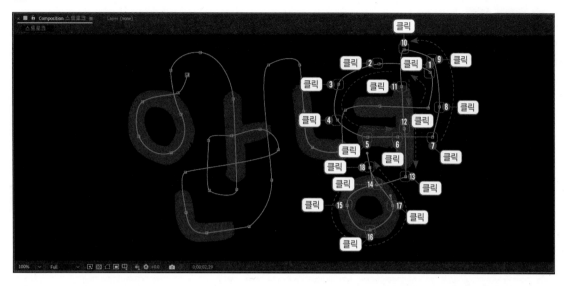

18 [Timeline] 패널에서 '편지용지.jpg' 레이어의 'Video' 아이콘(◉)을 클릭하여 [Composition] 패널에 다시 나타나게 설정합니다. [Effect Controls] 패널에서 'Fx' 아이콘(*fx*)을 클릭합니다. 그리고 Space Bar 를 눌러 영상을 재생하여 확인합니다.

CHAPTER
02

오디오 스펙트럼 이펙트 활용하여 이퀄라이저 만들기

오디오 스펙트럼(Audio Spectrum) 이펙트는 오디오파일이 있어야 사용할 수 있습니다. 오디오파일의 높낮이를 인식하여 이퀄라이저 형태가 오르락내리락하게 설정할 수 있습니다. 음악과 관련된 영상을 만들 때 사용합니다.

● **준비파일:** 애프터 이펙트\파트06\02\오디오 스펙트럼.aep

01 상단메뉴에서 [File → Open Project(Ctrl+O)]를 클릭합니다. 준비파일 경로로 이동하여 '오디오 스펙트럼.aep' 애프터 이펙트의 프로젝트 파일을 불러옵니다.

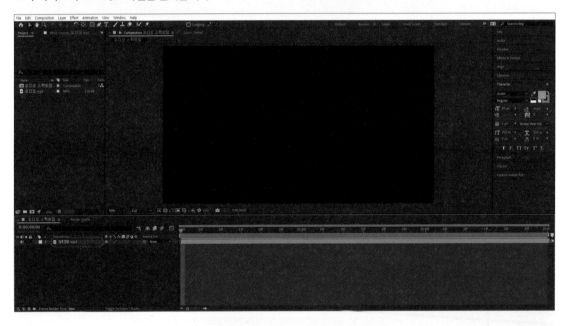

02 상단메뉴에서 [Layer → New → Solid(Ctrl+Y)]를 클릭하여 솔리드 레이어를 생성합니다.

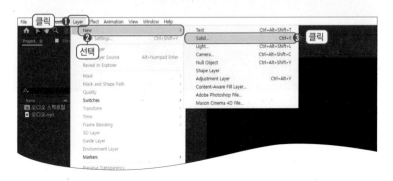

03 [Solid Settings] 대화상자가 나타납니다. 'Name'에 '오디오 스펙트럼'
이라고 입력합니다. 'Color' 색상박스는 따로 설정하지 않습니다. 작업 진행에
있어서 레이어의 색상은 관련이 없습니다. [OK] 버튼을 클릭합니다.

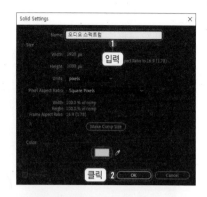

04 [Timeline] 패널에서 '오디오 스펙
트럼' 레이어를 선택하고 상단메뉴에서
[Effect → Generate → Audio Spec-
trum] 이펙트를 클릭합니다.

05 [Effect Controls] 패널이 왼쪽에 생성되었습니다. 'Audio Spectrum' 이펙트의 세부메뉴가 나타납니다. 그리고
[Composition] 패널에는 이펙트가 적용된 상태를 보여줍니다.

■ 'Audio Spectrum' 세부옵션

❶ **Audio Layer:** 오디오 레이어를 선택합니다.

❷ **Start Point:** 'Spectrum'의 시작지점을 조절합니다.

❸ **End Point:** 'Spectrum'의 끝지점을 조절합니다.

❹ **Path:** 마스크를 선택합니다.

❺ **Start Frequency:** 진동파형의 시작지점을 조절합니다.

❻ **End Frequency:** 진동파형의 끝 지점을 조절합니다.

❼ **Frequency bands:** 진동파형의 양을 조절합니다.

❽ **Maximum Height:** 진동파형의 높이를 조절합니다.

❾ **Audio Duration:** 오디오의 길이를 기준으로 조절합니다.

❿ **Audio Offset:** 오디오의 범위를 기준으로 조절합니다.

⓫ **Thickness:** 진동파형의 두께를 조절합니다.

⓬ **Softness:** 진동파형의 부드러운 정도를 조절합니다.

⓭ **Inside Color:** 진동파형의 안쪽 색상을 선택합니다.

⓮ **Outside Color:** 진동파형의 바깥쪽 색상을 선택합니다.

⓯ **Hue Interpolation:** 색상단계를 만듭니다.

⓰ **Display Options:** 진동파형의 모양을 선택합니다. 'Digital', 'Analog lines', 'Analog dots' 모양을 선택합니다.

⓱ **Side Options:** 안쪽, 바깥쪽으로 위치를 선택합니다.

06 [Effect Controls] 패널에서 'Audio Spectrum' 이펙트 메뉴의 'Audio Layer'에서 '오디오.mp3'를 선택합니다.

07 Space Bar 를 눌러 [Composition] 패널에서 화면을 확인합니다. '이퀄라이저' 모양이 미세하게 움직입니다. '이퀄라이저'란 오디오 신호를 구성하는 주파수의 진폭 또는 에너지를 의미합니다.

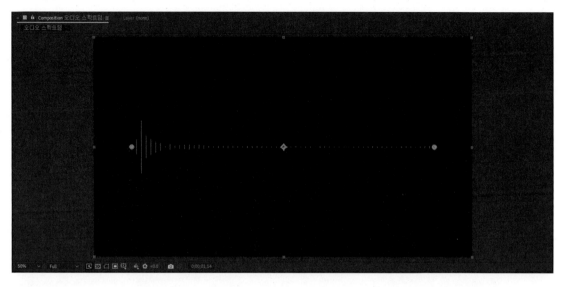

08 [Timeline] 패널의 '오디오 스펙트럼' 레이어를 선택하고 [Tools] 패널에서 'Rectangle Tool' 아이콘(■)을 클릭한 채 누르고 있습니다. 추가도구가 나타나면 원형의 'Ellipse Tool'을 선택합니다.

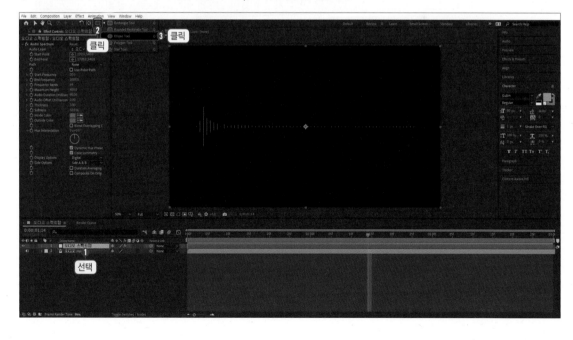

09 [Timeline] 패널의 '오디오 스펙트럼' 레이어를 선택하고 [Composition] 패널의 화면에서 Ctrl + Shift + 마우스 드래 그하여 원형의 마스크를 마우스 커서의 드래그가 시작된 지점을 기준으로 가로, 세로 비율을 일정한 크기로 생성합니다.

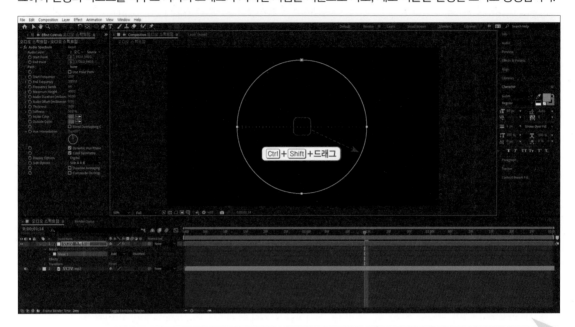

> 이 때 Shift 를 누른 상태로 드래그하면 가로, 세로 비율이 일정한 상태로 원형을 만듭니다. Ctrl + Shift + 드래그하면 마우스 커서의 드래그가 시작된 부분을 기준으로 가로, 세로 비율이 일정한 상태로 원형을 만 듭니다.

10 [Timeline] 패널에서 '오디오 스펙 트럼' 레이어의 'Masks → Mask 1'에서 마스크 합성모드로 [None]을 선택합니 다. [None]은 마스크 역할로 선택한 부 분만 나타나게 하는 것을 사용하지 않는 메뉴입니다.

11 '오디오 스펙트럼' 레이어의 마스크 모드를 [None] 모드로 선택한 후, [Composition] 패널에서 화면을 확인하면 '이퀄라이저 모양'이 마스크 영역과 상관없이 화면에 나타나는 것을 확인할 수 있습니다.

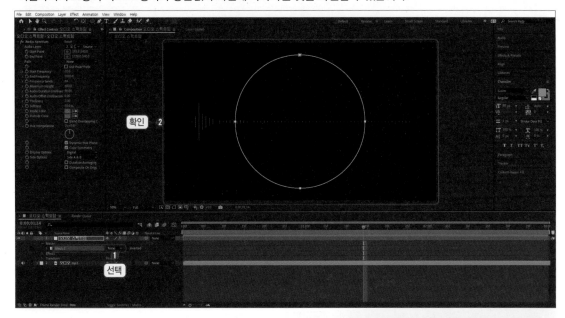

12 [Effect Controls] 패널에서 'Audio Spectrum' 이펙트 세부옵션의 'Path'에서 [Mask 1] 메뉴를 선택합니다. [Mask 1]은 이전에 생성한 원형의 마스크입니다.

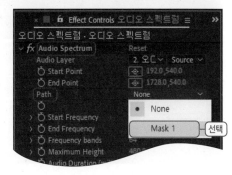

13 [Mask 1]의 원형 모양대로 'Audio Spectrum' 이펙트가 변경되었습니다. 그리고 이퀄라이저의 선들을 좀 더 촘촘하게 배치하기 위해서 'Frequency bands'에서 옵션값을 '230'으로 수정합니다.

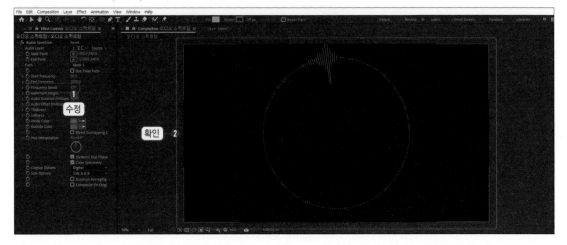

14 'Maximum Height'에서 옵션값을 올려줍니다. '1290.0'으로 수정하여 좀 더 길이가 늘어난 형태로 만듭니다.

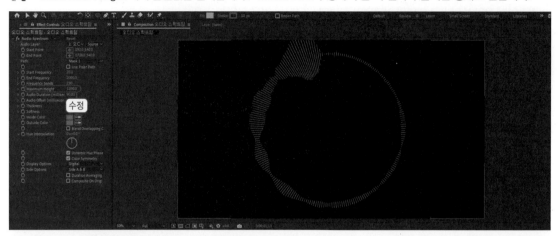

15 'Thickness'를 활용하여 이퀄라이저 라인의 두께를 조절합니다. '7.70'으로 수정하여 좀 더 두껍게 설정합니다.

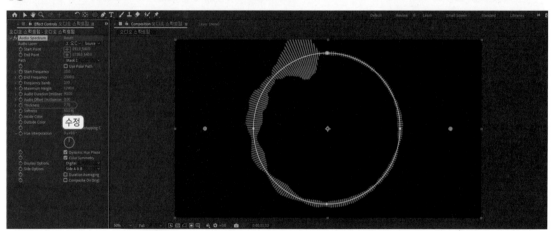

16 'Hue Interpolation'을 조절하여 색상변화를 조절합니다. 옵션값을 올려주면 색상단계를 더 짧게 만듭니다. '0 x + 185.0°'로 수정하였습니다.

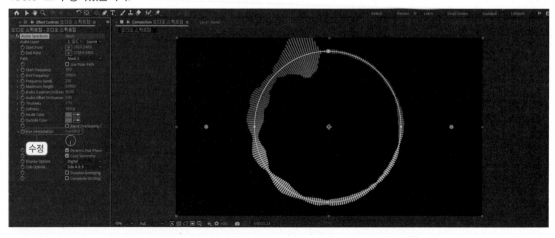

17 'Side Options'를 활용합니다. 'Mask Path' 기준의 'Side A'는 안쪽, 'Side B'는 바깥쪽, 'Side A & B'는 양쪽 모두를 지정하여 오디오 스펙트럼 효과를 지정합니다. 'Side A'의 안쪽을 선택합니다.

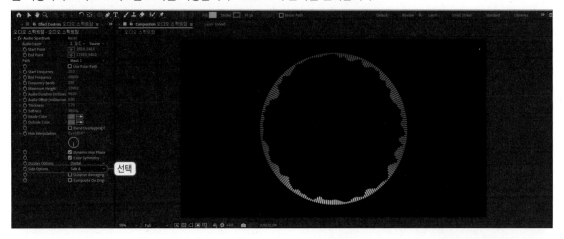

18 'Audio Spectrum' 이펙트가 지금보다 밝은 광채를 추가하기 위해서 상단메뉴에서 [Effect → Stylize → Grow]를 클릭합니다. 훨씬 더 밝고 빛나는 효과가 적용됩니다.

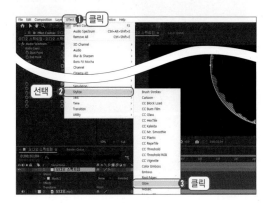

19 'Grow' 효과는 밝고 빛나는 효과가 적용됩니다. [Effect Controls] 패널에서 'Grow' 이펙트의 'Grow Intensity'를 조절하면 'Grow' 세기를 조절할 수 있습니다. 'Glow Radius'의 옵션값을 '30.0'으로 수정하여 범위를 넓게 적용합니다.

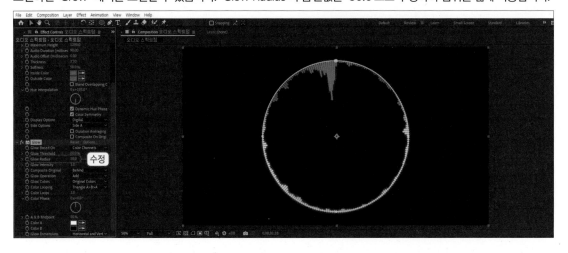

16 밝게 빛나는 오디오 스펙트럼 효과가 적용되었습니다. `Space Bar`를 눌러 영상을 재생해서 확인합니다.

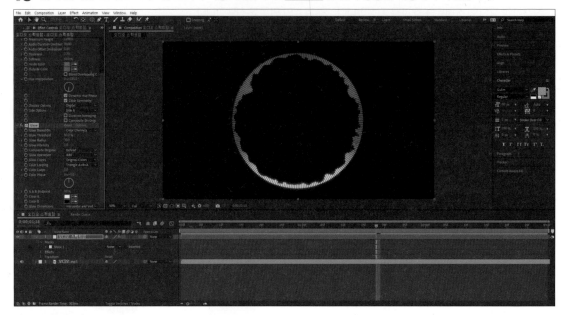

PART 1. 시작
PART 2. 키프레임
PART 3. 레이어
PART 4. 마스크
PART 5. 3D 레이어
PART 6. 이펙트
PART 7. 트래킹
PART 8. 영상촬영 · 편집
PART 9. 영상출력

CHAPTER 03

CC 이펙트 활용하여 물방울, 비 합성하기

CC 이펙트는 이펙트 종류가 다양합니다. 시뮬레이션 형태의 이펙트를 활용하여 비가 오는 날씨에 창문에 물방울이 맺히는 장면을 만듭니다. 'CC Mr. Mercury' 이펙트와 'CC Rain-fall' 이펙트를 활용하여 작업합니다.

● 준비파일: 애프터 이펙트\파트06\03\CC 이펙트.aep

01 상단메뉴에서 [File → Open Project(Ctrl+O)]를 클릭합니다. 준비파일 경로로 이동하여 'CC 이펙트.aep' 애프터 이펙트의 프로젝트 파일을 불러옵니다. 창문에 초점이 맞춰진 상태를 표현하기 위해서 '배경.jpg' 레이어에 블러 이펙트를 적용하여 카메라 초점이 흐려진 상태가 되게 합니다.

02 [Timeline] 패널에서 '배경.jpg' 레이어를 선택하고 상단메뉴에서 [Effect → Blur & Sharpen → Camera Lens Blur]를 클릭합니다.

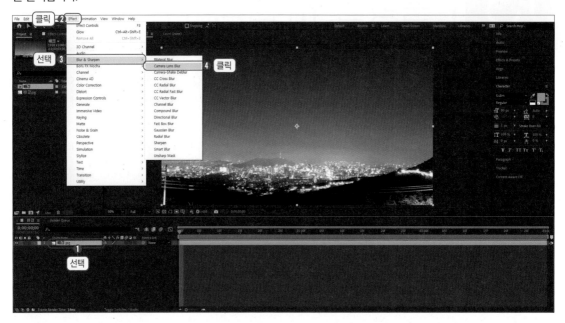

03 [Camera Lens Blur] 메뉴는 실제 카메라에 블러가 적용된 것처럼 정교한 표현을 할 수 있습니다. 'Blur Radius'의 옵션값을 '50.0'으로 수정합니다. [Composition] 패널에서 화면을 확인하면 블러의 강도가 더 강하게 나타납니다.

■ 'Camera Lens Blur' 세부옵션

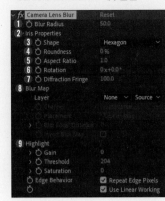

❶ **Blur Radius:** 블러 세기를 조절합니다.

❷ **Iris Properties:** 블러 아이리스의 속성입니다.

❸ **Shape:** 블러 아이리스의 모양을 선택합니다.

❹ **Roundness:** 블러 아이리스 모양의 테두리를 둥글게 조절합니다.

❺ **Aspect Ratio:** 블러 아이리스 모양의 가로, 세로 비율을 조절합니다.

❻ **Rotation:** 블러 아이리스 모양의 회전을 조절합니다.

❼ **Diffraction Fringe:** 회절무늬, 블러 아이리스 모양의 강약을 조절합니다. 테두리 부분과 안쪽 부분의 차이가 발생합니다.

❽ **Blur Map:** 외부 준비파일을 활용하여 블러영역을 조절합니다.

❾ **Highlight:** 밝은 영역에 대한 블러를 조절합니다.

04 'Edge Behavior'에서 'Repeat Edge Pixels' 옵션이 체크되어 있는지 확인합니다. 화면의 테두리 부분에서 블러가 계속 유지되게 설정해줍니다.

05 [Timeline] 패널의 '배경.jpg' 레이어를 선택하고 상단메뉴에서 [Effect → Simulation → CC Mr. Mercury]를 클릭합니다. 'CC Mr. Mercury' 이펙트는 '배경.jpg' 레이어를 활용하여 물방울 모양을 만들 수 있는 이펙트입니다.

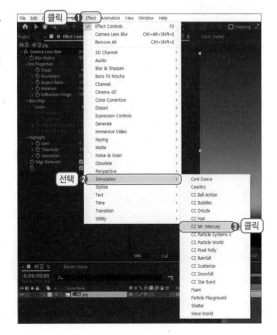

■ 'CC Mr. Mercury' 세부옵션

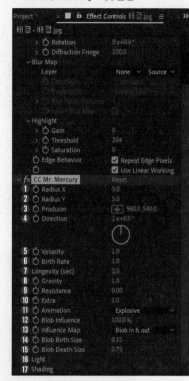

❶ **Radius X**: 물방울이 뿌려지는 가로 범위입니다.

❷ **Radius Y**: 물방울이 뿌려지는 세로 범위입니다.

❸ **Producer**: 물방울이 뿌려지는 위치를 조절합니다.

❹ **Direction**: 물방울이 뿌려지는 방향, 회전을 조절합니다.

❺ **Velocity**: 물방울이 뿌려지는 속도를 조절합니다.

❻ **Birth Rate**: 물방울이 생성되는 양을 조절합니다.

❼ **Longevity(sec)**: 물방울이 지속되는 시간을 조절합니다.

❽ **Gravity**: 중력을 조절합니다.

❾ **Resistance**: 저항값을 조절합니다.

❿ **Extra**: 추가메뉴를 조절합니다.

⓫ **Animation**: 물방울이 애니메이션의 형태를 선택합니다.

⓬ **Blob Influence**: 물방울이 주변 물방울에 영향을 받는 정도를 조절합니다.

⓭ **Influence Map**: 물방울의 시작과 끝 부분의 애니메이션 방식을 선택합니다.

⓮ **Blob Birth Size**: 물방울이 생성되었을 때 크기를 조절합니다.

⓯ **Blob Death Size**: 물방울이 사라질 때 크기를 조절합니다.

⓰ **Light**: 물방울에 라이트를 조절합니다.

⓱ **Shading**: 물방울에 질감을 조절합니다.

06 Space Bar 를 눌러 영상을 재생합니다. '배경.jpg' 레이어에 물방울이 뿌려지는 애니메이션이 적용되어 있고 기존의 '배경.jpg' 레이어의 이미지는 사라졌습니다. [Composition] 패널의 'Toggle Transparency Grid' 아이콘(▨)을 클릭하면 알파가 없는 영역이 격자무늬로 바뀝니다.

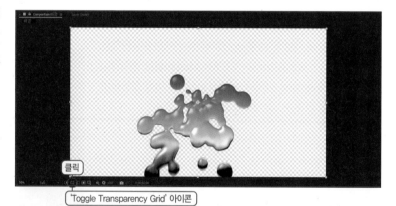

'Toggle Transparency Grid' 아이콘

07 배경이 있는 상태에서 물방울이 보이는 장면을 만들기 위해서 '배경.jpg' 레이어를 선택하여 복사(Ctrl+C)한 다음, 붙여 넣기(Ctrl+V)를 합니다.

08 [Timeline] 패널에서 2번 레이어의 '배경.jpg' 레이어를 선택하고 [Effect Controls]의 'CC Mr. Mercury' 이펙트를 선택합니다. 그리고 Delete 키를 눌러 이펙트를 삭제합니다. 삭제하면 2번 레이어의 '배경.jpg' 레이어는 물방울 효과가 사라진 배경으로 변경됩니다.

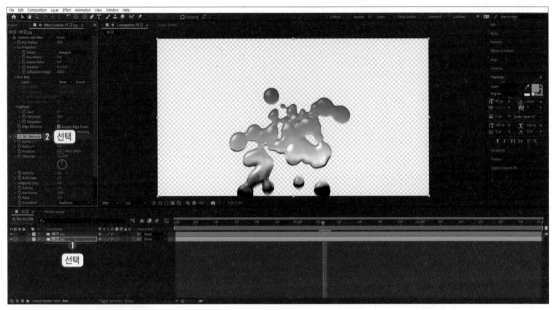

09 'CC Mr. Mercury' 이펙트의 물방울이 뿌려지는 범위를 넓게 합니다. [Timeline] 패널의 1번 레이어인 '배경.jpg'를 선택하고 [Effect Controls] 패널의 'CC Mr. Mercury' 이펙트 메뉴의 'Radius X' 옵션값을 '150.0'으로 수정합니다. 'Radius Y' 옵션값을 '130.0'으로 수정합니다.

10 'Velocity'로 뿌려지는 속도를 줄이겠습니다. 옵션값을 '0.0'으로 수정합니다. 'Longevity(sec)' 옵션값은 '5.0'으로 수정합니다. 물방울이 발생하여 5초 동안 유지되게 수정했습니다. 중력값에 의해서 빠르게 아래로 흘러내리는 물방울을 조금 더 천천히 움직이게 하기 위해서 'Gravity'를 '0.1'로 수정합니다.

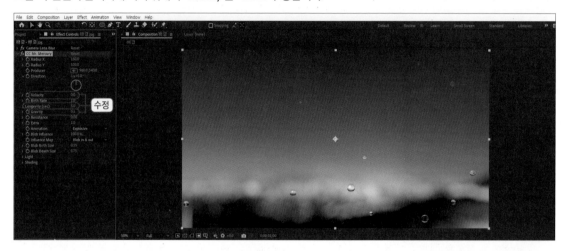

11 'Influence Map'에서 [Blob out]을 선택합니다. [Blob out]은 물방울이 서서히 사라지는 하는 메뉴입니다. 나타날 때는 'Hold Keyframe' 형태로 없다가 나타나는 형태를 보입니다. [Blob in]은 반대로 물방울이 서서히 나타나게 합니다. 사라질 때는 갑자기 사라지는 형태의 애니메이션이 되게 합니다.

12 'Blob Birth Size'와 'Blob Death Size'를 같게 맞추겠습니다. '0.30'으로 수정합니다. 물방울이 나타날 때의 크기와 사라질 때의 크기 기준값을 같게 맞추었습니다. 빗방울이 창문에 떨어져서 서서히 흘러내리는 애니메이션이 완성되었습니다.

13 창밖으로 비가 내리는 장면을 연출하기 위해서 조정 레이어(Adjustment Layer)를 생성합니다. 상단메뉴에서 [Layer → New → Adjustment Layer]를 클릭합니다.

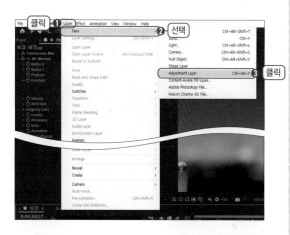

14 'Adjustment Layer 1'이 [Timeline] 패널에 생성됩니다. [Timeline] 패널의 가장 상위 레이어에 배치합니다. 'Adjustment Layer 1' 레이어를 선택하고 [Effect → Simulation → CC Rainfall] 이펙트 메뉴를 클릭합니다.

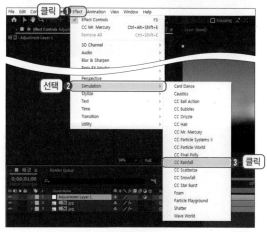

■ 'CC Rainfall' 세부옵션

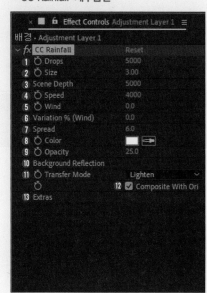

❶ **Drops:** 비의 양을 조절합니다.

❷ **Size:** 비의 크기를 조절합니다.

❸ **Scene Depth:** 비가 내리는 양의 깊이값을 조절합니다.

❹ **Speed:** 비가 내리는 속도를 조절합니다.

❺ **Wind:** 바람을 조절합니다.

❻ **Variation % (Wind):** 바람의 변형을 조절합니다.

❼ **Spread:** 비가 내리는 범위, 퍼트려지는 정도를 조절합니다.

❽ **Color:** 비의 색상을 조절합니다.

❾ **Opacity:** 비의 투명도를 조절합니다.

❿ **Background Reflection:** 배경 반사값의 영향을 조절합니다.

⓫ **Transfer Mode:** 합성모드를 선택합니다.

⓬ **Composition With Original:** 컴포지션의 원본이미지를 나타냅니다.

⓭ **Extras:** 추가메뉴를 조절합니다.

15 'Drops'를 '3000'으로 수정하여 양을 줄입니다. 'Speed'를 '7000'으로 수정하여 비가 내리는 속도를 빠르게 합니다. 'Wind'를 '500.0'으로 수정하여 비가 수직으로 내리지 않고 살짝 기울어져 내리게 수정합니다.

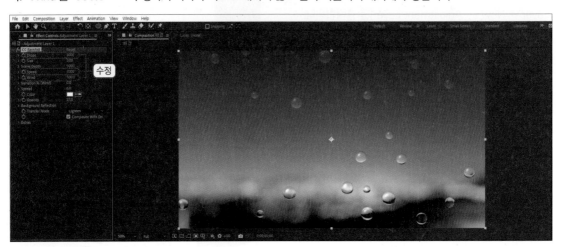

16 Space Bar 키를 눌러 영상을 재생해서 확인합니다. 비가 내리는 날씨에 창문에 빗방울이 맺히는 장면을 만들었습니다.

CHAPTER 04

키잉 이펙트 활용하여 크로마키 합성하기

키잉(Keying)은 크로마키를 작업하기 위한 기능입니다. 크로마키(Chroma-Key)란 배우와 그린스크린(Green Screen) 배경을 촬영한 데이터에서 그린 색상을 제거하여 다른 배경에 사람을 합성하는 작업입니다. 크로마키를 하는 이유는 특정장소에 가지 못하거나 현실에 없는 배경을 합성하기 위함입니다. 'Keylight'(키라이트) 이펙트, 'Key Cleaner'(키 클리너), 'Advanced Spill Suppressor'(고급 유출 억제기) 등을 활용하여 키잉작업을 하겠습니다.

● 준비파일: 애프터 이펙트\파트06\04\크로마키.aep

01 상단메뉴에서 [File → Open Project(Ctrl+O)]를 클릭합니다. 준비파일 경로로 이동하여 '크로마키.aep' 애프터 이펙트의 프로젝트 파일을 불러옵니다. 영상파일에서 그린(Green) 색상을 제거하여 '배경.jpg' 레이어와 자연스러운 합성을 만듭니다.

02 [Timeline] 패널의 '키라이트.mov' 레이어를 선택합니다. 상단메뉴에서 [Effect → Keying → Keylight (1.2)] 이펙트를 클릭합니다.

03 [Effect Controls] 패널의 'Keylight (1.2)' 이펙트에서 'Screen Colour'의 스포이드 아이콘(▣)을 클릭합니다. 제거할 색상을 선택합니다.

■ 'Keylight (1.2)' 세부옵션

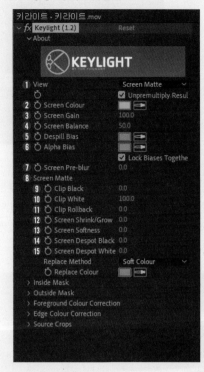

❶ **View:** 작업에 필요한 모드로 확인합니다.

❷ **Screen Colour:** 크로마키 작업을 할 색상을 선택합니다.

❸ **Screen Gain:** 매트를 만들기 위한 스크린 색상의 양을 조절합니다.

❹ **Screen Balance:** 매트의 색상 밸런스를 조절합니다.

❺ **Despil Bias:** 배경색의 양을 조절합니다.

❻ **Alpha Bias:** 알파영역의 색상의 양을 조절합니다.

❼ **Screen Pre-blur:** 매트에 블러효과를 추가합니다.

❽ **Screen Matte:** 매트를 조절합니다.

❾ **Clip Black:** 배경영역의 블랙부분의 영역을 조절합니다.

❿ **Clip White:** 알파영역의 화이트부분의 영역을 조절합니다.

⓫ **Clip Rollback:** 알파영역의 테두리를 부드럽게 처리합니다. 알파영역은 바뀌지 않습니다.

⓬ **Screen Shrink/Grow:** 알파영역의 범위를 넓게/좁게 조절합니다.

⓭ **Screen Softness:** 알파영역의 테두리에 블러의 양을 조절합니다.

⓮ **Screen Despot Black:** 테두리 형태에서 블랙부분의 허용범위를 조절합니다. 형태를 단순화합니다.

⓯ **Screen Despot White:** 테두리 형태에서 화이트부분의 허용범위를 조절합니다. 정교하게 표현합니다.

04 [Composition] 패널에서 인물을 제외한 삭제할 부분의 그린(Green) 색상을 클릭하여 제거합니다.

05 그린 색상이 제거되었습니다. 2번 레이어인 '배경.jpg' 이미지 레이어가 [Composition] 패널의 화면에 나타납니다.

06 [Effect Controls] 패널에서 'Keylight (1.2)' 이펙트의 'View' 모드를 설정합니다. 화면에서 보이는 설정입니다. 현재는 [Final Result] 메뉴가 선택되어 있습니다. [Final Result]는 최종결과의 상태를 확인합니다. 우리는 화면의 매트 (Matte) 상태를 확인해야 하기에 [Screen Matte] 메뉴를 선택합니다.

07 [Composition] 패널에 [Screen Matte]의 설정으로 화면이 바뀌었습니다. 제거될 부분은 검은색, 남아야 할 부분은 흰색으로 나타납니다. [Composition] 패널을 확대하면 정교하게 확인할 수 있습니다. 회색의 영역이 있다면 제거될 부분으로 반투명하게 나타납니다. 이런 부분들을 완전한 흰색으로 변경하여 제거되지 않게 합니다. [Timeline] 패널에서 '배경.jpeg' 레이어의 'Video' 아이콘(◉)을 클릭하여 [Composition] 패널에서 나타나지 않게 설정합니다.

08 [Timeline] 패널의 '키라이트.mov' 레이어를 선택합니다. [Effect Controls] 패널에서 'Keylight (1.2)' 이펙트의 'View' 모드를 [Status]로 선택합니다. 제거하려는 배경의 검은색 부분의 영역을 좀 더 과장되게 보여줍니다. 제거하려는 부분의 영역이 검은색이 아니라 약간의 회색으로 남아 있습니다.

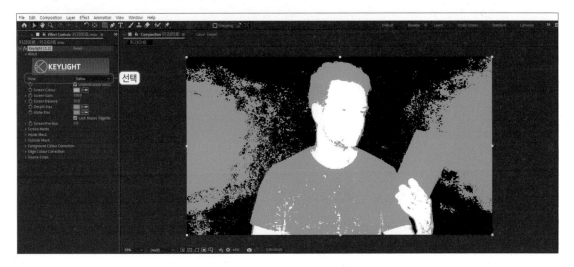

09 'Keylight (1.2)' 이펙트의 'View' 모드를 다시 [Screen Matte]로 선택합니다. 제거하려는 부분이 완전히 검은색이 되고, 남아 있는 부분은 완전히 흰색이 되게 'Screen Matte'의 명암을 조절합니다. 'Clip Black'을 '10.0'으로 수정합니다. 'Clip White'를 '80.0'으로 수정합니다. 검은색과 흰색이 명확하게 조절되었습니다.

10 'View' 모드를 [Intermediate Result](중간결과)로 변경합니다. [Composition] 패널의 화면을 확대하여 머리카락 부분을 확인합니다.

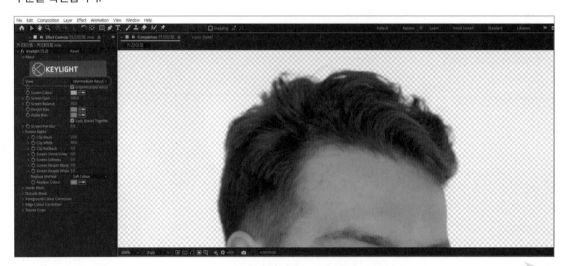

'Intermediate Result' 모드는 중간결과를 확인하는 모드로 최종결과로는 'Final Result' 모드가 있습니다. 하지만 'Final Result' 모드는 불필요한 연산을 자동으로 더 진행하기 때문에 테두리 부분들이 오히려 지저분하게 처리될 때가 있습니다. 그래서 'Intermediate Result' 모드로 설정하고 작업을 마무리하기도 합니다. 'Intermediate Result' 모드는 자동으로 처리되는 부분 없이 현재 작업 그대로 보여주기 때문입니다.

11 픽셀형태가 약간 지저분하게 처리된 영역도 확인할 수 있습니다. 이런 부분을 해결하기 위해서 'Key Cleaner' 이펙트를 선택하여 추가합니다. [Effect → Keying → Key Cleaner] 메뉴를 클릭합니다. 'Key Cleaner' 이펙트는 지저분하게 매트 작업된 테두리 부분을 부드럽게 처리합니다.

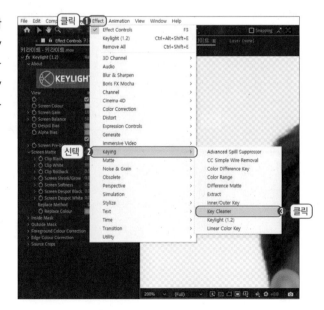

12 'Additional Edge Radius'에서 옵션값을 '15.0'으로 수정합니다. 'Key Cleaner' 이펙트의 적용되는 부분의 반경을 조절합니다.

■ 'Key Cleaner' 세부옵션

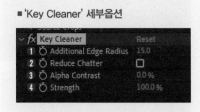

❶ **Additional Edge Radius:** 효과가 적용된 테두리 반경을 조절합니다.

❷ **Reduce Chatter:** 지저분한 부분의 영역을 줄여줍니다.

❸ **Alpha Contrast:** 알파영역의 대비를 조절합니다.

❹ **Strength:** 효과세기를 조절합니다.

13 '키라이트.mov' 레이어의 테두리에 그린 색상이 존재하는 것을 확인할 수 있습니다. 이것을 해결하기 위해서 'Advanced Spill Suppressor' 이펙트를 추가합니다. [Effect → Keying → Advanced Spill Suppressor] 메뉴를 클릭합니다. 테두리의 그린 색상이 제거된 것을 확인할 수 있습니다. 그린 색상이 무채색의 계열로 변경된 것입니다.

■ 'Advanced Spill Suppressor' 세부옵션

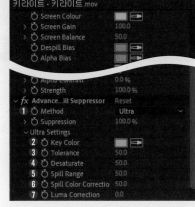

❶ **Method:** 방법을 선택합니다.

❷ **Key Color:** 색상을 억제할 부분을 선택합니다.

❸ **Tolerance:** 범위를 조절합니다.

❹ **Desaturate:** 채도를 조절합니다.

❺ **Spill Range:** 색상의 억제범위를 조절합니다.

❻ **Spill Color Correction:** 색상의 억제부분 색상을 조절합니다.

❼ **Luma Correction:** 색상의 억제부분 밝기를 조절합니다.

14 정밀한 연산을 위해서 'Method'를 [Standard]에서 [Ultra]로 변경합니다.

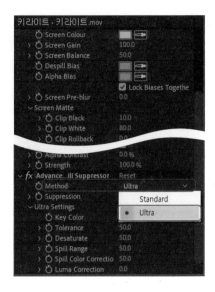

15 'Ultra Settings'의 'Key Color'에서 스포이드로 'Keylight (1.2)' 이펙트에서 선택한 그린(Green) 색상을 클릭합니다. [Composition] 패널에서 머리카락 부분을 확인하면 그린(Green) 색상이 제거되었습니다.

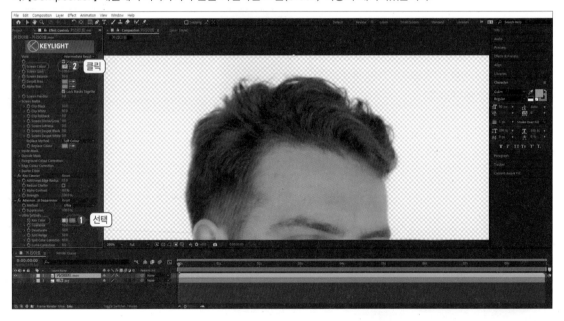

16 [Timeline] 패널에서 '배경.jpg' 이미지 레이어의 'Video' 아이콘(◉)을 클릭하여 [Composition] 패널에서 나타나게 설정합니다. 두 개 레이어의 촬영환경이 다르기에 색보정을 통하여 같은 공간에 있는 것처럼 수정합니다.

17 '키라이트.mov' 레이어를 선택합니다. 상단메뉴에서 [Effect → Color Correction → Lumetri Color] 이펙트를 클릭합니다.

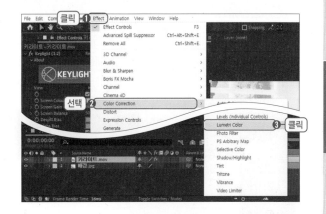

18 '키라이트.mov' 레이어를 '배경.jpg' 레이어의 밝기와 채도, 대비에 맞춰서 조절하겠습니다. 'Basic Correction'에서 'Color → Temperature'의 옵션값을 '10.0'으로 수정합니다. 'Light → Exposure'에서 옵션값을 '1.0'로 수정합니다. 'Highlights' 옵션값은 '30.0'으로 수정합니다.

■ 'Lumetri Color' 세부옵션

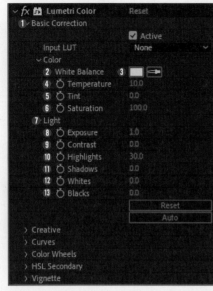

❶ **Basic Correction:** 기본색 조정메뉴입니다.

❷ **White Balance:** 화이트밸런스를 조절합니다. 화이트 색상이 되어야 할 부분들이 주변환경에 의해서 다른 색상이 적용된 부분을 화이트를 기준으로 색상을 조정하는 기능입니다.

❸ **WB Selector:** 스포이드 툴을 사용하여 영상의 화이트가 되어야 할 부분을 클릭하여 지정합니다.

❹ **Temperature:** 영상의 색온도를 조절합니다.

❺ **Tint:** 영상색조를 조절합니다.

❻ **Saturation:** 영상채도를 조절합니다.

❼ **Light:** 영상밝기를 조절합니다.

❽ **Exposure:** 영상노출을 설정합니다.

❾ **Contrast:** 영상대비를 설정합니다.

❿ **Highlights:** 영상의 밝은 영역 밝기를 조절합니다.

⓫ **Shadows:** 영상의 어두운 영역 밝기를 조절합니다.

⓬ **Whites:** 영상의 흰색영역 밝기를 조절합니다.

⓭ **Blacks:** 영상의 검은색영역 밝기를 조절합니다.

19 [Composition] 패널에서 확인하면 '배경.jpg' 레이어가 '키라이트.mov' 레이어보다 선명합니다. 공간의 위치 순서로 봤을 때 '배경.jpg' 레이어가 인물보다 뒤에 있기 때문에 '배경.jpg' 레이어가 흐려지게 블러 이펙트를 적용하겠습니다. [Timeline] 패널에서 '배경.jpg' 레이어를 선택하고 [Effect → Blur & Sharpen → Camera Lens Blur] 이펙트를 적용합니다.

20 [Effect Controls] 패널의 [Camera Lens Blur] 이펙트에서 'Blur Radius'의 옵션값이 '5.0'으로 지정되어 있습니다. 약간의 블러가 적용되어 있습니다. 더 흐리게 하고 싶다면 옵션값을 높여줍니다.

21 Space Bar 를 눌러 영상을 재생합니다. '키라이트.mov' 레이어와 '배경.jpg' 레이어가 합성된 부분을 확인합니다.

AFTER EFFECTS

PART 7.
애프터 이펙트
트래킹 합성하기

트래킹은 움직이는 카메라에 촬영된 영상의 위치를 추적하여 그 위치값에 이미지, 영상, 3D 데이터를 합성하는 작업입니다. 추적하는 원리는 트래킹 대상의 픽셀을 추적합니다. 픽셀의 명암을 기준으로 명암이 뚜렷하거나 대비가 높은 경계면이나 지점을 따라 연산합니다. 애프터 이펙트에는 트래킹을 활용한 다양한 작업이 가능합니다. 트래킹을 활용하여 움직이는 사물의 동선에 맞추어 그래픽을 합성하고 영상의 떨림현상을 보정할 수도 있습니다.

CHAPTER 01

트랙모션 활용하여 모니터 합성하기

특정 위치를 추적할 때 사용하는 기능인 트랙모션(Track Motion)은 애프터 이펙트에서 기본적인 트래킹 작업을 수행합니다. 여기에서는 트래킹으로 촬영된 데이터에 다른 이미지나 다른 영상을 합성합니다. 트랙모션에서는 트래커(Tracker)를 활용해서 위치, 회전, 크기 등을 추적하고 데이터를 연산합니다. 1개의 트래커를 활용하여 작업할 수 있고, 2개 또는 4개로도 작업할 수 있습니다. 4개의 트래커로 모니터화면에 다른 이미지나 영상을 합성하겠습니다.

● 준비파일: 애프터 이펙트\파트07\01\트랙모션.aep

01 상단메뉴에서 [File → Open Project(Ctrl+O)]를 클릭합니다. 준비파일 경로로 이동하여 '트랙모션.aep' 애프터 이펙트의 프로젝트 파일을 불러옵니다.

02 [Timeline] 패널에서 1번 레이어인 '화면.jpg' 레이어의 'Video' 아이콘(◉)을 클릭하여 합성할 이미지의 모습을 '모니터 영상' [Composition] 패널의 화면에서 확인합니다.

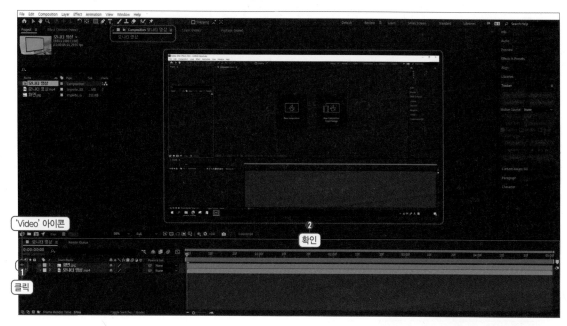

03 [Timeline] 패널에서 1번 레이어인 '화면.jpg' 레이어의 'Video' 아이콘(◉)을 클릭하여 다시 나타나지 않게 합니다. 그리고 2번 레이어인 '모니터 영상.mp4'를 선택합니다. 그리고 상단메뉴에서 [Animation → Track Motion]을 클릭합니다.

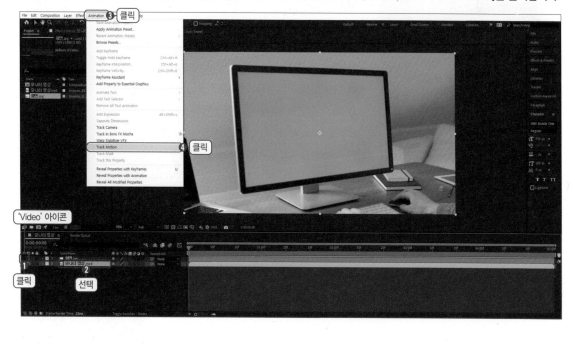

04 '모니터 영상' [Composition] 패널의 화면이 '모니터 영상.mp4' [Layer] 패널로 변경되었습니다. [Tracker] 패널 메뉴가 활성화되었습니다.

■ [Tracker] 패널 세부옵션

❶ **Motion Source:** 트래킹 파일을 선택합니다.

❷ **Current Track:** 현재 사용하는 트래커를 표시합니다.

❸ **Track Type:** 트래킹 타입을 선택합니다.

❹ **Position:** 위치를 추적합니다.

❺ **Rotation:** 회전을 추적합니다.

❻ **Scale:** 크기를 추적합니다.

❼ **Motion Target:** 합성할 타킷파일을 표시합니다.

❽ **Edit Target:** 합성할 타킷파일을 수정합니다.

❾ **Options:** 트래킹 세부옵션을 선택합니다.

❿ **Analyze:** 트래킹 연산을 실행합니다.

⓫ **Apply:** 트래킹 완료 후 합성합니다.

05 합성할 타깃파일을 선택할 수 있습니다. [Edit Target] 버튼을 클릭합니다.

06 [Motion Target] 대화상자가 나타납니다. 합성할 파일 '화면.jpg' 레이어가 선택되어 있습니다. 현재는 [Composition] 패널에 다른 레이어가 없기 때문에 자동으로 선택되어 있습니다. 여러 레이어가 있으면 원하는 레이어를 선택하면 됩니다.

07 'Track Type'을 선택합니다. 트래킹 종류에 따라 선택합니다. 트래킹해야 되는 '모니터 영상.mp4' 레이어는 네모화면입니다. 네모화면에서 4개 모서리를 트래킹해야 합니다. 그리고 촬영된 카메라의 움직임은 입체적으로 이동하며 움직입니다. 그래서 [Perspective coner pin] 메뉴를 선택합니다.

■ 'Track Type' 세부메뉴

❶ **Stabilize:** 영상 안정화작업입니다. 흔들리는 영상을 보정합니다.

❷ **Transform:** 1개의 트래커를 활용하여 트랜스폼의 위치, 회전, 크기 등을 활용한 트래킹입니다.

❸ **Parallel corner pin:** 4개의 트래커를 활용하여 평행한 수직 움직임을 트래킹합니다.

❹ **Perspective corner pin:** 4개의 트래커를 활용하여 입체적으로 움직이는 화면을 트래킹합니다.

08 '모니터 영상.mp4' [Layer] 패널에서 화면의 트래커가 4개로 변경되었습니다. 4개의 트래커를 '모니터 영상.mp4' 레이어의 화면 모서리에 배치합니다. 네모모양의 트래커 테두리 박스를 좀 더 크게 설정하면 움직이기 쉽습니다. 트래커 번호에 맞춰서 각각의 모서리로 배치합니다. 'Track Point 1'은 왼쪽 상단, 'Track Point 2'는 오른쪽 상단, 'Track Point 3'은 왼쪽 하단, 'Track Point 4'는 오른쪽 하단 모서리에 배치합니다.

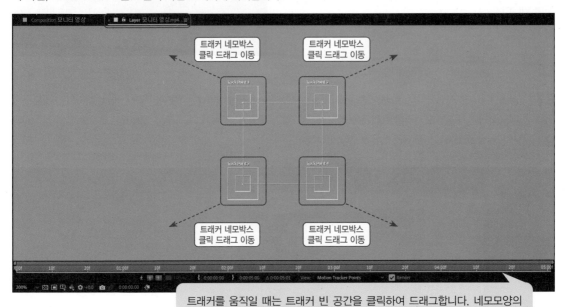

> 트래커를 움직일 때는 트래커 빈 공간을 클릭하여 드래그합니다. 네모모양의 테두리를 이용하여 영역을 지정합니다.

09 [Timeline] 패널의 'Time Indicator'가 '0;00;00;00' 프레임에 배치되었는지 확인합니다. 그리고 트래커를 이동할 때는 트래커 영역의 빈 공간을 마우스로 클릭하여 드래그하면서 이동하면 트래커 영역 전체를 이동할 수 있습니다. 트래커의 크기를 조절할 때는 포인트를 드래그하면 크기를 조절할 수 있습니다. 트래커의 '+' 화면 부분을 픽셀(Pixel)의 명암대비가 높은 경계부분에 배치합니다.

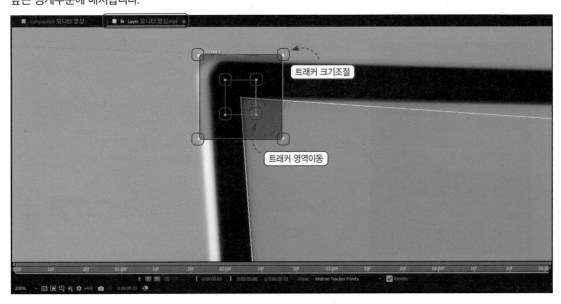

10 트래킹 작업이 잘되게 하려면 트래커의 위치를 화면의 명암대비가 높은 경계부분에 배치합니다. 특히 '모니터 영상.mp4' [Layer] 패널에서 확인할 수 있듯이 '모니터 영상.mp4'의 상하, 좌우, 모서리 부분에 트래커를 배치하면 됩니다. 트래커를 이동할 때 정확한 픽셀의 위치를 확인하기 위하여 확대해서 보여주기도 합니다.

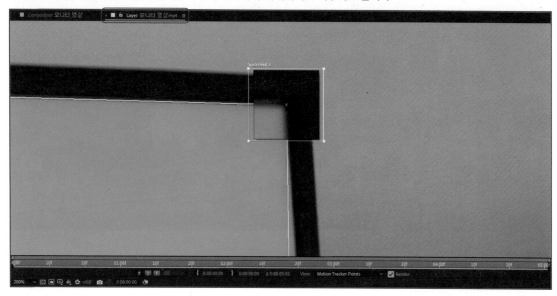

11 '모니터 영상.mp4' [Layer] 패널에서 4개의 트래커 배치가 완료되었다면, [Tracker] 패널에서 'Analyze'에서 'Analyze forward' 아이콘(▶)을 클릭하여 트래킹 연산을 시작합니다. 영상이 재생되면서 트래킹 연산을 실행합니다.

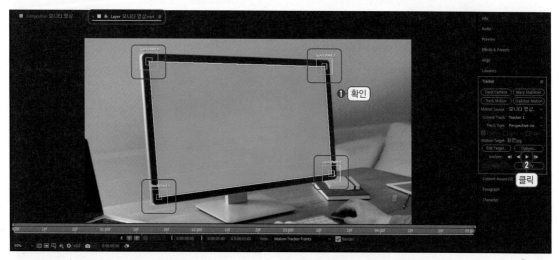

트래킹 연산을 하기 전에 'Time Indicator'가 '0;00;00;00' 프레임에 배치되어 있는지 확인합니다. 'Time Indicator'가 배치된 프레임부터 트래킹을 시작하기 때문입니다. 만약 중간지점부터 트래킹했다면 반대로 'Analyze backward' 아이콘(◀)을 선택하여 트래킹 연산을 반복합니다.

12 연산이 완료되었으면 [Apply] 버튼을 클릭합니다.

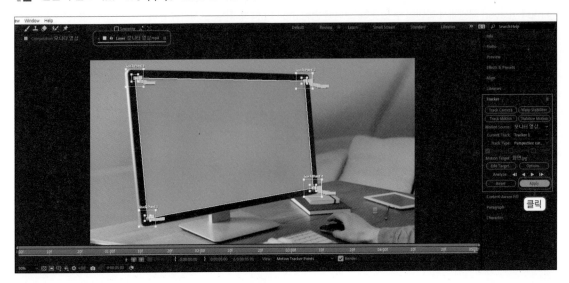

13 '모니터 영상' [Composition] 패널의 화면으로 돌아왔습니다. 트래킹이 완료되면 키프레임 파일이 '화면.jpg' 레이어에 적용되었습니다. '모니터 영상' [Composition] 패널의 화면에 '화면.jpg' 레이어가 나타나게 합니다. [Timeline] 패널의 '화면.jpg' 레이어의 'Video' 아이콘(◉)을 클릭합니다.

14 '모니터 영상' [Composition] 패널의 화면에서 합성된 레이어를 확인합니다. '화면.jpg' 레이어의 밝기가 '모니터 영상.mp4' 레이어에 비해 어두운 것 같아 더 밝게 색조정을 합니다. [Timeline] 패널의 '화면.jpg' 레이어를 선택하고 상단메뉴에서 [Effect → Color Correction → Brightness & Contrast]를 클릭합니다.

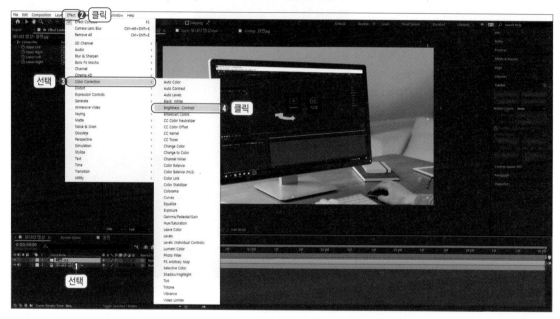

15 [Effect Controls] 패널의 'Brightness & Contrast'에서 'Brightness' 옵션값을 '100'으로 수정합니다. '화면.jpg' 레이어의 밝기가 밝아졌습니다.

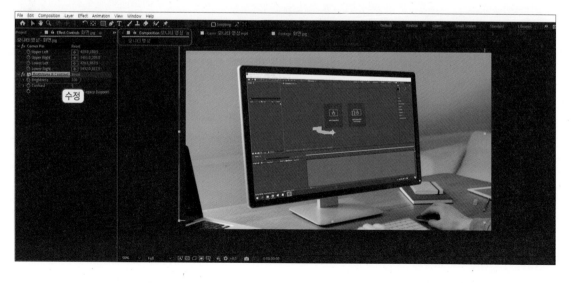

PART 1. 시작

PART 2. 키프레임

PART 3. 레이어

PART 4. 마스크

PART 5. 3D 레이어

PART 6. 이펙트

PART 7. 트래킹

PART 8. 영상출력 · 연동

PART 9. 영상합성

16 '화면.jpg' 레이어의 선명도가 '모니터 영상.mp4' 레이어에 비해서 선명한 것 같아 블러효과를 '화면.jpg' 레이어에 적용하여 두 개의 레이어가 비슷한 선명도가 되게 적용합니다. [Composition] 패널의 '화면.jpg' 레이어를 선택하고 마우스 오른쪽 클릭하여 [Effect → Blur & Sharpen → Camera Lens Blur]를 클릭합니다.

선택, 마우스 오른쪽 버튼 클릭

17 [Effect Controls] 패널의 'Camera Lens Blur'에서 'Blur Radius' 옵션값을 '2.0'으로 수정합니다. '화면.jpg' 레이어에 블러효과가 적용되었습니다.

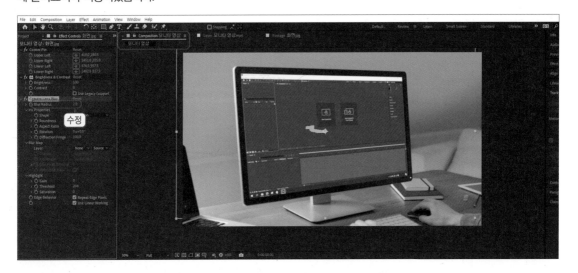

18 Space Bar 를 눌러 영상을 재생하여 확인합니다. '모니터 영상.mp4' 레이어에 '화면.jpg' 레이어가 잘 붙어서 움직이는 것을 확인할 수 있습니다.

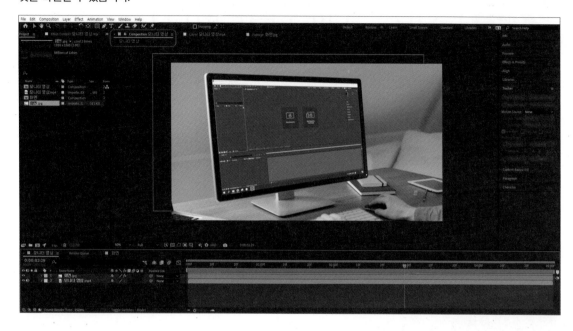

PART 1. 시작

PART 2. 키프레임

PART 3. 레이어

PART 4. 마스크

PART 5. 3D 레이어

PART 6. 이펙트

PART 7. 트래킹

PART 8. 영상출력 · 연동

PART 9. 영상촬영

트랙카메라 활용하여
3D 트래킹 합성하기

트랙카메라(Track Camera)는 3D 트래킹 합성을 할 수 있게 합니다. 영상추적을 하면 3D
공간의 데이터를 만들고, 애프터 이펙트에 있는 3D 레이어를 활용하여 배치합니다. 텍스트,
이미지, 영상을 합성하여 다양한 작업을 할 수 있습니다.

● 준비파일: 애프터 이펙트\파트07\02\트랙카메라.aep

01 상단메뉴에서 [File → Open Project(Ctrl+O)]를 클릭합니다. 준비파일 경로로 이동하여 '트랙카메라.aep' 애프터 이펙트의 프로젝트 파일을 불러옵니다. [Composition] 패널에 '트랙카메라.mp4' 영상파일과 [Project] 패널에는 '이태원.png' 이미지파일이 있습니다.

02 화면이 움직이는 '트랙카메라.mp4' 영상파일에 '이태원.png' 이미지파일을 합성하겠습니다.

03 [Timeline] 패널의 '트랙카메라.mp4' 레이어를 선택하고, 상단메뉴에서 [Animation → Track Camera]를 클릭합니다.

04 자동으로 연산이 시작됩니다.

05 영상길이와 용량이 따라서 연산시간이 다릅니다.

06 연산이 끝나고 '트랙카메라' [Composition] 패널에서 영상을 확인하면 알록달록한 'Track Point'들이 생성되어 있습니다. 'Track Point'들이 영상픽셀을 추적하고 그 데이터를 3D로 변환합니다.

■ 'Track Camera' 세부옵션

❶ **Shot Type:** 촬영방식을 확인합니다.

❷ **Show Track Points:** 트랙포인트를 2D 연산형태, 3D 연산형태로 확인합니다.

❸ **Render Track Points:** 트랙포인트를 영상으로 재생하고 렌더링해서 확인합니다.

❹ **Track Point Size:** 트랙포인트 크기를 조절합니다.

❺ **Target Size:** 합성타킷 크기를 조절합니다.

❻ **Create Camera:** 카메라 레이어를 생성합니다.

❼ **Advanced:** 추가설정을 조절합니다.

07 [Effect Controls] 패널의 '3D Camera Tracker' 이펙트에서 'Render Track Points'의 체크박스를 클릭합니다. 영상을 재생할 때도 [Composition] 패널에서 'Track Point'를 확인할 수 있습니다.

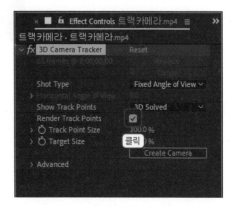

08 [Create Camera] 버튼을 클릭하여 '3D Camera Tracker' 작업
에 활용할 수 있는 카메라 레이어를 생성합니다.

09 [Timeline] 패널에 '3D Tracker
Camera' 레이어가 생성되었습니다.

10 '트랙카메라' [Composition] 패널
에서 마우스 커서를 움직입니다. 'Track
Point'에 위치하면 과녁모양의 타깃표시
가 나타납니다.

11 'Track Point'를 클릭하면 노란색으로 표시됩니다.

12 타깃표시는 3D 공간의 좌표를 표시하는 역할을 합니다. 왼쪽 벽면에 있는 'Track Point'를 드래그하여 여러 개를 선택합니다. 그리고 마우스 오른쪽 버튼을 클릭하여 선택한 'Track Point'를 기준으로 레이어를 생성합니다. [Create Solid] 매뉴를 선택하여 솔리드 레이어를 생성합니다.

13 선택한 'Track Point' 위치에서 'Solid' 레이어가 생성되었습니다. 'Solid' 레이어는 3D 레이어로 설정되어 있고 영상을 재생하면 벽면에 'Solid' 레이어가 붙은 상태를 확인할 수 있습니다. [Project] 패널에 있는 '이태원.png' 이미지와 [Timeline] 패널에 있는 'Solid' 레이어를 그대로 교체하겠습니다.

14 [Timeline] 패널에서 'Track Solid 1' 레이어가 선택된 상태에서 [Project] 패널의 '이태원.png' 이미지를 선택하여 교체하고자 하는 [Timeline] 패널의 'Track Solid 1' 레이어에 Alt +드래그하여 드롭합니다.

> 현재 작업 중인 [Timeline] 패널의 레이어를 [Project] 패널의 다른 레이어로 교체하려면 [Project] 패널의 레이어를 선택하고 Alt +드래그하여 교체할 [Timeline] 패널의 레이어에 드롭하면 교체됩니다. 단축키를 활용하여 교체하는 이유는 이미 작업이 진행된 상태, 즉 애니메이션이나 이펙트가 적용된 상태에서 속성 메뉴들을 그대로 유지한 채 레이어만 교체할 수 있기 때문입니다.

15 [Timeline] 패널에서 기존에 있던 'Track Solid 1' 레이어가 '이태원.png' 레이어로 교체되었습니다. 'Track Solid 1' 레이어가 가지고 있던 속성을 유지한 상태로 '이태원.png' 레이어로 교체되었습니다.

16 '이태원.png' 이미지를 선택합니다. 'Transform'의 위치값, 회전값, 크기값을 조절해서 벽면 기울기에 맞게 설정합니다. [Composition] 패널의 기즈모를 선택하여 조절하면 좀 더 직관적으로 작업할 수 있습니다.

> 트래킹 작업은 할 때마다 조금씩 데이터가 다를 수 있습니다. 어떤 트랙포인트를 선택하느냐에 따라서 위치, 회전, 크기가 다를 수 있기 때문에 직접 조절하여 화면의 투시에 맞춰서 조절해야 합니다.

17 '트랙카메라.mp4' 레이어에 '이태원.png' 레이어를 자연스럽게 합성하기 위해서는 [Timeline] 패널의 'Blend mode'를 활용합니다. 상위 레이어인 '이태원.png' 레이어를 선택하고 'Blending Mode'에서 'Overlay'를 선택합니다. 기본 설정의 'Normal'과는 다르게 레이어의 색상이 겹쳐서 표현되어 자연스러운 합성이 완료되었습니다.

18 '트랙카메라' [Composition] 패널에서 합성상태를 확인하면 '이태원.png' 레이어만 선명한 것 같아서 블러효과를 적용하겠습니다. 배경 레이어인 '트랙카메라.mp4' 레이어의 선명도와 비슷하게 맞춥니다. '이태원.png' 레이어를 선택하고 상단메뉴에서 [Effect → Blur & Sharpen → Camera Lens Blur]를 클릭합니다.

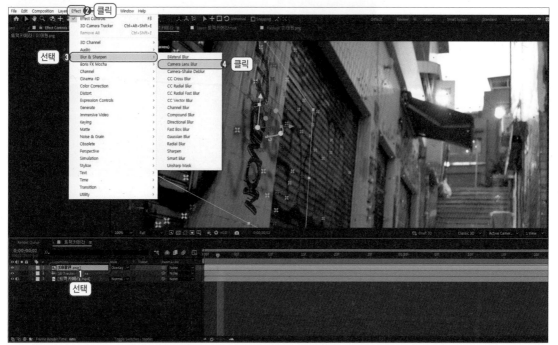

19 [Effect Controls] 패널의 'Camera Lens Blur'에서 'Blur Radius' 옵션값을 '3.0'으로 수정합니다. '화면.jpg' 레이어에 블러효과가 적용되었습니다.

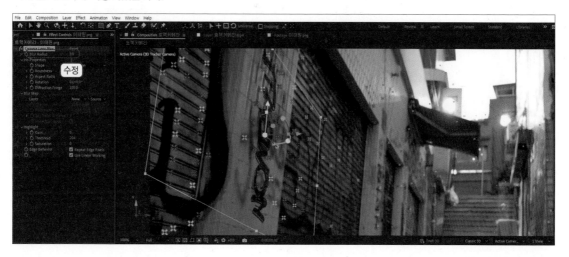

20 [Timeline] 패널에서 '트랙카메라.mp4' 레이어를 선택하고, [Effect Controls] 패널의 '3D Camera Tracker' 이펙트에서 'Render Track Points'의 체크박스를 클릭합니다. 그리고 Space Bar 를 눌러 영상을 재생하여 확인합니다. 움직이는 영상에 '이태원.png' 이미지가 합성된 것을 확인할 수 있습니다.

AFTER EFFECTS

PART 8.
애프터 이펙트 영상출력 하기 및 어도비 프로그램과 연동하기

Ae

애프터 이펙트의 렌더링(Rendering)은 프로젝트 파일작업의 최종결과물을 출력하는 작업입니다. 영상파일, 이미지파일, 시퀀스파일, 오디오파일 등으로 최종 렌더링을 할 수 있습니다. 애프터 이펙트 소프트웨어 내에서 렌더링하는 방법이 있고, 어도비 미디어 인코더를 활용하여 여러 작업을 한 번에 출력하는 방법도 있습니다.

CHAPTER

01

다양한 포맷으로
출력하기

애프터 이펙트를 다양한 포맷으로 렌더링하는 방법에 대해서 알아봅니다. 한 프레임의 이미지로 렌더링할 수 있고, 연속된 이미지의 시퀀스로 렌더링할 수 있습니다. 다양한 영상포맷으로도 렌더링할 수 있습니다. 영상은 오디오와 합쳐서 하나의 파일로도 출력할 수 있으며, 오디오만 따로 렌더링도 가능합니다. 작업완료된 파일의 렌더링 작업과정을 알아봅니다.

● 준비파일: 애프터 이펙트\파트08\01\렌더링.aep

01 상단메뉴에서 [File → Open Project(Ctrl+O)]를 클릭합니다. 준비파일 경로로 이동하여 '렌더링.aep' 애프터 이펙트의 프로젝트 파일을 불러옵니다.

02 작업이 완료된 컴포지션을 영상으로 출력합니다. 출력할 [Timeline] 패널을 선택하고 상단메뉴에서 [Composition → Add to Render Queue(Ctrl+M)]를 클릭합니다.

03 [Timeline] 패널에 [Render Queue] 패널이 추가되었습니다.

■ [Render Queue] 패널 세부옵션

❶ **Render Settings:** 렌더링 설정을 합니다.

❷ **Output Module:** 렌더링 출력모듈을 설정합니다.

❸ **Output To:** 렌더링 저장경로를 설정합니다.

04 [Render Queue] 패널에서 'Render Settings'를 'Best Settings'로 선택합니다. 'Render Settings' 바로 옆의 아이콘 (▼)을 클릭한 다음, 활성화한 메뉴 중 [Best Settings]를 선택 하면 됩니다. 그런 다음, 'Best Settings'를 클릭합니다.

05 [Best Settings] 대화상자가 나타납니다. [Render Settings] 대화 상자에서 특별하게 옵션을 수정할 메뉴는 없습니다. 기본설정을 유지하 면 [Composition] 패널에서 설정한 기본설정으로 출력합니다. [OK] 버 튼을 클릭합니다.

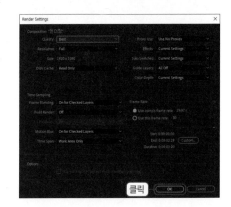

■ [Render Settings] 대화상자 세부옵션

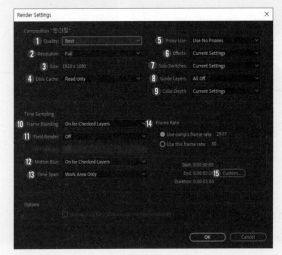

❶ **Quality:** 렌더링 품질을 설정합니다.

❷ **Resolution:** 렌더링 해상도를 설정합니다.

❸ **Size:** 렌더링 크기를 확인합니다.

❹ **Disk Cache:** 디스크캐시를 확인합니다.

❺ **Proxy Use:** 프록시 사용을 확인합니다.

❻ **Effects:** 이펙트로 현재 설정을 유지하여 렌더링합니다.

❼ **Solo Switches:** 솔로 스위치 메뉴로 현재 설정을 유지 하여 렌더링합니다.

❽ **Guide Layers:** 가이드 레이어를 사용하지 않습니다.

❾ **Color Depth:** 색상심도로 현재 설정을 유지하여 렌더 링합니다.

❿ **Frame Blending:** 프레임 블렌딩을 현재 설정을 유지하 여 렌더링합니다.

⓫ **Field Render:** 필드 렌더링을 선택합니다.

⓬ **Motion Blur:** 모션블러를 설정합니다.

⓭ **Time Span:** 렌러링 구간을 설정합니다.

⑭ **Frame Rate:** 프레임 레이트를 조절합니다.

⑮ **Custom:** 렌더링 구간의 시작점, 끝점을 조절합니다.

06 [Render Queue] 패널에서 'Output Module: H264 – Match Render Settings – 15Mbps'를 클릭합니다.

클릭

07 [Output Module Settings] 대화상자가 나타납니다. 출력작업에서 가장 중요한 영상파일의 확장자와 영상파일의 코덱, 그리고 오디오의 품질을 설정할 수 있습니다.

■ **[Output Module Settings] 대화상자 세부옵션**

❶ **Format:** 렌더링 포맷을 선택합니다.

❷ **Post-Render Action:** 렌더링 후 액션을 선택합니다.

❸ **Video Output:** 비디오 출력옵션을 선택합니다.

❹ **Channels:** 색상채널을 선택합니다.

❺ **Depth:** 색의 깊이값을 선택합니다.

❻ **Color:** 매트방식을 선택합니다.

❼ **Format Options:** 선택한 포맷옵션을 조절합니다. 비디오코덱을 선택합니다.

❽ **Resize:** 현재 렌더링 사이즈에서 변형을 원한다면 체크하여 조절합니다.

❾ **Crop:** 현재 렌더링 화면에서 크롭을 원한다면 체크하여 조절합니다.

❿ **Audio Output Auto:** 오디오 출력을 선택합니다.

⓫ **Format Options:** 오디오 포맷옵션을 조절합니다.

08 'Format'에서 렌더링의 포맷을 선택합니다. 영상포맷과 시퀀스(Sequence) 포맷, 오디오(Audio) 포맷을 선택할 수 있습니다. 영상포맷은 렌더링 후에 하나의 영상파일로 렌더링되며, 시퀀스포맷은 프레임 단위로 연속된 이미지파일로 렌더링됩니다. 오디오포맷은 오디오파일로 렌더링합니다.

09 'Format'에서 기본 설정된 'H.264'를 유지한 상태로 작업을 진행합니다. 최종 확장자명은 'mp4' 확장자로 출력됩니다. 2023 버전부터 다시 추가된 옵션입니다. 가장 많이 사용하는 확장자입니다.

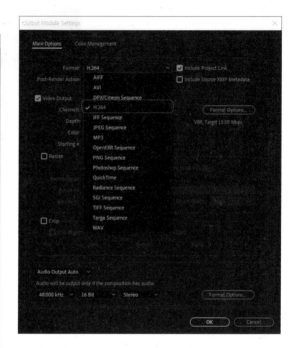

10 [Format Options] 버튼을 클릭합니다. [Format Options]에서는 원하는 코덱의 옵션들을 설정할 수 있습니다.

코덱(Codec)이란?

코덱은 코더(Coder)와 디코더(Decoder)의 합성어입니다. 일반적으로 영상편집 파일을 렌더링하면 포맷을 선택합니다. 이때 영상포맷에 따라서 여러 가지 코덱이 있고 이 코덱으로 영상화질과 용량을 지정하여 출력합니다. 영상 데이터 결과물이 조금 더 영상 원본화질과 가깝고 용량을 작게 렌더링하는 것이 최적의 작업입니다. 그래서 영상 데이터 용량을 압축하여 저장합니다. 용량을 적게 하려면 압축을 많이 하면 되는데 그 대신 영상화질이 조금 떨어지게 됩니다. 압축을 적게 하면 화질을 어느 정도 유지하고 용량이 큰 데이터로 출력됩니다. 코덱은 확장자명의 세부설정에서 조절할 수 있으며, 영상편집 소프트웨어 렌더링 메뉴에 옵션들을 이용하여 선택할 수 있습니다. 이 옵션에서 [None] 메뉴를 선택하면 코덱을 선택하지 않은 상태입니다. 영상파일은 큰 용량으로 출력될 것입니다.

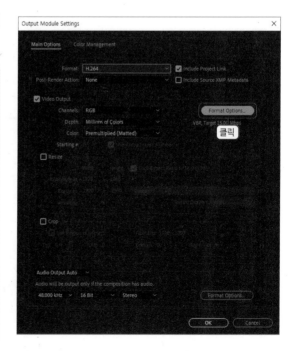

11 [H.264 Options] 대화상자가 나타납니다. 'Video' 탭에서 각각 영상과 관련된 세부옵션을 설정할 수 있습니다. 'Bitrate Settings'의 'Target Bitrate [Mbps]' 옵션값을 최대로 올려 '50'으로 수정합니다. 영상의 품질 옵션을 최대로 설정했습니다.

12 [Audio] 탭에서 오디오와 관련된 세부옵션을 설정할 수 있습니다. 기존설정을 그대로 유지합니다. [OK] 버튼을 클릭합니다.

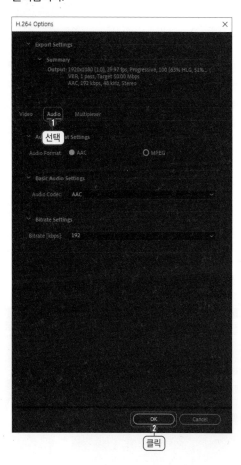

13 영상과 오디오의 설정을 완료했습니다. [OK] 버튼을 클릭합니다.

PART 1. 시작

PART 2. 키프레임

PART 3. 레이어

PART 4. 마스크

PART 5. 3D 레이어

PART 6. 이펙트

PART 7. 트래킹

PART 8. 영상출력·연동

PART 9. 영상합성

14 'Output To: Not yet specified'를 클릭합니다. 저장경로를 설정합니다.

15 [Output Movie To] 대화상자가 나타납니다. 저장경로를 설정합니다. 그리고 '파일 이름'에 파일명을 '영상출력'으로 입력합니다. [저장] 버튼을 클릭하여 저장합니다.

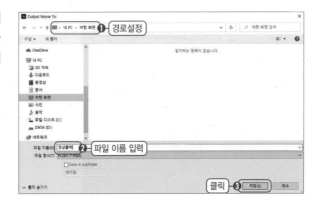

16 [Render Queue] 패널에서 [Render] 버튼을 클릭하여 렌더링 출력을 시작합니다.

■ 'Current Render' 세부옵션

❶ **Current Render:** 렌더링 진행되는 구간을 막대형태와 퍼센트, 프레임 단위로 표시합니다.

❷ **Elapsed:** 렌더링이 진행된 시간을 표시합니다.

❸ **Remaining:** 렌더링의 남은 시간을 예상합니다. 남은 시간은 컴퓨터의 사양과 작업량에 따라서 변경됩니다.

❹ **Pause:** 렌더링을 일시 정지합니다. 정지하면 [Continue] 메뉴를 선택하여 다시 시작할 수 있습니다.

❺ **Stop:** 렌더링을 종료합니다.

15 렌더링이 종료되면 사운드로 알림이 울립니다. 저장한 경로를 확인하여 동영상 파일을 실행하여 확인합니다.

CHAPTER
02

포토샵, 일러스트레이터와
연동하기

일반적으로 포토샵(Photoshop)과 일러스트레이터(Illustrator)는 그래픽디자인이나 사진보정, 합성에 많이 사용됩니다. 이렇게 디자인이 완료된 파일과 함께 애프터 이펙트를 활용하면 모션그래픽이나 합성작업에 유용합니다. 이런 작업에 특히 효과적인데 같은 어도비 프로그램이기에 호환성이 뛰어나고 사용 편의성도 좋기 때문입니다. 두 개의 프로그램을 활용해 이미지(또는 그래픽)를 제작한 다음 애프터 이펙트로 불러와서 영상작업을 합니다.

● 준비파일: 애프터 이펙트\파트08\02\포토샵 연동.psd, 일러스트 연동.ai

01 애프터 이펙트를 실행합니다. 상단메뉴에서 [File → Import → File(Ctrl + I)]을 클릭합니다.

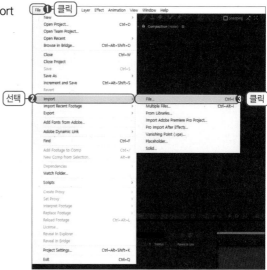

02 [Import File] 대화상자가 나타나면 준비파일이 저장된 경로로 이동해 '포토샵 연동.psd' 파일을 불러옵니다.

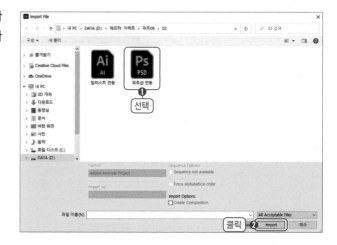

03 포토샵 파일을 불러오면 [포토샵 연동.psd] 대화상자가 나타납니다. [Composition - Retain Layer Sizes] 방식을 선택하고 'Editable Layer Styles'를 선택합니다. [OK] 버튼을 클릭합니다.

■ 'Import Kind' 세부옵션

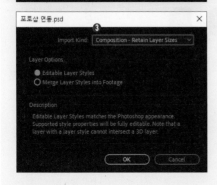

Import Kind: 포토샵 파일을 불러올 타입을 선택합니다.

❶ **[Footage] 방식**

ⓐ Merged Layers: 여러 개의 레이어로 만들어진 포토샵 파일을 하나의 레이어로 병합하여 불러옵니다.

ⓑ Choose Layer: 여러 개의 레이어로 만들어진 포토샵 파일의 레이어를 하나씩 불러옵니다.

ⓒ Footage Dimensions: 레이어를 불러올 때 'Layer Size'는 레이어 각각의 크기 기준으로 불러옵니다. 'Document Size'는 레이어가 컴포지션 크기의 기준으로 불러옵니다.

❷ **[Composition] 방식**

ⓐ Editable Layer Styles: 포토샵의 레이어 스타일을 편집, 유지하고 3D 레이어로 수정하면 레이어 스타일이 적용되지 않습니다. 컴포지션의 크기를 기준으로 레이어를 유지하여 불러옵니다.

ⓑ Merge Layer Styles into Footage: 포토샵의 레이어 스타일을 병합하고 3D 레이어로 사용합니다. 그리고 포토샵과 동일하지 않을 수 있습니다. 컴포지션의 크기를 기준으로 레이어를 유지하여 불러옵니다.

❸ **[Composition - Retain Layer Sizes] 방식**

'Composition' 방식과 동일하며 레이어들을 컴포지션 크기를 기준으로 불러오지 않고 레이어들 각각의 크기를 기준으로 불러옵니다.

04 [Project] 패널에서 불러온 파일을 확인합니다. '포토샵 연동' 이름으로 컴포지션이 만들어졌습니다. 그리고 폴더도 추가로 만들어졌습니다. 폴더에는 레이어별로 정리되어 있습니다. '포토샵 연동 Layers' 폴더에는 레이어별로 정리되어 있습니다. '포토샵 연동' 컴포지션을 더블클릭하여 불러옵니다.

05 [Timeline] 패널에서 확인하면 포토샵에서 레이어가 그대로 연동되어 불러왔습니다. 다만 포토샵에서 텍스트파일은 이미지형식의 레이어로 변형되었습니다. 각각의 레이어들을 선택하면 크기 기준이 레이어의 기준으로 설정되어 있습니다.

06 이번에는 일러스트레이터 파일을 불러오겠습니다. 상단메뉴에서 [File → Import → File(Ctrl +I)]을 클릭합니다. [Import File] 대화상자가 나타나면 준비파일이 저장된 경로로 이동해 '일러스트 연동.ai' 파일을 불러옵니다.

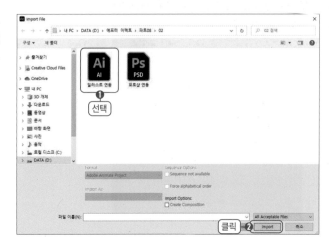

07 일러스트 파일을 불러오면 [일러스트 연동.ai] 대화상자가 나타납니다.

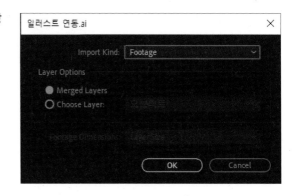

■ 'Import Kind' 세부옵션

Import Kind: 일러스트레이터 파일을 불러올 타입을 선택합니다.

❶ [Footage] 방식

ⓐ Merged Layers: 여러 개의 레이어로 만들어진 일러스트레이터 파일을 하나의 레이어로 병합하여 불러옵니다.

ⓑ Choose Layer: 여러 개의 레이어로 만들어진 일러스트레이터 파일의 레이어를 하나씩 불러옵니다.

ⓒ Footage Dimensions: 레이어를 불러올 때 'Layer Size'는 레이어 각각의 크기 기준으로 불러옵니다. 'Document Size'는 레이어가 컴포지션 크기의 기준으로 불러옵니다.

❷ [Composition] 방식

ⓐ Footage Dimensions: 여러 개의 레이어로 만들어진 일러스트레이터 파일을 컴포지션에 한 번에 같이 불러옵니다. 레이어를 불러올 때 'Layer Size'는 레이어 각각 크기 기준으로 불러옵니다. 'Document Size'는 레이어가 컴포지션 크기의 기준으로 불러옵니다.

08 컴포지션 방식으로 불러오기 위해서 'Import Kind'에서 [Composition]을 선택합니다. 레이어의 사이즈 기준은 각 레이어의 크기에 맞춰서 사용할 수 있도록 'Footage Dimensions'에서 [Layer Size]를 선택합니다. [OK] 버튼을 클릭합니다.

09 [Project] 패널에 불러온 파일을 확인합니다. '일러스트 연동' 이름으로 컴포지션이 만들어졌습니다. '일러스트 연동 Layers' 폴더도 추가로 만들어졌습니다. 이 폴더에는 레이어별로 정리되어 있습니다. 그리고 '일러스트 연동' 컴포지션을 더블클릭하여 확인합니다.

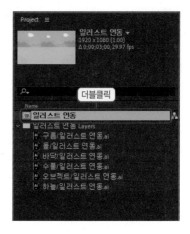

10 일러스트레이터에서 작업했던 레이어로 불러왔습니다. 다만 일러스트레이터에서 만들었던 텍스트파일은 역시나 이미지형식의 레이어로 변형되었습니다.

CHAPTER
03

프리미어 프로와
연동하기

프리미어 프로의 특징은 영상편집 작업이 빠르다는 것입니다. 애프터 이펙트는 영상편집을 빠르게 하지 못합니다. 그래서 대부분은 영상편집을 프리미어 프로에서 완료하고 애프터 이펙트로 불러와서 텍스트나 그래픽모션, 이펙트작업을 진행합니다. 프리미어 프로에서 프로젝트 파일을 저장하고 애프터 이펙트에서 파일을 불러오면 편집한 상태를 유지하여 불러올 수 있습니다.

● 준비파일: 애프터 이펙트\파트08\03\프리미어 연동.prproj

01 상단메뉴에서 [File → Import → Import Adobe Premiere Pro Project]를 클릭합니다. 준비파일 경로로 이동하여 '프리미어 연동.prproj' 파일을 불러옵니다.

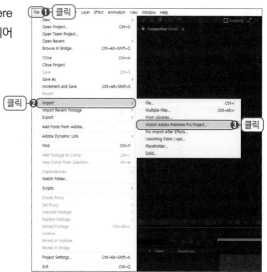

02 [Import Adobe Premiere Pro Project] 대화상자가 나타납니다. 경로에 있는 '프리미어 연동.prproj' 파일을 선택합니다.

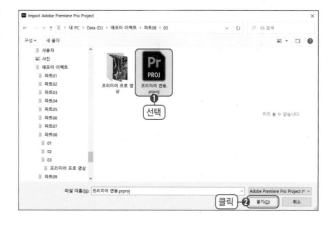

03 [Premiere Pro Importer] 대화상자가 나타납니다. 'Select Sequence'에서 [All Sequences] 메뉴를 선택하면 프리미어 프로에서 작업한 여러 개의 시퀀스를 한 번에 불러올 수 있고 [편집01] 메뉴를 선택하면 '편집01' 시퀀스만 별도로 불러올 수도 있습니다.

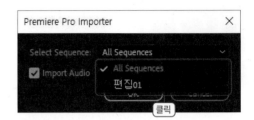

04 [All Sequences]를 선택합니다. 그리고 'Import Audio'가 체크되어 있습니다. 체크되어 있다면 오디오파일을 함께 가져옵니다. 체크를 해제하면 오디오파일을 불러오지 않습니다. 여기에서는 체크된 것을 확인 후 [OK] 버튼을 클릭합니다.

05 [Project] 패널에서 프리미어 프로에서 불러온 파일을 확인할 수 있습니다. '편집01' 컴포지션을 더블클릭하여 파일을 확인합니다.

06 '편집01' 컴포지션을 더블클릭하여 확인합니다. 프리미어 프로에서 영상클립의 컷편집, 오디오파일들이 그대로 유지되어 불러온 것을 확인할 수 있습니다. 애프터 이펙트에서 추가로 텍스트 애니메이션과 이펙트, 키프레임 애니메이션을 정교하게 작업해서 영상을 완성하면 됩니다.

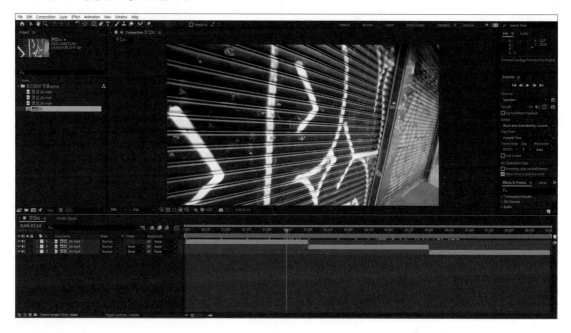

AFTER EFFECTS

PART 09.
애프터 이펙트
VR 360 영상합성 하기

VR 360 영상은 360도로 촬영된 영상파일을 VR 디바이스(Device)에 적용하여 체험할 수 있는 콘텐츠를 말합니다. 마치 촬영한 공간에 와있는 것처럼 자유자재로 볼 수 있기 때문에 뛰어난 몰입감은 물론 생생한 현장감까지 줍니다. 360 영상을 촬영할 수 있는 카메라는 360도 다양한 방향으로 촬영합니다. 그런 다음 스티칭(Stitching) 작업으로 연결해 하나의 영상파일로 만들고 VR 디바이스에 적용합니다. 애프터 이펙트에서는 VR 360 영상을 블러와 텍스트, 그래픽 모션작업을 할 수 있습니다. 불필요한 부분들도 쉽게 삭제할 수도 있습니다.

CHAPTER
01

VR 360 영상합성 환경설정 하기

VR 360은 360도 방향을 하나의 이미지나 하나의 동영상 형태로 만든 것을 의미합니다. 예전에는 여러 각도를 여러 개의 카메라로 촬영하여 붙여서 하나의 이미지, 동영상으로 만들었지만 현재는 하나의 카메라가 여러 방향으로 촬영할 수 있습니다. 하나의 이미지, 동영상으로 편집하는 과정을 스티칭(Stitching)이라고 합니다. 스티칭된 이미지, 동영상을 애프터 이펙트로 활용하여 작업하는 방법에 대해서 살펴봅니다.

● 준비파일: 애프터 이펙트\파트09\01\VR 360.aep

01 상단메뉴에서 [File → Open Project(Ctrl+O)]를 클릭합니다. 준비파일 경로로 이동하여 'VR 360.aep' 애프터 이펙트 프로젝트 파일을 불러옵니다. [Timeline] 패널에는 'VR 360.jpg' 파일이 있습니다.

02 작업하기 전에 옵션을 체크해야 합니다. 상단메뉴에서 [Edit → Preferences → Scripting & Expressions]를 클릭합니다.

03 [Preferences] 대화상자가 나타납니다. 'Application Scripting'에서 'Allow Scripts to Write Files and Access Network'(스크립트에서 파일 쓰기 및 네트워크 액세스 허용) 체크박스를 클릭합니다. [OK] 버튼을 클릭합니다.

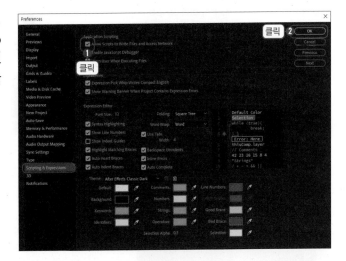

04 상단메뉴에서 [Window → VR Comp Editor.jsx]를 클릭합니다.

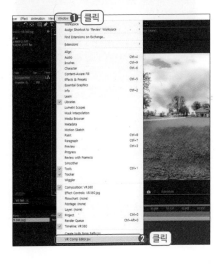

05 [VR Comp Editor] 패널이 활성화됩니다. [Add 2D Edit] 버튼은 2D 작업일 경우 선택합니다. [Add 3D Edit] 버튼은 3D 작업일 경우 선택합니다. 이번에는 2D 작업으로 진행하기 때문에 [Add 2D Edit] 버튼을 클릭합니다.

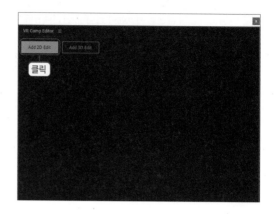

06 [Add 2D Edit] 대화상자가 나타납니다. 'Select a composition with 360 footage'에서 작업할 VR 영상을 선택합니다. 현재는 영상이 'VR 360.jpg'만 존재하기 때문에 자동선택되어 있습니다. 'Composition Settings'에서 최종출력을 하려는 규격에 맞춰서 설정합니다. 'Comp Width'(컴포지션의 가로)를 '1920'에 맞추고 'Aspect Ratio'(가로, 세로 비율)는 '16:9' 상태를 유지합니다. 'Camera Settings'의 'Use 2-node camera' 옵션이 체크되었는지 확인하고 [Add 2D Edit] 버튼을 클릭합니다.

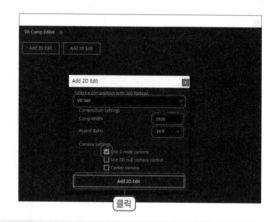

■ [Add 2D Edit] 대화상자 세부옵션

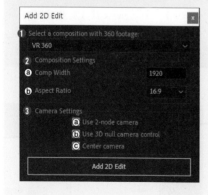

❶ Select a composition with 360 footage: VR 360 작업할 레이어를 선택합니다.

❷ Composition Settings

ⓐ Comp Width: 작업할 컴포지션의 가로, 넓이를 지정합니다. 원하는 사이즈로 변경이 가능합니다.

ⓑ Aspect Ratio: 작업할 컴포지션의 가로비율과 세로비율을 설정합니다. 일반적으로 많이 사용하는 16:9로 설정되어 있습니다.

❸ Camera Settings

ⓐ Use 2-node camera: 카메라의 조절이 X축, Y축만 사용하고 Z축은 설정되어 있지 않은 카메라 설정입니다. 기본설정입니다.

ⓑ Use 3D null camera control: Null 오브젝트를 활용하여 카메라를 조절합니다.

ⓒ Center camera: 컴포지션의 중심을 기준으로 카메라가 바라보는 방향이 고정되어 있습니다.

07 [VR Comp Editor] 패널에 메뉴가 추가되었습니다. 'VR 360'에 [Edit 1] 버튼과 [Open Output/Render] 버튼이 추가되었습니다. [Edit 1] 버튼을 클릭하면 [Timeline] 패널에 [VR 360 (VR2 Edit 1)] 컴포지션 패널이 활성화됩니다. [Open Output/Render] 버튼을 클릭하면 [Timeline] 패널에 [VR 360 (VR2 Output)] 컴포지션 패널이 활성화됩니다. 일종의 단축키 역할을 합니다. [VR 360 (VR2 Edit 1)] 컴포지션 패널에서는 편집작업을 할 수 있고, [VR 360 (VR2 Output)] 컴포지션 패널에서는 최종출력을 합니다.

08 [VR 360 (VR2 Edit 1)] 컴포지션 패널에서 [Timeline] 패널을 확인하면 'VR Master Camera' 카메라 레이어와 'VR 360 (VR Precomp1)' 컴포지션이 있습니다.

09 [Tools] 패널에서 'Orbit Around Cursor Tool' 아이콘(⊙)을 선택합니다. [Composition] 패널의 화면에서 드래그하면 카메라를 회전할 수 있습니다.

10 상단메뉴에서 [Effect → Immersive Video]를 클릭합니다. VR 작업에 관련된 이펙트를 확인할 수 있습니다.

CHAPTER 02

VR 360 영상에 삼각대 지우기

VR 360 영상을 촬영할 때는, VR 360 카메라를 삼각대로 바닥에 고정하고 촬영하는 것이 일반적입니다. 촬영을 완료하면 바닥의 삼각대가 장면에 남아 있게 됩니다. 삼각대를 지우는 작업을 해야 합니다. 또는 지우지 않고 원형의 이미지를 넣어 삼각대를 화면에서 가리는 방법을 사용하기도 합니다. 여기에서는 'Clone Stamp Tool'로 삼각대 지우는 작업을 합니다.

● 준비파일: 애프터 이펙트\파트09\02\VR 삼각대.aep

01 상단메뉴에서 [File → Open Project(Ctrl+O)]를 클릭합니다. 준비파일 경로로 이동하여 'VR 삼각대.aep' 애프터 이펙트 프로젝트 파일을 불러옵니다. [Timeline] 패널에는 'VR 삼각대.mp4' 파일이 있습니다.

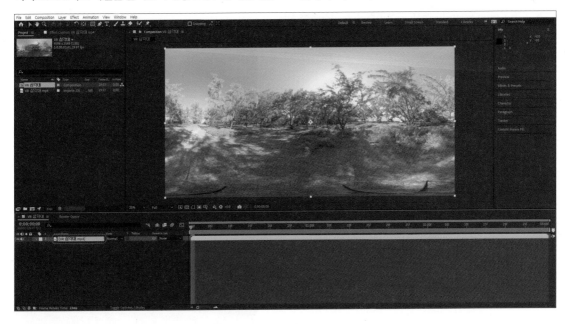

02 상단메뉴에서 [Window → VR Comp Editor.jsx]를 클릭합니다.

03 [VR Comp Editor] 패널이 활성화됩니다. 삼각대를 지우기 위해서는 2D 작업으로 진행해야 합니다. [Add 2D Edit] 버튼을 클릭합니다.

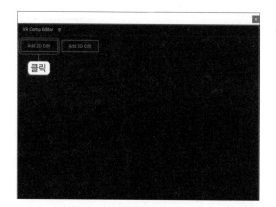

04 [Add 2D Edit] 대화상자가 나타납니다. 'Select a composition with 360 footage'에서 'VR 삼각대.mp4' 레이어를 선택합니다. 그리고 [Add 2D Edit] 버튼을 클릭합니다.

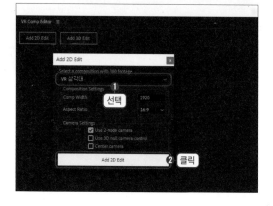

05 [Tools] 패널에서 'Orbit Around Cursor Tool' 아이콘(🔄)을 클릭합니다.

06 [Composition] 패널에서 'Orbit Around Cursor Tool'을 활용하여 화면을 드래그하여 삼각대가 있는 아래 방향으로 카메라를 회전하여 확인합니다.

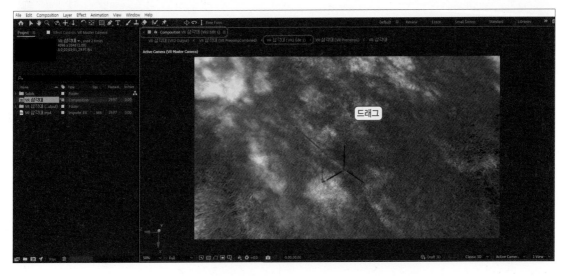

07 [Tools] 패널에서 'Clone Stamp Tool' 아이콘(🔲)을 선택합니다.

08 [Timeline] 패널의 [VR 삼각대 (VR2 Edit 1)] 컴포지션 패널에서 2번 레이어의 'VR 삼각대 (VR Precomp1)' 레이어를 더블클릭합니다.

09 'VR 삼각대 (VR2 Edit 1)' [Composition] 패널이 'VR 삼각대 (VR Precomp1)]' [Layer] 패널로 변경되어 나타납니다.

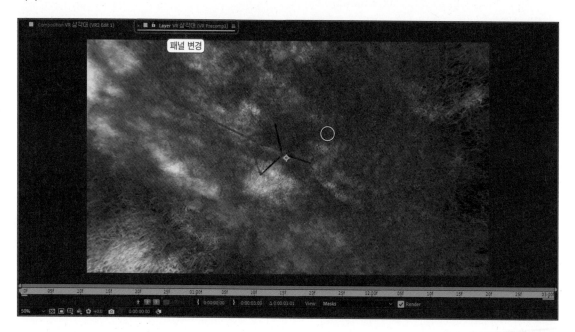

10 마우스 커서의 형태가 브러시 형태로 변경되었습니다. 브러시를 활용하여 'Clone Stamp' 작업을 진행합니다. Ctrl + 마우스를 상하좌우로 드래그하면 크기를 조절할 수 있습니다. 브러시의 크기가 조절됩니다.

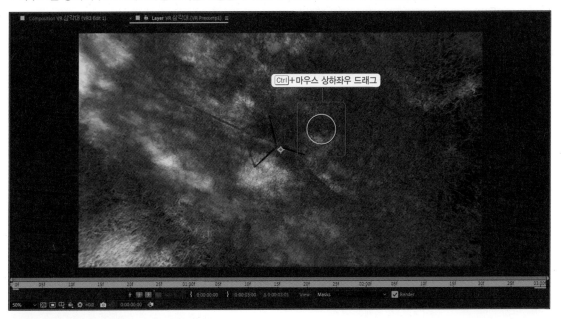

11 'VR 삼각대 (VR Precomp1)' [Layer] 패널 화면에서 'Clone Stamp Tool'을 사용하기 위해서 Alt + 마우스 왼쪽 버튼을 클릭합니다. 마우스 커서가 변경됩니다. Alt + 마우스 왼쪽 버튼을 클릭해서 레퍼런스 영역을 선택합니다.

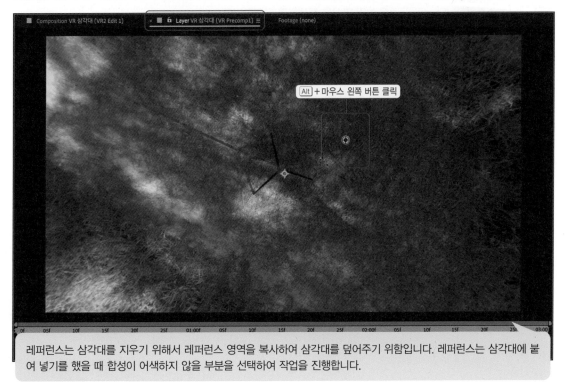

레퍼런스는 삼각대를 지우기 위해서 레퍼런스 영역을 복사하여 삼각대를 덮어주기 위함입니다. 레퍼런스는 삼각대에 붙여 넣기를 했을 때 합성이 어색하지 않을 부분을 선택하여 작업을 진행합니다.

12 Alt +마우스 왼쪽 버튼을 클릭해서 레퍼런스 영역을 선택했다면, 삼각대 영역에 마우스 왼쪽 버튼을 클릭 또는 드래그하여 삼각대 부분을 덮어줍니다. 영역이 어울리지 않는다면 다른 영역을 Alt +마우스 왼쪽 버튼으로 클릭하고, 다시 삼각대 부분을 클릭 또는 드래그하여 삼각대 부분을 덮어줍니다.

13 작업이 완료되었으면 최종영상을 확인합니다. [Timeline] 패널에서 [VR 삼각대 (VR2 Output)] 컴포지션 패널을 클릭한 다음 최종출력합니다. Space Bar 를 눌러 영상을 재생하여 확인합니다.

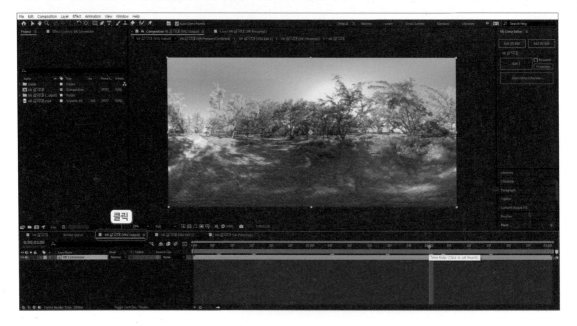

CHAPTER 03

VR 360 영상에 텍스트, 이미지 합성하기

VR 360 촬영이 완료된 파일에 모션이 적용된 텍스트 또는 이미지를 합성합니다.

● 준비파일: 애프터 이펙트\파트09\03\VR 합성.aep

01 상단메뉴에서 [File → Open Project(Ctrl+O)]를 클릭합니다. 준비파일 경로로 이동하여 'VR 합성.aep' 애프터 이펙트 프로젝트 파일을 불러옵니다. [Timeline] 패널에는 'VR 합성.jpg' 파일이 있습니다.

PART 1. 시작
PART 2. 기초편집
PART 3. 레이어
PART 4. 마스크
PART 5. 3D 레이어
PART 6. 이펙트
PART 7. 트래킹
PART 8. 영상출력 · 연동
PART 9. 영상합성

02 상단메뉴에서 [Window → VR Comp Editor.jsx]를 클릭합니다.

03 [VR Comp Editor] 패널이 나타납니다. 애니메이션이 적용된 텍스트 3D 레이어를 작업하기 위해 [Add 3D Edit] 버튼을 클릭합니다.

04 [Add 3D Edit] 대화상자가 나타납니다.

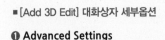

■ [Add 3D Edit] 대화상자 세부옵션

❶ **Advanced Settings**

ⓐ I am using 3D plugins: 3D 플러그인을 사용할 경우 체크합니다.

ⓑ Use edge blending: 경계면의 블렌딩을 사용할 경우 체크합니다.

ⓒ Source footage has alpha: 알파채널의 소스를 사용할 경우 체크합니다.

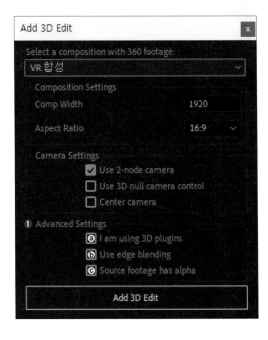

05 [Add 3D Edit] 대화상자에서 'Select a composition with 360 footage'에서 'VR 합성.jpg' 레이어를 선택합니다. 그리고 [Add 3D Edit] 버튼을 클릭합니다.

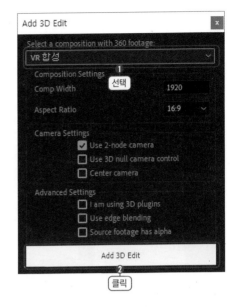

06 [Timeline] 패널에 두 개의 컴포지션이 생성되었습니다. [VR 합성 (VR2 Output)] 컴포지션 패널은 최종출력이 될 화면입니다. 그리고 [VR 합성 (VR2 Edit 1)] 컴포지션 패널은 편집상태를 확인할 수 있는 화면입니다.

07 [Timeline] 패널의 [VR 합성 (VR2 Edit 1)] 컴포지션 패널이 선택된 상태에서 상단메뉴에 [Layer → New → Text]를 클릭합니다.

08 텍스트 레이어를 'VR 360'이라고 입력합니다. 폰트를 'ONE Mobile Title'로 선택합니다. 폰트크기는 '350'px로 입력합니다. [Paragraph] 패널에서 'Center Text'를 선택하여 텍스트 레이어를 중앙정렬합니다. [Tools] 패널에서 'Pan Behind' 아이콘(▦)을 선택하여 'VR 360' 텍스트 레이어의 중심점을 텍스트 레이어 중앙으로 이동합니다.

09 [Tools] 패널의 'Orbit Around Cursor Tool' 아이콘(◉)을 선택합니다. [Composition] 패널의 화면에서 드래그하여 카메라를 움직여봅니다. 바라보는 카메라 화면은 움직이지만 'VR 360' 텍스트 레이어는 2D 레이어라서 화면에 고정되어 있습니다.

10 [Tools] 패널에서 'VR 360' 텍스트 레이어의 '3D Layer' 아이콘(◉)을 클릭합니다. 'VR 합성 (VR2 Edit 1)' [Composition] 패널에서 3D 텍스트 레이어를 확인합니다.

11 [Tools] 패널에서 'Orbit Around Cursor Tool' 아이콘(🔄)을 선택합니다. [Composition] 패널에서 드래그하면 카메라가 회전하고 'VR 360' 텍스트 레이어가 입체 공간에 배치된 상태를 확인할 수 있습니다.

12 'VR 360' 텍스트 레이어의 'Position' 옵션을 활용하여 위치 애니메이션을 만듭니다. [Timeline] 패널의 'Time Indicator'를 '0;00;00;00' 프레임에 배치합니다. 'VR 360' 텍스트 레이어의 'Position'에 'Time-Vary stop watch' 아이콘(⏱)을 클릭합니다. 'Position'에 키프레임이 생성되었습니다.

13 [Timeline] 패널의 'Time Indicator'를 '0;00;02;29' 프레임에 배치합니다. 'VR 360' 텍스트 레이어의 'Position' Z축 깊이값(앞뒤 방향값)을 '–1000.0'을 입력합니다. 또는 [Composition] 패널에서 텍스트 레이어의 기즈모 Z축을 직접 드래그하여 이동할 수 있습니다. 'Position'에 키프레임이 생성되었습니다.

14 [Tools] 패널에서 'Orbit Around Cursor Tool' 아이콘()을 선택합니다. [Composition] 패널에서 드래그하여 카메라를 회전합니다. 'VR 360' 텍스트 레이어의 입체적인 공간에서의 움직임을 확인할 수 있습니다.

15 애니메이션을 완료하고 [VR Comp Editor] 패널에서 [Open Output/Render] 버튼을 클릭합니다.

16 [Timeline] 패널에서 [VR 합성 (VR2 Output)] 컴포지션 패널을 클릭한 다음 최종출력합니다. [Space Bar]를 눌러 영상을 재생하여 확인합니다.

애프터 이펙트 단축키 모음

● 도구 관련

선택 도구 `V`

손 도구 `H`

확대 도구 `Z`

축소 도구 `Alt`

회전 도구 `W`

로토 브러시 도구 `Alt`+`W`

가장자리 다듬기 도구 `Alt`+`W`

카메라 도구 `C`

뒤로 팬 도구 `Y`

마스크, 모양 도구 `Q`

문자 도구 `Ctrl`+`T`

펜 도구, 마스크페더 `G`

퍼핏 도구 `Ctrl`+`P`

브러시, 복제 도구, 지우개 도구 `Ctrl`+`B`

● 편집 관련

실행 취소 `Ctrl`+`Z`

다시 실행 `Ctrl`+`Shift`+`Z`

잘라내기 `Ctrl`+`X`

복사 `Ctrl`+`C`

붙여 넣기 `Ctrl`+`V`

지우기 `Delete`

복제 `Ctrl`+`D`

모두 선택 `Ctrl`+`A`

모두 선택 취소 `Ctrl`+`Shift`+`A`

레이어 분할하기 `Ctrl`+`Shift`+`D`

원본 편집하기 `Ctrl`+`E`

환경설정 하기 `Ctrl`+`Alt`+`;`

● 컴포지션 및 작업영역 관련

새 컴포지션 `Ctrl`+`N`

선택한 컴포지션 설정 대화상자 열기 `Ctrl`+`K`

렌더링 대기열 추가 `Ctrl`+`M`

미디어 인코더 대기열 추가 `Ctrl`+`Alt`+`M`

다른 이름으로 프레임 저장하기 `Ctrl`+`Alt`+`S`

컴포지션 흐름도 표시하기 `Ctrl`+`Shift`+`F11`

컴포지션 미니 흐름도 열기 `Tab`

● 타임라인 패널 관련

특정시간으로 이동 `Alt`+`Shift`+`J`

작업영역의 시작으로 이동 `Shift`+`Home`

작업영역의 종료부분으로 이동 `Shift`+`End`

키프레임, 레이어 마커, 작업영역 시작 또는 종료로 이동 `J`, `K`

컴포지션, 레이어 또는 푸티지 항목의 시작부분으로 이동 `Home`, `Ctrl`+`Alt`+**왼쪽**

컴포지션, 레이어 또는 푸티지 항목의 종료부분으로 이동 `End`, `Ctrl`+`Alt`+**오른쪽**

1개 프레임 앞으로 이동 `Page Down`, `Ctrl`+**오른쪽**

10개 프레임 앞으로 이동 `Shift`+`Page Down`, `Ctrl`+`Shift`+**오른쪽**

1개 프레임 뒤로 이동 `Page Up`, `Ctrl`+**왼쪽**

10개 프레임 뒤로 이동 `Shift`+`↑`, `Ctrl`+`Shift`+**왼쪽**

레이어 시작지점으로 이동 `I`

레이어 종료지점으로 이동 `O`

작업영역의 시작 `B`

작업영역의 종료 `N`

● 파일 관련

새 프로젝트 `Ctrl`+`Alt`+`N`

프로젝트 열기 `Ctrl`+`O`

가져오기 `Ctrl`+`I`

여러 파일 또는 이미지 시퀀스 가져오기 `Ctrl`+`Alt`+`I`

저장 `Ctrl`+`S`

다른 이름으로 저장 `Ctrl`+`Shift`+`S`

증분 및 저장하기 `Ctrl`+`Alt`+`Shift`+`S`

미디어 내보내기 `Ctrl`+`M`

종료 `Ctrl`+`Q`

파일 찾기 `Ctrl`+`F`

● 타임라인 속성 관련

중심점 `A`

위치 `P`

회전 `R`

크기 `S`

투명도 `T`

마스크 `M`

마스크 속성 그룹만 표시 `M``M`

마스크 페더 `F`

키프레임이 있는 속성만 표시 `U`

키프레임 추가 또는 제거 `Alt`+`Shift`+**속성 단축키**

● 레이어 관련

솔리드 레이어 `Ctrl`+`Y`

널 레이어 `Ctrl`+`Alt`+`Shift`+`Y`

Adjustment 레이어 `Ctrl`+`Alt`+`Y`

문자 레이어 `Ctrl`+`Alt`+`Shift`+`T`

라이트 레이어 `Ctrl`+`Alt`+`Shift`+`L`

카메라 레이어 `Ctrl`+`Alt`+`Shift`+`C`

다음 레이어 선택 `Ctrl`+**아래쪽**

순서에 이전 레이어 선택 `Ctrl`+**위쪽**

다음 레이어로 선택 확장 `Ctrl`+`Shift`+**아래쪽**

이전 레이어로 선택 확장 `Ctrl`+`Shift`+**위쪽**

선택한 레이어 잠금 `Ctrl`+`L`

모든 레이어 잠금, 해제 `Ctrl`+`Shift`+`L`

눈금자 표시 `Ctrl`+`R`

안내선 표시 `Ctrl`+`;`

격자 표시 `Ctrl`+`'`

격자에 스냅 켜기 `Ctrl`+`Shift`+`'`

안내선 스냅 켜기 `Ctrl`+`Shift`+`;`

안내선 잠금, 해제 `Ctrl`+`Alt`+`Shift`+`;`

● **뷰 관련**

디스플레이 색상관리 `Shift`+**숫자**

컴포지션을 패널 가운데 맞추기 **손 도구 두 번 클릭**

김포지션, 레이어 또는 패널에서 확대 `.`

컴포지션, 레이어 또는 패널에서 축소 `,`

컴포지션, 레이어 또는 패널에서 100%로 확대 `/`

뷰어 패널에서 이미지가 미리 보기용으로 렌더링되

지 않도록 방지 `Caps Lock`

나 혼자 한다
프리미어 프로&애프터 이펙트 CC

2023. 4. 5. 초 판 1쇄 발행
2024. 11. 20. 초 판 4쇄 발행

지은이 | 김성준
펴낸이 | 이종춘
펴낸곳 | **BM** (주)도서출판 **성안당**

주소 | 04032 서울시 마포구 양화로 127 첨단빌딩 3층(출판기획 R&D 센터)
10881 경기도 파주시 문발로 112 파주 출판 문화도시(제작 및 물류)

전화 | 02) 3142-0036
031) 950-6300

팩스 | 031) 955-0510
등록 | 1973. 2. 1. 제406-2005-000046호
출판사 홈페이지 | www.cyber.co.kr
ISBN | 978-89-315-5926-2 (13000)
정가 | **28,000원**

이 책을 만든 사람들
책임 | 최옥현
기획 · 진행 | 박현수, 상:想 company
교정 · 교열 | 상:想 company
본문 · 표지 디자인 | 상:想 company
홍보 | 김계향, 임진성, 김주승, 최정민
국제부 | 이선민, 조혜란
마케팅 | 구본철, 차정욱, 오영일, 나진호, 강호묵
마케팅 지원 | 장상범
제작 | 김유석

■ **도서 A/S 안내**

성안당에서 발행하는 모든 도서는 저자와 출판사, 그리고 독자가 함께 만들어 나갑니다.
좋은 책을 펴내기 위해 많은 노력을 기울이고 있습니다. 혹시라도 내용상의 오류나 오탈자 등이 발견되면 **"좋은 책은 나라의 보배"**로서 우리 모두가 함께 만들어 간다는 마음으로 연락주시기 바랍니다. 수정 보완하여 더 나은 책이 되도록 최선을 다하겠습니다.
성안당은 늘 독자 여러분들의 소중한 의견을 기다리고 있습니다. 좋은 의견을 보내주시는 분께는 성안당 쇼핑몰의 포인트(3,000포인트)를 적립해 드립니다.

잘못 만들어진 책이나 부록 등이 파손된 경우에는 교환해 드립니다.